新时代职务犯罪防控的国际合作研究

Research on International Cooperation in the Prevention and Control of Duty-Related Crimes in the New Era

李俊 著

中国·武汉

图书在版编目（CIP）数据

新时代职务犯罪防控的国际合作研究/李俊著.—武汉：华中科技大学出版社，2023.12

ISBN 978-7-5772-0324-9

Ⅰ.①新… Ⅱ.①李… Ⅲ.①职务犯罪-预防犯罪-国际合作-研究-中国 Ⅳ.①D924.304

中国国家版本馆CIP数据核字（2023）第256041号

新时代职务犯罪防控的国际合作研究
Xinshidai Zhiwu Fanzui Fangkong de Guoji Hezuo Yanjiu

李 俊 著

策划编辑：	郭善珊
责任编辑：	郭善珊　田兆麟
封面设计：	伊　宁
责任监印：	朱　玢

出版发行：华中科技大学出版社（中国·武汉）　　电话：(027) 81321913
　　　　　武汉市东湖新技术开发区华工科技园　　邮编：430223

录　排：	华中科技大学出版社美编室	
印　刷：	武汉市洪林印务有限公司	
开　本：	710mm×1000mm　1/16	
印　张：	15.5	
字　数：	221千字	
版　次：	2023年12月第1版第1次印刷	
定　价：	78.00元	

本书若有印装质量问题，请向出版社营销中心调换
全国免费服务热线：400-6679-118　　竭诚为您服务
版权所有　侵权必究

前言 | Preface

职务犯罪不是某一国家或民族文化特有的现象，它的存在具有普遍性。21世纪以来，随着职务犯罪越来越多地与国家战略、政治外交、海外安全等议题挂钩，世界各国及国际组织均将职务犯罪防控及其国际合作提升至前所未有的战略高度。党的十八大以来，以习近平同志为核心的党中央高度重视腐败问题的治理工作，坚持反腐无禁区、全覆盖、零容忍。党的二十大通过的十九届中央纪委工作报告中在总结过去五年工作时再度重申"加强反腐败国际合作和追逃追赃"。深度参与全球打击职务犯罪的治理，持续开展国际司法执法合作，推动构建更加公正合理的职务犯罪防控治理体系已然成为时代要求。随着社会主要矛盾的深刻变化，人民群众对美好生活的向往更加强烈，腐败现象与人民群众对社会民主、法治、公平正义的期待之间的矛盾愈加凸显。在国内职务犯罪治理取得阶段性成果的基础上，继续深化反腐败斗争，加强与国际社会开展职务犯罪防控合作是下一阶段反腐工作的重要任务。职务犯罪领域的国际合作宛如一个庞大复杂、动态运行的社会工程，既需要各国外交、移民、公安、司法等部门协同配合，也需要借助国际组织搭建的各个平台倡导推动，合作成功与否还会受到各主权国家的国家利益、外交关系、法律文化以及社会因素等诸多方面的影响。现有的国际合作机制未能充分考虑各国所处发展阶段的差异，国际规则的刚性不足和结构性缺陷在一定时间内还将长期存在，甚至被一些国家作为推行霸权和对外战略的工具。在人类命运共同体理念的指导下，建立成熟完善的职务犯罪防控国际合作机制意义重大。

本书共六章。首先，基于习近平新时代中国特色社会主义思想，本书对腐败、职务犯罪以及国际合作的内涵进行了界定，梳理了职务犯罪防控领域国际合作发展的历史轨迹，并从马克思主义的立场和视角出发引出对新时代职务犯罪防控国际合作理论依据的阐述。其次，综合运用政治学、法学、社会学等多学科知识对新形势下的合作现状进行了分析解读，在此基础之上，对现阶段我国在职务犯罪防控领域的国际合作经验与成就作出了客观评价。主要从合作主体、合作理念、法律制度以及合作模式等方面全景式梳理出中国近年来在该领域的参与轨迹，并对实践中各合作元素的适用困境及原因进行了微观解读。相比之前的研究，论文将分析的触角延伸至微观层面，尝试探析中外国际合作中我国在立法、司法、执法等层面一系列微观环节存在的问题及原因。再次，对域外相关国家或地区在打击此类犯罪国际合作领域的法律与制度设计等进行了比较分析，基于鲜活丰富的当代实践，从确立科学的主体配置、优化现有的法律体系、加强相关的配套建设等方面进行了经验总结。最后，本书从基础保障、实体保障、程序保障和技术保障四个维度提出了完善合作机制的建议。在科技变革的新形势下，互联网的发展给国际联合反腐带来了新的风险和挑战。在金融监管、追赃以及后续取证等方面，都要求相关职能机关对全球互联网环境进行充分的预判和考量。在信息技术层面，本书建议从加强反洗钱领域金融监管合作、世界范围内金融情报信息共享、中外出入境执法管理合作、境外追赃中腐败资产的认定等多个层面关注职务犯罪防控国际合作中的大数据治理和其他相关技术手段，为完善合作机制提供更为全面的思路。

随着全球化的深入发展以及国家边界的日益弱化，越来越多的国内议题需要国家间协作治理才能完成，"内服兼外敷"综合式疗法已成为我国反腐败战略的现实选择。在新时代理论的指导下，以国家监察体制改革为契机，以锲而不舍、驰而不息的精神加强对相关国际规则的研究，在此基础上积极搭建职务犯罪防控的国际合作平台，从维护国家安全和国家利益的高度深化国际司法执法合作，才能继续保持惩治腐败的高压态势，将反腐事业进行到底。

本书既是对我在高校教学科研部分工作的阶段性总结，也是对相关专业领域学术思想和成果的整理和提炼。书中借鉴了国内外诸多研究成果，在此向相关作者一并致谢！本书系作者博士毕业论文整理而成，彼时正值国家监察体制改革刚刚完成之际，金融反洗钱与企业合规建设也处于起步状态，因此诸多存疑问题尚未明确。出版之际虽然对相关问题进行了完善与补正，但囿于作者水平和能力有限，本书写作过程中难免出现错误或者瑕疵，敬请各位同仁批评指正。

李 俊

2023 年 9 月 1 日于晓南湖畔

目录 | Contents

第一章　研究背景和国内外研究状况的梳理　　/001
　　第一节　研究背景　　/001
　　第二节　国内外研究状况梳理　　/005

第二章　职务犯罪防控领域国际合作之历史逻辑　　/017
　　第一节　基本概念界定　　/017
　　第二节　职务犯罪防控国际合作领域的历史沿革　　/023
　　第三节　合作理论基础及合作依据的证成　　/028

第三章　职务犯罪防控领域国际合作之实践观瞻　　/035
　　第一节　合作意义之解读　　/036
　　第二节　合作角色与合作理念愈加主动开放　　/039
　　第三节　合作的法律体系基本形成　　/042
　　第四节　追逃追赃成果开创新局　　/049
　　第五节　合作措施与制度进一步拓展创新　　/053
　　第六节　合作主体的明确与完善　　/058

第四章　职务犯罪防控领域国际合作之制度检视　　/060
　　第一节　新时代合作面临的现实困境　　/060
　　第二节　对合作构成元素适用困境的思考　　/066

第五章　职务犯罪防控领域国际合作之比较研究　/095
　　第一节　美国职务犯罪防控的国际合作　/096
　　第二节　欧盟职务犯罪防控的国际合作　/101
　　第三节　新加坡职务犯罪防控的国际合作　/109
　　第四节　域外国家经验与启示　/114

第六章　职务犯罪防控国际合作的完善路径与策略选择　/120
　　第一节　基础层面：优化合作战略及顶层设计　/121
　　第二节　实体层面：国内相关立法与《联合国反腐败公约》的
　　　　　　理念与制度耦合　/126
　　第三节　程序层面：司法执法中相关合作程序和制度的完善　/147
　　第四节　技术层面：加大国际国内监管力度，构建防逃体系　/164

结语　/170

参考文献　/172

附录Ⅰ　引渡条约缔约情况表　/188

附录Ⅱ　刑事司法协助条约缔约情况表　/195

附录Ⅲ　中华人民共和国政府和美利坚合众国政府关于刑事
　　　　　司法协助的协定　/205

附录Ⅳ　中华人民共和国和加拿大关于刑事司法协助的条约　/215

附录Ⅴ　中华人民共和国和法兰西共和国引渡条约　/223

附录Ⅵ　中华人民共和国和西班牙王国引渡条约　/231

第一章
研究背景和国内外研究状况的梳理

第一节 研究背景

腐败作为一种历史现象和社会现象，伴随着私有制的产生而出现，又随着经济的发展而不断变换手段。马克思、恩格斯认为，国际合作产生于物质资料的生产过程，关于腐败治理的国际合作问题，也是伴随着全球经济一体化进程产生的。19世纪上半叶，民族国家间的协调与合作频繁发生，但是基于当时特殊的国际环境，合作领域主要集中于意识形态或者军事同盟方面。二战结束后，生产力和国际分工的高度发展推动了世界经济的一体化。冷战结束后，随着经济全球化进程的进一步加深，在以合作促发展的世界大环境下，包括中国在内的世界各国开始了经济贸易、政治外交、文化传播等领域全方位的国际合作，推动了作为经济社会发展保障和体现的法律与法治的全球化。与此同时，腐败现象的蔓延已经超越了一国边界，呈现出全球化的特征。职务犯罪的跨国化增加了惩治犯罪的难度，导致各国间合作的需求和愿望不断高涨，国际社会日益重视通过司法、执法合作手段来打击跨国职务犯罪。从全球范围来看，职务犯罪防控领域的国际合作历史最早可追溯到20世纪70年代，并在20世纪90年代得到了长足的发展。由于长期以来西方国家主导的国际合作理论和体系占据主流地位，落后国家和发展中国家在国际合作机制中一直处于被边缘化的状况。就职务犯罪防控领域的国际合作而言，由于发达国家长期占据国际话语权的主导地位，包括中国在内的广大发展中国家往往扮演着被动参与的角色，在与发达国家开展国际合作时，总是不同程度地遭受着差别待遇甚至歧视。

党的十八大以来，党中央高举高压惩腐之利剑，重点查处了一批大案要案，从世界 90 多个国家和地区追回了一大批外逃的职务犯罪嫌疑人和赃款。截至 2023 年，我国同世界 70 多个国家签订了引渡条约和刑事司法协助条约，[①] 与多国构建了深入开展执法合作的机制，全方位、多层次地开展职务犯罪防控领域的国际合作。党的十九大报告更是明确指出，中国特色社会主义进入了新时代。历史唯物主义认为，社会主要矛盾的变化是判断时代变迁的重要尺度和显著标志。在新的历史方位面临新的任务，党和政府以中国社会的历史新变革、矛盾新转化为现实观照，在巩固党的十八大以来既有成果的基础上诠释了新时代职务犯罪防控国际合作的内容。首先，在理念上把腐败治理提到了一个前所未有的高度，并呈现出国际、国内双向联动的局面。一方面对国内腐败问题进行重拳治理，坚持"老虎""苍蝇"一起打，使反腐败工作不再局限于大案、重案，小案、个案也能得到妥善处理。另一方面针对境外存在的腐败分子外逃、腐败资产外流问题，从国家层面掀起了一场追逃追赃的热潮，使职务犯罪防控领域的国际合作、追逃追赃防逃等工作驶入全面加速的快车道。其次，在制度建设方面，对内深化国家监察体制改革，整合形成更加集中统一、权威高效的职务犯罪防控力量；建立上下联动的监督网，强化社会公众参与腐败治理的意识。再次，健全现有反腐败法律体系，使职务犯罪防控领域的国际合作在法治轨道上健康运行，保障和巩固了国家全面开放的新格局。综上，新时代的职务犯罪防控国际合作呈现出思想理论更加成熟，组

---

① 根据中华人民共和国外交部条约数据库资料统计，http://treaty.mfa.gov.cn/Treaty/web/index.jsp，2023 年 12 月 3 日访问。

织体系坚强有力，合作成效日益彰显等新的特点。据统计，自2018年国家监察委员会成立至2020年，共追回外逃人员3848人，包括党员和国家工作人员1306人、"红通人员"116人、"百名红通人员"8人，追回赃款99.11亿元，追回人数、追赃金额同比均大幅度增长。①改革形成的制度优势进一步转化成为职务犯罪防控领域的治理效能。

纵观党的十八大以来的反腐国际合作成果，粲然可观的是在继承与发展马克思反腐败和国际合作思想的基础上，形成了习近平新时代中国特色职务犯罪防控国际合作的新思想、新战略。习近平总书记深刻指出，"腐败是社会毒瘤。如果任凭腐败问题愈演愈烈，最终必然亡党亡国。"②总书记将反腐败国际合作提升至政治和大国外交层面，在多个外交场合谈及加强反腐败务实合作，标志着我们对国际联合反腐的认识达到了一个新的高度。近年来，在《联合国反腐败公约》主导的合作框架下，我国深度参与了多边框架下的反腐败合作机制，积极与世界各国共建司法执法合作平台，并形成了一系列构建国际反腐新秩序的重要成果，如2014年主导通过的《北京反腐败宣言》和2016年主导通过的《二十国集团反腐败追逃追赃高级原则》等。这些主张赢得了国际社会的充分肯定和高度评价，为打造腐败治理共同体贡献了中国智慧、中国方案，打破了长期以来发达国家在腐败治理问题上的话语权垄断，从全球腐败治理的参与者逐步转变为一定程度的规则制定者。

在合作成就方面，自2014年以来，历次中央纪委全会的工作部署均涵盖了国际追逃追赃的内容。中央纪委牵头成立的中央反腐败协调小组国际追逃追赃工作办公室（以下简称"中央追逃办"）协调组织了多项反腐专项行动并取得了一系列成就：通过国际刑警组织（ICPO）集中曝光了100名涉嫌包括职务犯罪在内的腐败犯

---

① 王博勋：《推动反腐败国际追逃追赃工作取得更大成果——全国人大常委会首次听取审议国家监委专项工作报告》，载《中国人大》2020年第16期。

② 习近平：《在第十八届中央纪律检查委员会第二次全体会议上的讲话》，2013年1月22日。

罪外逃人员，集中向社会通报50名外逃人员有关线索；①截至2022年，连续七年开展的"天网"行动，共从全世界120多个国家追回外逃人员10668人，追回赃款约447.9亿元人民币，②用实际行动宣告国外没有"避罪天堂"。一系列反腐专项行动得到了国际社会的普遍认可。

此外，反腐败法治建设方面也取得了阶段性成效。国际立法方面的重要成果体现在一系列国际条约的缔结和批准。截至2023年12月，与中国签署了引渡条约和刑事司法协助条约的国家分别达到50个和61个③，此外我国还与加拿大签署了一项关于分享和返还被追缴资产的条约。在国内立法方面，随着国家监察体制改革的深入推进和《中华人民共和国监察法》（以下简称《监察法》）的颁布，我国确立了监察委员会在国际联合反腐中的法律地位和作用，新形势下的纪检监察机关被赋予了新职责、新使命。《中华人民共和国国际刑事司法协助法》（以下简称《国际刑事司法协助法》）、《中华人民共和国刑事诉讼法》（以下简称《刑事诉讼法》）等一系列法律的颁布与修改，为纪检监察机关以法治思维和法治方式开展国际合作提供了重要的制度保障。在司法方面，近年来以各种方式归案的外逃人员均得到了公正审判，一部分符合条件的犯罪嫌疑人也依法得到了从轻或从宽处理。在境外追赃的司法合作中，我国积极运用特别程序开展国际追赃，取得了初步成效。

我们在看到成绩的同时，还应认清客观形势，着眼于实践来分析当前国际联合反腐中的合作障碍。首先，国际形势依然不容乐观，发达国家和广大发展中国家的合作地位并不平等，一些国家在

---

① 参见中央纪委国家监委官方网站（原"中央纪委监察部网站"）数据，https://www.ccdi.gov.cn/tjtsn/ytdd/201712/t20171222_19777.html，2023年12月3日访问。

② 参见中央纪委国家监委网站数据，https://www.ccdi.gov.cn/pln/202303/t20230323_254369.html，2023年12月11日访问。

③ 参见中华人民共和国外交部条约数据库，http://treaty.mfa.gov.cn/Treaty/web/index.jsp，2023年12月11日访问。

政治制度和意识形态方面对中国还存在诸多偏见，国际合作中的结构性缺陷往往被作为推行对外战略的工具。由于政治制度、经济基础、价值观念、历史文化等因素的影响，部分西方国家对中国的人权状况和法治状况充满了偏见，人为地将合作打上政治的烙印，这些无疑会成为新时代我国构建国际反腐新秩序的障碍。其次，中国的职务犯罪防控国际合作还处于起步阶段，国内相关制度和配套制度远远不能满足对外合作的现实需求。主要体现在部分国内法律与国际公约仍然存在衔接不畅等问题，执法司法过程中仍有一些环节尚待完善。随着职务犯罪防控国际合作进入攻坚期和深水区，涉外腐败案件中的复杂因素增多，难免存在传统手段难以打击的盲区。监察机关在职务犯罪防控国际合作中如何依法依规履行职能也是当前面临的一项重要问题，现有办案人员素质不高和专业人才的短缺会掣肘国际合作的纵深发展。最后，在科技变革的新形势下，互联网的发展给国际联合反腐带来了新的风险和挑战。加强反腐败预防性法律制度的建设、公职人员出入国（境）审批管理、金融监管、"防逃墙"的构筑等领域依然存在相当艰巨的任务，运用现代科技手段反腐是大数据时代的必然要求。反腐败斗争永远在路上。站在新的历史方位，从基础、实体、程序和技术四个维度思考更高质量的合作策略，是新时代对职务犯罪防控提出的必然要求。

第二节　国内外研究状况梳理

我国的职务犯罪防控国际合作与交流实践是从进入 21 世纪之后开始的。由于中国的职务犯罪防控国际合作还处于刚刚起步阶段，迄今为止，国内学界研究中国职务犯罪防控国际合作问题的学术成果主要集中在法学学科，其次是公共管理学、政治学等其他学科。本书根据已经掌握的资料，按照其基本内容和出版时间顺序作简要的评述。

一、国内研究状况

（一）法律文献资料

《〈联合国反腐败公约〉暨相关重要文献资料》是我国于2004年出版的一部关于反腐败合作研究领域的重要文献资料，由我国著名学者赵秉志等整理出版。该书共分为三编：第一编收录汇编了《联合国反腐败公约》和《联合国打击跨国有组织犯罪公约》的部分条文；第二编主要收录了欧洲理事会、美洲国家组织和非洲联盟等区域性国际组织签署的计划、宣言、公约等资料汇编；第三编是其他关于腐败问题的文献资料，主要收录了除联合国之外的其他国际组织（如经济合作与发展组织、国际商会等）在打击国际商业腐败领域中的文献资料。虽然该书部分内容仍是英文原版，但不妨碍它成为我国职务犯罪防控国际合作研究领域的启蒙读物和该领域重要历史的参考资料。此外，国内最早一批介绍国际公约内容和相关背景资料的还有外交部条约法律司编译的《联合国反腐败公约及相关法律文件》，该部著作同样收录了联合国的相关法律文件和一些区域性反腐败法律文件。2006年，由郭永运主编的《国际反腐败法律文献大典》出版，这套书比较系统地汇编了国际反腐败法律文件，其特色是将腐败治理的研究视野扩展到了世界其他国家的腐败治理领域。不仅收录了中国加入《联合国反腐败公约》的联合声明、宣言等内容，也关注了世界其他国家在打击腐败犯罪领域的具体做法，如用了两编的篇幅收录了若干域外国家反贪污贿赂的法律文件和反洗钱的法律文件，成为我国学者在该领域开展研究的一本重要工具书。2006年，时任原监察部副部长黄树贤主编出版了一本关于亚太地区反腐败会议的论文集——《遏制腐败促进公平与发展——亚太地区反腐败行动计划第七次指导小组会议暨第五次亚太地区反腐败会议专辑》，其中详细介绍了2005年9月由中国主办的第五次亚太地区反腐败会议的情况。这次会议是中国加入《亚太地区反腐败行动计划》以来第一次作为主办方参加，因此该会议专辑堪称研究中国参与亚太地区职务犯罪防控国际合作的第一手资料。以上国际反腐败合作的基本文献和相关资料为学界研究国际反腐败合作中的法律制度提供了重要参考,促进了下一阶段研究的深化。

(二)解读国际反腐败法律文献的著作

2004年由学者杨宇冠等人编写的《〈联合国反腐败公约〉解读》一书,是国内学界较早对《联合国反腐败公约》原版内容进行解读性研究的著作。该书在参考公约英文原版的基础之上,系统介绍了公约所确立的腐败犯罪预防、刑事定罪和执法、国际合作、资产返还与追回以及履约监督等五大机制,是一部从比较全面的视角对公约进行解读的著作。该书不仅重点介绍了公约中倡议的职务犯罪防控国际合作的具体措施,如联合侦查、司法协助、执法合作、被判刑人移管与刑事诉讼移交等手段,还介绍了包括中国在内的若干个亚洲国家、东盟组织在打击腐败犯罪领域的多边合作进程。此外,2006年由陈正云等学者撰写出版的《〈联合国反腐败公约〉——全球反腐败的法律基石》也是一部详细解读《联合国反腐败公约》主要内容的著作,包括制定背景、起草谈判进程等,为读者提供了许多重要的一手资料。书中对彼时中国参与职务犯罪防控国际合作的形式进行了比较客观全面的归纳,为下一步我国研究拓展国际合作的形式和手段奠定了坚实的基础。除了对《联合国反腐败公约》进行全面分析解读外,这一阶段许多学者对世界其他国家和地区的反腐败体制机制和法律制度建设也有了一定程度的研究。比较有代表性的有卢建平等学者编著的《美国反海外腐败法解读》,这是一本对美国打击跨国商业贿赂领域的法律进行详细解读的著作,对美国著名的《反海外腐败法》的制定背景和其中的相关规定作了全面梳理,对增进中美合作、启迪本国立法都有一定的积极意义。此外,学者李秋芳主编的《世界主要国家和地区反腐败体制机制研究》梳理了世界典型国家和地区的反腐败体制机制,为我们了解他国法律规则,正视我国与他国的差别提供了重要参考。

（三）职务犯罪防控国际合作的理论与实践研究文献

在前期对国际规则和相关国家反腐败法律制度、合作机制有了一定程度了解的基础上，国内研究职务犯罪防控国际合作的专著和文章如雨后春笋般涌现。一些学者开始致力于从立法上探讨，实现中国反腐败法律与国际规则的衔接。比较有影响力的学者有李秀娟、赵秉志、陈光中、陈雷等。李秀娟从解读《联合国反腐败公约》的角度出发，对我国现行反腐败立法中存在的一些问题进行了思考，并在研究公约的基础上系统分析了我国反腐败法律体系与国际公约的冲突，探讨了我国反腐败法律制度如何与国际协调、接轨，对中国的反腐败立法提出了完善建议。[①] 赵秉志教授常年致力于国际公约与中国反腐败刑事法治的协调问题研究，并多次作为专家证人参与我国追逃追赃行动的案件审理。结合多年的理论研究和司法实践，他撰写了一系列学术论文集中探讨了我国刑事法治协调的诸多问题，并主办了一些较有影响的关于职务犯罪防控国际合作的会议，其中的多篇论文为本书的写作提供了重要帮助和参考。著名法学家陈光中教授则是从比较《联合国反腐败公约》的角度对我国《刑事诉讼法》的修改进行了细致研究。[②] 陈光中教授在构建我国的犯罪资产没收和追缴制度、缺席审判程序等问题上提出的一些建议和修改意见对我国2012年、2018年修改的两版《刑事诉讼法》具有重要影响。陈雷则是从比较研究的视角出发，将我国刑事实体法中规定的腐败犯罪与国际标准作了一次全面对照，让许多新的罪名如影响力交易罪、私营部门的侵吞财产罪等走进了国人的视野，对借鉴国际先进立法例来完善我国反腐败刑事法律体系具有深远影

[①] 李秀娟：《中国反腐败立法构建研究：以〈联合国反腐败公约〉为视角》，中国方正出版社2007年版。

[②] 陈光中主编：《〈联合国反腐败公约〉与我国刑事诉讼法再修改》，中国人民公安大学出版社2006年版。

响。① 上述学者的著作和文集在完善我国职务犯罪防控国际合作实体和程序法律方面提出了诸多有价值的见解，有利于推动我国反腐败立法工作与国际接轨。

在实践环节，随着党的十八大以来追逃追赃行动的开展，学界出现了颇多以境外追逃追赃、国际刑事司法合作为主题的著作和论文。综合来看，法学界关于追逃追赃和刑事司法合作实践的研究，当以北京师范大学教授、G20（二十国集团）反腐败追逃追赃研究中心主任黄风的成果最具有代表性。黄风教授早年从事司法实务工作，其专著中的典型案例很多都是他亲身参与，因此其多部专著都具有较高的学术价值。以黄风和赵林娜主编的《国际刑事司法合作：研究与文献》一书为例，该书在研究方法上，坚持理论联系实际的马克思主义方法，将中外反腐败刑事法律制度中的理论问题贯穿于境外追逃、调查取证、资产追缴、判决执行等司法和执法合作等实务层面，深入浅出地分析了理论和实践两方面的现状以及存在的问题。该书还独辟专章将加拿大的引渡法律和刑事司法协助法律作为比较研究的对象，评价了大量刑事司法协助双边条约、引渡双边条约和被判刑人移管条约在司法实践中的运行状况，为我国国际司法合作的纵深开展以及2018年《国际刑事司法协助法》的制定出台提供了他山之石。此外，近几年各个学科也出现了多篇以职务犯罪防控国际合作为研究主题的学术论文，相关专业的研究生还以此为选题，从自身专业的视角对该主题展开研究，一系列博士和硕士学位论文推陈出新。以学术论文为例，有的学者从社会学的角度论证了中国的职务犯罪防控国际合作在治理网络和治理模式上所体现出来的巨大优势，属于"外向型"廉洁拐点的典型代表。② 也有学者从经济学的"溢出"效应出发，阐述腐败和其他犯罪一样具有"溢出"效应，伴随着腐败者的外逃、非法资金外流以及海外腐

---

① 陈雷：《反腐败国际公约视野下我国反腐败刑事立法及其完善》，中国人民公安大学出版社2008年版。

② 高波：《廉洁拐点：世界难题与中国答案》，中信出版社2017年版。

活动扩散，会严重污染流入国的政治生态、社会生态和文化生态。因此职务犯罪防控国际合作是国际社会的共同需要。① 有的学者则是从马克思主义政治学的研究角度，对新中国成立以来的职务犯罪防控国际合作思路演进作了一次归纳。②

整体而言，国内关于职务犯罪防控国际合作研究的文献资料呈现出以下特点：（1）研究起步较晚，且学术成果主要集中在法学学科。如前期对《联合国反腐败公约》的解读以及对相关国家反腐败法律制度、合作机制的比较介绍等成果，基本上都是从法学学科的研究视角出发，对国际规则和域外国家的相关制度进行梳理介绍，并在此基础上将我国的相关制度与之进行比较，从而分析差异所在。很多研究成果并没有基于马克思主义的研究视角，以中国自身作为实践观照来分析问题产生的根源。如此一来，在提出的解决问题手段上便疏于对中国国情的考虑，甚至会出现全盘否定我国现有的相关制度，全盘照搬照抄域外国家相关制度的观点。（2）党的十八大以来，社会对职务犯罪防控国际合作的关注大多集中于各类媒体报道或是政策宣传，学界大多也是从境外追逃追赃、国际司法合作机制等理论层面进行研究。总的来说，这些研究成果呈现出碎片化或片面化的不足。（3）在监察体制改革初见成效的背景下，从整体上梳理中国特色社会主义理论体系中的反腐败合作思想的沿革，总结反腐败合作的历史经验和成就，关注微观方面的体制机制建设，并将这些方面全面融合汇总的研究成果并不多见。基于此种研究现状，本书尝试针对上述不足方面，从马克思主义的研究视角对党的十八大以来我国开展的职务犯罪防控国际合作工作进行一个较为客观全面的梳理和总结，并提出相应的改革完善建议，以期为进入攻坚区和深水区的职务犯罪防控国际合作建言献策。

---

① 徐玉生、陆奕君：《反腐败国际合作的中国经验及理路》，载《青海社会科学》2018年第4期，第81页。

② 罗星：《新时代反腐思路的新拓展——十八大以来中国反腐败国际合作研究》，载《河北青年管理干部学院学报》2018年第5期。

二、国外研究状况

西方国家在职务犯罪防控国际合作领域的理论研究起步较早。本书根据作者所查阅资料，试从基本内容与地域两个维度对国外相关研究成果作一简要汇总和评述。

（一）国际反腐合作的会议记录与法律文件汇编

国外关于职务犯罪防控国际合作的研究成果主要集中于一些文献资料性的会议记录或者法律文件汇编等，总体数量上也并不多产，对中国职务犯罪防控国际合作问题进行专门研究的理论成果更是寥寥。从国家图书馆保存的英文文献来看，绝大多数都是自2001年的《亚太地区反腐败行动计划》启动以来，外国政府和国际组织召开的历次会议的情况汇编。《亚太地区反腐败行动计划》既是指导各成员国和地区在落实反腐败工作方面的一整套行动策略，也是一部研究亚太地区反腐败状况的权威会议文献资料。其中关于公共服务建设体系、反行贿受贿行动以及鼓励公众参与三大方面的内容，对中国参与亚太地区的职务犯罪防控国际合作和全球国际合作都具有一定的参考价值。

伴随着腐败成为国际社会普遍关注的焦点问题，国际组织在职务犯罪防控国际合作领域发挥着日益重要的作用，并形成了一系列规则。从国际组织职务犯罪防控国际合作的约束规定来看，《联合国反腐败公约》是最具有影响力的一部文件。第58届联合国大会通过的《联合国反腐败公约》是全球第一部规定腐败犯罪以及指导国际反腐败行动的法律文件，公约中确立了五大反腐败机制，除序言外，包括"总则""预防措施""定罪和执法""国际合作""资产的追回""技术援助和信息交流""实施机制""最后条款"等八章内容，对如何界定腐败犯罪、国际反腐败合作的具体方式、资产的追回措施、腐败犯罪的预防等方面均作出了非常详细的规定，为世界各国制定和完善国内反腐败法律制度提供了蓝本，对促进各个国家和地区更加有效地预防和惩治腐败犯罪、开展国际合作产生了一系列深远的影响。如其中有关利益冲突的制度设计为世界许多国家反腐机制的设计带来了新的理念，在借鉴和吸收这一人类文明成果的基础上积极完善本国的法律制度设计，建立健全了腐败的事前预防机制，将腐败犯罪遏制在萌芽期，从而大大减少了腐败现象的发生。除《联合国反腐败公约》外，还有另一部极具影响力的文件，即经济合作与发展组织（OECD）制定的《关于打击国际商业交易中行贿外国公职人员行为的公约》（也称《经合组织反贿赂公约》）。这部公约在打击国际贸易领域的腐败行为、保护自由竞争秩序方面发挥了重要作用，截至2023年11月，全世界有45个国家签署了该项公约。[①] 除了联合国和经合组织外，世界银行和亚太经济合作组织（以下简称APEC）在职务犯罪防控国际合作方面也作出了积极贡献，并形成了一系列准则和宣言用以指导各成员的合作行动。值得注意的是，随着近年来中国综合国力的增强和国际地位的提升，中国推动APEC成员经济体通过的《北京反腐败宣言》是加强亚太区域反腐败合作的有力之举。此外，欧美国家的一些非官方组织以颁布研究报告的形式，对世界上包括中国在内的多个国家的职务犯罪防控国际合作问题进行了若干数据统计并提出了建言。"透明国际"是国际非政府组织中最有影响力的一个，尽管并没有制定国际通行的公约或者规则，但是其每年发布的《全球清廉指数报告》在世界范围内具有较大影响。在倡导国际合作问题上，"透明国际"很早就明确指出，广泛的反腐动力可以被凝聚在一起形成合力，这些动力的来源既包括本国政府部门、私人部门，还包括国际社会的力量。

（二）国外学者关于反腐国际合作的论著

由于司法体制差异和一些政治因素的影响，很多国外论著尤其

---

① 参见经济合作与发展组织网站，https://www.oecd.org/corruption/oecdantibriberyconvention.htm，2023年12月3日访问。

是 21 世纪之前一些西方学者的研究成果对中国的国际反腐合作借鉴意义不大。在尽可能广泛搜集的前提下，笔者有针对性地挑选了部分具有借鉴意义和学术价值的外国著作，以期对合作中相关的实体法律衔接和司法协助问题提供指引。

大多数西方发达国家对腐败和腐败治理的研究起步较早。20 世纪开始，美国、英国大学里的诸多学者如阿诺德·海登海默、罗伯特·克利特加德、冈萨·缪尔达尔等，就已经开展了对腐败问题的深入研究，并形成了卓有成效的研究成果。他们在腐败成因、影响以及控制腐败措施等方面的观点对后续世界各国的研究具有重要的参考价值。在对腐败问题的认知上，某些西方学者的观点带有欺骗性和局限性。如 20 世纪 70 年代，由于对发展中国家的政治和历史成见，部分西方经济学家大肆鼓吹一套理论，即某些特定的腐败对于社会经济的发展是有好处的。[①] 特别有代表性的是美国学者塞缪尔·亨廷顿。他在《变革社会中的政治秩序》中论述现代化与腐败的关系时着重论述了腐化的功能，"一定量的腐化是通向现代化的润滑剂"，[②] 对于正处于现代化进程的发展中国家来说，某些形式的腐化能加强政党的力量，有助于维护政治体系的稳定。这一历史成见正是制约国际社会形成全面深入的国际反腐败合作机制的重要原因。就西方国家的反腐败立法而言，在对腐败赃款的追缴和对腐败犯罪人的追诉方面大多形成了较为完善的反腐败法律体系，如英国 2002 年《犯罪收益法》和美国 2000 年的《民事资产没收改革法》都是关于追缴腐败赃款的法律，对各国完善反腐败追赃合作具有指导意义。制定于 1977 年的美国《反海外腐败法》也是一部在规范海外腐败行为问题上比较有国际影响力的法律。该法在制约和惩治本土企业以及外国企业的腐败行为方面发挥了极大的作用，尤其是该法创设的"长臂管辖"原则，将境内、境外的腐败行为都纳

[①] James T. Gathii, *Defining the Relationship Between Human Rights and Corruption*, 31 Journal of International Law 134（2009）.

[②] ［美］亨廷顿：《变革社会中的政治秩序》，李盛平、杨玉生等译，华夏出版社 1988 年版，第 68 页。

入了美国司法部和证监会的管辖范围。由美国司法部编撰的《反海外腐败法资源指南》（A Resource Guide to the U.S. Foreign Corrupt Practices Act）一书，主要阐述了美国司法部根据美国《反海外腐败法》的规定和要求，在世界各国开展反腐败工作的司法实践情况。这部指南为我国学者和司法实务工作者了解北美国家的海外反腐败实践提供了具体视角，不失为我国与北美国家开展双边引渡和资产追回工作的域外指南。此外，还有学者从法律分析和实践应用的层面对美国 2001 年《爱国者法案》进行了深入评述。[1] 欧盟成员国之间缔结的具有普遍效力的打击跨国腐败犯罪公约以及在合作实务中运行的具体制度，为世界各国开展、深化合作提供了更为前沿的视角。因此，相关学者在欧盟刑事司法合作制度领域的研究也是硕果累累。很多学者在其论文中对欧盟国家之间的引渡程序、移管被判刑人制度，以及欧盟证据令、逮捕令、侦查令作了详细介绍，客观分析了目前欧盟国际合作运行中存在的一些障碍和挑战，并针对成员国之间的合作开展提出了非常全面、有价值的建议。[2]

广大发展中国家在职务犯罪防控国际合作领域的研究起步较晚。就拉美国家来说，由于常年的毒品、人口走私等犯罪和大规模腐败的横行，拉美国家一直以来在开展国际刑事司法协助方面处于相对弱势的地位。针对这一现状，拉美国家的学者在研究自身腐败现状和腐败滋生的根源时，对治理腐败的对策也提出了一些颇有特色的观点。如秘鲁前司法部长、首席检察官奈莉·卡尔德隆·纳瓦罗女士有着多年的司法工作经验，在腐败问题以及反腐败比较学领域有着多年研究，她创造性地提出了"协商性司法"的理念和做法，为广大发展中国家与主要西方国家在国际合作中处理冲突、争

---

[1] Carol R. Van Cleef, *The USA Patriot Act: Statutory Analysis and Regulatory Implementation*, Journal of Financial Crime (2004).

[2] Cristina Panait, *The Issue of the Police and Judicial Cooperation in the European Union*, 2 Contemporary Readings in Law & Social Justice 537, 537-544 (2012).

端提供了一条可资借鉴的思路。此外，在关于职务犯罪防控国际合作的问题上，作者也详细阐述了腐败资产追缴和保障被告人人权的观点。① 一些南非学者也常年关注着腐败问题和腐败治理的研究。如南非学者罗伯特·克利特加德在《控制腐败》一书中，以委托模型和代理模型为基点提出了腐败治理的两种路径。此外，也有一些外国学者将亚洲主要国家和地区作为研究对象，关注了包括中国在内的一些亚洲国家开展的反腐败国内行动和国际合作，比如中国近几年开展的境外追逃追赃行动已经成为一些外国学者关注和研究的新热点。巴西坎匹纳斯州立大学的金砖项目负责人布鲁诺·孔蒂先生曾经指出，中国的反腐是公正的、积极的，为其他国家的反腐提供了一个很好的学习样本。2023年8月，在金砖国家领导人第十五次会晤中，与会领导人就加强反腐败国际合作达成重要共识并写入《金砖国家领导人第十五次会晤约翰内斯堡宣言》。

总体而言，不论是国际组织还是不同国家、地区，都是在反腐败成为国际议题的背景下出台制定相关法律或规则。国际组织倡导形成的一系列公约、规则在推动全球职务犯罪防控国际合作领域均产生了深刻影响，在一定的时代背景下具有积极意义。但是，基于中外法律文化、体制的差异以及其他因素的影响，早期西方发达国家的法律制度和相关学者研究成果的立论基础，多数是站在本国视角或固有的阶级立场上，相关研究缺乏当代中国的实践载体，因此他们所提出的思路或建议具有浓厚的当地色彩和不可避免的局限性，对优化我国的职务犯罪防控国际合作的借鉴意义有限。自20世纪90年代以来，随着资本要素在全球流动的程度日益加深，腐败活动全球化的趋势也日益增强，各国开始从立法、司法、执法等领域不断完善和构建交流对话的平台，开展更为广泛深入的职务犯罪防控国际合作并取得了丰硕的理论成果。我国与世界其他国家在治理腐败、打击跨国犯罪等问题上具有很多的利益共同点。站在

---

① Nelly Calderon Navarro, *Fighting Corruption—The Peruvian Experience*. 4 Journal of International Criminal Justice 488，488-509（2006）.

新的历史起点，中国在这一实践活动中日益主动，在研究国际组织与不同国家、地区反腐败合作经验的基础上，力求通过充分借鉴合理经验、学习优秀文化，并结合自身国情找出一条腐败治理的路径。

第二章
职务犯罪防控领域国际合作之历史逻辑

近年来,由于职务犯罪呈现出的跨国性、涉外性特征,其预防和整治变得日益复杂和困难。开展职务犯罪防控领域的国际合作,共同打击涉腐犯罪已成为全球共识。第58届联合国大会通过的《联合国反腐败公约》是近年来国际社会联合反腐的经验总结,它的通过标志着国际社会合作治理包括职务犯罪在内的涉腐犯罪成为一项普遍义务。我国于2005年批准加入了该公约,这是我国建立和完善反腐败法律制度的重要步骤。《联合国反腐败公约》对腐败犯罪的基本概念以及犯罪防控的各个方面均作了较为全面的规定,其中的概念界定、基本法律框架和相关制度设计对于我国的反腐败立法以及开展国际合作具有重要的参考价值和指导意义。

第一节 基本概念界定

一、腐败

在很长一段时间内,腐败被认为是一系列零星事件,而不是一些政府官员(以及与之相关的个人和公司)生活实际中根深蒂固的行为。① 随着"大型腐败"在世界上许多国家发生、蔓延，甚至造成一些国家政局不稳和长期战乱，腐败才逐渐成为社会公众关注的焦点问题。但是，由于文化传统、法律基础的不同，世界各国对腐败的认知、定义都会呈现出巨大的差异，这可能会导致各国在腐败犯罪的惩治和腐败资产的追缴合作领域出现分歧。② 在这种情况下，从不同角度对"腐败"应涵盖的范围进行讨论就显得十分必要。

从词源学上，"腐败"一词来源于拉丁文"corruptio"，意指某些事物被彻底破坏。在词义上，"腐败"的原意为"腐烂"，后被引申为"思想陈旧，行为堕落"；在《布莱克法律词典》中的释义为"国家工作人员或者受托人违反职责和损害他人权利，非法地利用其地位或者声誉为自己或他人谋取利益的行为"。③ 还有一些有影响力的国际组织也分别从自身的角度对"腐败"的内涵作出过解释，如"透明国际"认为腐败是"滥用手中权力谋取私利"。随着全球化程度的加深，腐败犯罪跨国性、涉外性的特征日益明显，国际社会对腐败的认知也发生了巨大的变化，迫切需要形成界定腐败行为的统一标准。《联合国反腐败公约》是全球第一部规定腐败犯罪以及指导反腐败的文件，其中规定了"腐败犯罪"的定义和反腐败的合作方式，④ 为统一世界各国对腐败的认知和腐败犯罪行为的界定

---

① Gonzalo Quintero Olivares, *Problemas de la Dimensión Internacional de la Lucha Contra la Corrupción*, in Alvarez Garcia et al., Libro homenaje al professor Luis Roadriguez Ramos, Valencial: Tirant, 1083-1106 (2013).

② 在中国，贿赂数额未达一万元就不构成犯罪，而在德国、日本等发达国家即使贿赂数额极低也是犯罪行为。有些国家的中介和服务现象被看成是交易惯例，而在有些国家则被认定为非法。

③ 在《布莱克法律词典》中对"corruption"进行检索，释义为"Illegality; a vicious and fraudulent intention to evade the prohibitions of the law. The act of an official or fiduciary person who unlawfully and wrongfully uses his station or character to procure some benefit for himself or for another person, contrary to duty and the rights of others."

④ 刑事定罪方面，《联合国反腐败公约》将贿赂外国公职人员及国际公共组织官员，贪污、挪用、占用受托财产，利用影响力交易等行为确定为犯罪。

提供了可行的参照。从这个意义上来讲,世界各国当以《联合国反腐败公约》为指导,严格将国际公认的腐败行为确定为国内犯罪,以避免因为不同国家对腐败的表述方式不同、归属的法律部门不同而造成合作的障碍。

二、职务犯罪

关于职务犯罪的概念,目前没有一致的解释和说法,世界各国的称谓也各有不同。从字面上理解,职务犯罪是指一切与职务有关的犯罪,也有人把职务犯罪称为腐败犯罪。从刑法教义学上来讲,职务犯罪是犯罪的一种类型,指国家工作人员、企业工作人员或者其他工作人员利用职务上的便利,进行非法活动或者对工作严重不负责任,不履行或者不正确履行职责,破坏国家对职务的管理职能,依照刑法应当受到处罚的行为的总称。社会学意义上的职务犯罪就是一种腐败。按照腐败的社会危害性程度,有学者将腐败依次划分为一般腐败行为、违纪违法行为和职务犯罪行为。因此,职务犯罪是最为严重的腐败形式,职务犯罪主体一般是掌握一定管理或者支配公共财产、人事关系等多种实权的国家公务人员,其本质特征是以权谋私、权钱交易。贪污贿赂、挪用公款等经济犯罪和渎职侵权犯罪是腐败现象最突出的表现。

三、职务犯罪防控国际合作

国际合作原则是国际法中的一项重要原则,它的法理基础源于国家主权的让渡。按照国家身份主权和权能主权的二元结构划分,国家可以在不损害国家利益的前提下让渡部分权能主权,这并不违反主权神圣不可侵犯的原则。从合作模式来看,20世纪之前的国际合作主要体现为双边合作和区域性合作两种模式。世界各国在一战以后逐渐意识到,对于许多全球性问题来讲,双边合作和区域性合作并不能有效发挥各国的合力,国际合作的重要性和全球性逐渐凸显,并得到了国际社会的广泛认同。从合作内容看,国际合作包括职务犯罪防控国际合作、恐怖犯罪防控国际合作、国家安全国际合作、环境国际合作等。从合作手段看，有政治外交层面的合作、法律层面的合作等。从合作维度看，国际合作包括国际司法合作、国际执法合作等。本书的职务犯罪防控国际合作是指就职务犯罪的预防与控制这项活动而言，国家之间、国家和地区之间、国家和国际组织之间开展的司法以及执法领域的交流与合作。

（一）国际司法合作

就国际司法合作而言，一般分为国际民商事司法合作和国际刑事司法合作。腐败犯罪作为一种国际犯罪活动，涉及更多的是国际刑事司法合作，故本书中的司法合作概念主要是指刑事领域的国际司法合作。

国与国之间的合作特别是国际司法合作有着悠久的历史，同时随着实践的发展不断完善。公元前18世纪的《汉谟拉比法典》是一部反映古巴比伦王朝法律和社会秩序的基本史料，其中关于实行捉拿越境逃犯的合作是国际司法合作的早期形态。此后，在欧洲也陆续出现了一些类似于当代国际刑事司法协助的法律。在我国周朝时，各诸侯国之间签订政治盟约时也存在着"毋保奸，毋留慝"的条款，① 这些都是国际司法合作的萌芽形态。一般认为，历史上首个涉及引渡问题的法律条约是1689年中俄缔结的《尼布楚条约》，该条约第3条规定："自两国永好已定之日起，嗣后有逃亡者，各不收纳，并应械系遣还。"② 因此，真正意义上的国际司法合作应当始于近代。19世纪之后，跨国犯罪活动和罪犯逃匿他国的现象为国际刑事司法协助制度带来了巨大变化。比利时于1833年颁布了世界上第一部引渡法并将其上升为一种规范的法律制度。③ 随后越

---

① 赵永琛：《国际刑法与司法协助》，法律出版社1994年版，第159页。
② 王铁崖编：《中外旧约章汇编》（第1册），生活·读书·新知三联书店1957年版，第2页。
③ 李佳昕：《人权保护下的现代引渡制度及我国引渡制度的构建》，南开大学2010年硕士学位论文。

来越多的国家相继签订了有关引渡的条约,这些实践标志着近代意义上国际刑事司法协助制度的诞生。值得注意的是,近代旧中国在殖民侵略下,主权遭受严重破坏,"治外法权"严重泛滥,因此旧中国与列强签订的一系列不平等司法协助条约并非真正意义上的刑事司法协助条约。新中国成立以来,我国刑事司法协助有了长足进展。中国与外国真正开展的司法合作始于20世纪80年代。随着经济的发展,为适应对外开放的需要,中国需要在国际合作领域与其他国家建立规范化的司法合作关系,并开始对外缔结司法协助类条约。可以说,中国对外开展司法合作的制度始于对外缔结的双边司法协助条约,并且经历了从民商事司法协助到刑事司法协助并逐渐扩展到引渡及被判刑人移管的发展过程。其中的一个突出特点是个案合作先于对外缔约,对外缔约先于国内立法。例如,《中华人民共和国引渡法》(以下简称《引渡法》)于2000年制定,但在此之前我国已与相关国家缔结了11项双边引渡条约。在2018年《国际刑事司法协助法》出台之前,我国尚未有被判刑人移管方面的国内法,但是已经对外缔结了5项被判刑人移管条约。

广义的刑事司法协助有时也被称为司法合作。[①] 国际司法协助是国际法领域一个新近发展起来的分支和领域,司法协助(judicial assistance 或 legal assistance)这一术语起源于德国学者伯姆·马蒂茨和李斯特创造的"法律协助",其含义是各个主权国家为了实现各自的司法权而相互提供便利的活动。司法协助之法的渊源主要是国际条约,其次是各国国内法及司法实践。国际社会对国际司法协助有广义和狭义两种理解。狭义的国际司法协助仅包括协助送达诉讼文书、移交物证书证、调查取证、冻结或扣押财产、解送被羁押人员出庭作证、提供法律情报等,美国、英国、德国、日本在理论和实践中均持此种观点,如英美法律中常以送达和调查取证表示司法协助。1954年的《关于民事诉讼的海牙公约》也持此种观点。广

---

① 黄风、凌岩、王秀梅:《国际刑法学》,中国人民大学出版社2007年版,第270页。

义的司法协助除包括狭义司法协助所涉及的方式外，还包括引渡、刑事诉讼移管、相互承认和执行判决、资产分享等为最终实现对罪犯的制裁而开展的各种类型的合作。随着实践的发展，司法合作的范围呈不断扩大的趋势，越来越多的国家倾向于从广义的角度理解这一概念。我国2018年新出台的《国际刑事司法协助法》中就是从广义的角度表述这一概念，将调查、侦查、起诉、审判和执行等环节都纳入合作的范围，相互提供协助的形式也多种多样，包括调查取证、交换物证书证和安排证人作证、对涉案财物的"查、扣、冻"、移管被判刑人等，很大程度上突破了传统司法协助的范围。《联合国反腐败公约》第四章规定的反腐败合作方式主要有引渡、国际司法协助、刑事诉讼移交、被判刑人移管、执法合作和联合侦查等。由此可见，《联合国反腐败公约》在这一问题上的态度与国际趋势是一致的，本书研究的国际司法合作即广义的国际刑事司法协助。

（二）国际执法合作

国际执法合作（international law enforcement cooperation）是国际社会进行广泛合作的一个重要组成部分，是指不同国家（地区）的警察机构或者内政机构之间以及其他国际行为体之间，依据相关条约或互惠原则，为满足各方实际的或预期的执法需要而相互调整政策和行为的合作过程。当前，在遏制恐怖主义势力蔓延等非传统安全领域，开展国际执法合作已经成为世界各国的基本诉求。在防控和打击公职人员携带赃款跨境出逃问题上，仅凭一国之力恐怕难以奏效。当今世界充满不确定性，针对国际安全新形势和违法犯罪的新特点，各国携手提升执法能力，最大限度开展执法合作，共同应对各类安全威胁已经成为全球共识。

随着近年来国际执法安全合作的不断深化，中国为全球安全治理持续贡献了巨大力量。国际刑警组织是规模仅次于联合国的第二大政府间国际组织，也是唯一的全球性警察合作组织，目前成员国已达到 190 余个。① 自 1984 年加入国际刑警组织并组建成立中国国家中心局以来，中国警方始终致力于在该组织搭建的框架内与各成员国开展全方位执法合作。在区域执法合作方面，积极推动包括上海合作组织、东盟十国在内的区域国际警务合作机制的构建。党的十九大报告中，习近平总书记明确提出了坚持总体国家安全观，统筹国内国际两个大局，坚持推动构建人类命运共同体的基本方略。习近平总书记的论述高瞻远瞩，为下一步的国际执法合作指明了方向，明晰了路径。当前，国际警务执法合作一体化趋势越来越明显，特别是随着"一带一路"倡议的全面推进，公安、国家安全、移民、边防等执法部门以强化顶层设计和总体布局为依托，在境外追逃追赃等领域建立了多方位、多渠道的合作机制，拓宽了执法合作的地域和领域，致力于构建普遍安全的人类命运共同体。通过增加各国警务机构的高层互访、强化外警培训和联合演练、强化情报共享、推进国际执法机构和网络平台的建设等务实合作，不断融合执法理念，增加政治互信，提升我国的国际影响力。截至 2017 年，我国已经与世界 113 个国家和地区建立了务实高效的警务合作关系，并签署了多项执法合作文件。②

第二节 职务犯罪防控国际合作领域的历史沿革

一、全球范围内的合作实践

按照马克思主义唯物辩证法的研究视角，腐败治理的国际合作问题是伴随着全球经济一体化进程产生的。19 世纪上半叶，民族国家在欧洲普遍形成并成为现代国际关系的主体。在资本主义由自

---

① 截至 2023 年 10 月，成员国家和地区已达到 195 个。
② 《携手共建安全命运共同体——中国警方深入开展国际执法合作综述》，载《人民日报》2017 年 9 月 25 日。

由竞争走向帝国主义阶段时期，民族国家间的协调与合作也频繁发生。但是基于当时特殊的国际环境，合作领域主要集中在意识形态或者军事同盟方面，如共产国际以及二战期间的反法西斯同盟等。二战结束后，生产力和国际分工的高度发展进一步推动了经济发展，突破了国家疆界和地域的限制，资本主义国家逐渐走向以国家为单位组成共同体，以欧洲一体化运动为典型代表的合作之路，①并取得了巨大的经济建设成就。冷战结束后，随着经济全球化进程加深，共同发展已经成为世界大趋势，各国又不断调整对外政策，使国际合作成为国家政策制定的主要趋势。在以合作促发展的世界大环境下，世界各国开始了经济贸易、政治外交、文化传播等领域全方位的国际合作。与此同时，随着现实主义国际关系理论所强调的"国家主义"在一定程度上被弱化，很多国家逐渐认识到，通过国际组织行使部分国家权能可以有效降低缔约成本、促成国际合作，于是国际组织开始在全球公共问题的治理上日益发挥着重要作用。

美国于1977年制定了至今仍有广泛影响力的《反海外腐败法》（FCPA），禁止本国公司在海外业务活动中向外国官员行贿，开创了全球打击跨国商业贿赂之先河。与此同时，美国政府也在积极寻求缔结国际层面的反腐败公约以提高反贿赂的国际水平。不无遗憾的是，由于南北国家间敏感的政治鸿沟，这一倡议在1981年的联合国谈判会议上宣告破产。真正形成国家间和全球性的反腐合作机制，是20世纪90年代后的事情。从20世纪90年代开始，世界各国便开始寻求反腐败的国际合作。标志性事件就是一系列国家和国际组织建立了各种职务犯罪防控国际合作机制和缔结了多个合作公约。1993年，国际非政府组织"透明国际"建立，其每年发布的反腐败报告对国际反腐败合作具有一定的指导价值。1997年，经济合作与发展组织（OECD）通过的《经合组织反贿赂公约》获得了广

---

① 郭吴新等主编：《世界经济》（第2册），高等教育出版社1989年版，第142页。

泛认可，OECD对于推动早期的职务犯罪防控国际合作起到了非常关键的作用，在联合国相关谈判陷入僵局的时候，OECD艰难地推动着合作的进行。随之而来的是，覆盖面更广的反腐败条约在各国和地区间相继出现。1996年3月通过的《美洲反腐败公约》（OAS）是拉美国家致力于打击腐败、打造民主国家模式的一大有力举措。欧盟自1997年签署了《打击涉及欧洲共同体官员或欧洲联盟成员国官员的腐败行为公约》起，陆续签署通过了一系列成员国之间的反腐败公约，内容涉及民法、刑法等领域，在区域合作中发挥了重要作用。紧随其后，非洲和亚洲也陆续在反腐败合作领域有所行动，比较有代表性的有2003年通过的《非洲联盟预防和惩治腐败公约》以及亚太地区部分国家于2001年制定的《亚太地区反腐败行动计划》。特别值得一提的是，《亚太地区反腐败行动计划》既是指导各成员国家和地区在落实反腐败工作方面的一整套行动策略，也是一部研究亚太地区反腐败状况的权威文献资料。其中关于公共服务建设体系、反行贿受贿行动以及鼓励公众参与三大方面的内容，对中国参与亚太地区的职务犯罪防控国际合作和全球国际合作都具有一定的参考价值。联合国作为国际合作的引领者，在促进全球职务犯罪防控国际合作这一事项上则是后来居上，先是于2000年通过了《联合国打击跨国有组织犯罪公约》以应对日益严峻的跨国犯罪形势，又于2003年通过了《联合国反腐败公约》，这两部重要公约的推出奠定了其在主导全球职务犯罪防控国际合作中举足轻重的地位。特别是《联合国反腐败公约》这一全球第一部真正意义上全面指导国际反腐败斗争的法律文件，对促进各个国家和地区更加有效地预防、惩治腐败犯罪以及开展国际合作产生了深远的影响，标志着世界各国将反腐败作为一项人类的共同事业对待，在反腐国际合作领域形成了更深的全球共识。

二、中国在职务犯罪防控领域的合作实践

我国在职务犯罪防控领域的国际合作起步较晚但发展速度较

快。20世纪50年代，我国与周边邻国开展了小范围的国际合作实践，大多是通过政治和外交途径建立合作关系，且范围限于引渡、司法文书的送达等方面。20世纪80年代之前，我国的腐败行为也并无明显的跨国特征，中国政府基本上是把腐败问题视为内政问题进行处理。改革开放后，随着社会经济体制的变革，出现了大批利用职务之便进行贪腐的犯罪现象。20世纪90年代以后，随着与世界交流交往的日益增多，腐败分子携款潜逃现象开始趋于频繁，我国的反腐败工作也遇到了前所未有的挑战。从国内层面上来看，彼时尚未形成依法治国的理念和社会氛围，各方面的法律制度和程序也并不健全；从国际层面上来看，彼时亚太地区大部分国家还没有形成联合反腐的共识，与欧美国家在职务犯罪防控领域的国际合作几乎是一片空白。总体而言，我国与其他国家的反腐败合作呈现出一种步履维艰的状态。当跨境合作出现问题的时候，更多是从两国的政治或外交对话入手，本质上仍然是一种被动型合作模式。在内外交困的形势下，我国逐渐意识到反腐败必须依靠国际合作。因此，在21世纪国际社会掀起反腐国际合作热潮的同时，中国也主动转变角色，积极融入腐败全球治理的历史进程中。这一阶段的标志性事件即我国签署了《联合国反腐败公约》，并将以公约为参照的腐败定罪标准纳入国内法律体系之中。

学者霍金斯把国家参与国际事务分为单边主义、国家间合作和国际授权三种方式。其中国家间合作是一种传统的国际合作方式，通常表现为国家在国际法框架下达成一系列双多边协议。随着国内的反腐败工作取得了一定成绩，我国通过积极参加全球反腐论坛、签署国际公约，参与到了国际合作的进程中。在区域合作方面，利用上海合作组织搭建的平台与多国缔结反腐败双多边协议，在国际反腐败领域日益发挥着重要的作用，为党的十八大以后反腐新格局的形成奠定了坚实的基础。

党的十八大以来，以习近平同志为核心的党中央在深入总结前期反腐败经验的基础上，立足新时代对反腐败工作提出了一系列新思想、新观点、新要求，丰富和发展了马克思主义理论，开创了职务犯罪防控国际合作的新格局。2014年党的十八届四中全会审议通过的《中共中央关于全面推进依法治国若干重大问题的决定》，首次将"加强反腐败国际合作，加大海外追赃追逃、遣返引渡力度"明确写进党的全会文件。① 纵观党的历史，在党的全会文件中明确作出和提出"加强反腐败国际合作"和"加大海外追赃追逃、遣返引渡力度"的重要决策和要求尚属首次。2015年1月、2016年1月和2017年1月召开的党的第十八届中央纪律检查委员会第五次、第六次和第七次全体会议通过的公报中，都进一步强调了"深化反腐败国际合作""强化与有关国家、地区司法协助和执法合作"等要求。② 党的十九大通过的《十八届中央纪律检查委员会向中国共产党第十九次全国代表大会的工作报告》中明确了中国特色社会主义进入了新时代，强调"党中央把反腐败追逃追赃提升到国家政治和外交层面，纳入反腐败工作总体部署"。再次表明了以习近平同志为核心的党中央高度重视反腐国际合作，将其作为党和国家反腐败总体战略布局的一项重要内容，和新时代新型外交关系的一个重要组成部分。新时代是一个全新的历史方位，在社会的主要矛盾产生深刻变革的基础上，国际形势和国内环境都发生了重大变化。在对腐败问题的认知上，腐败不再只被认为是发展中国家特有的文化现象，腐败问题的国际化已经成为趋势；在腐败治理问题上，无论发达国家还是发展中国家都不能置身事外，加强国际合作已经成为这一时期的全球共识。随着国际地位的提升，我国在构建国际反腐新秩序中的话语权也越来越大。经历了多年的现代化积淀，我国在政治制度、法律体系、顶层设计等方面日益完善，国际合作的朋友圈越来越大，在合作的范围、程度和内容方面均发生了深刻变化。尽管反腐败合作领域仍然存在一些潜在障碍，如合作机制的不成熟不完善、国际规则的结构性缺陷的长期存在、霸权主义

---

① 《十八大以来重要文献选编》，中央文献出版社2016年版，第181页。
② 《中国共产党第十八届中央纪律检查委员会第七次全体会议公报》，2017年1月8日。

等,但是中国作为世界大国,理应在大国的责任与担当下,客观评估合作前景,最大限度地挖掘合作空间,努力走向国际舞台的中心地带,引领亚太地区乃至世界各国反腐秩序的构建。

第三节 合作理论基础及合作依据的证成

一、马克思主义关于联合反腐的思想建构

马克思主义在科学阐明人类社会发展基本规律的基础上,科学地揭示出腐败的社会根源和消除腐败的基本途径,形成了科学的反腐败思想并服务于解放全人类的伟大目标。马克思、恩格斯关于各民族国家相互合作的观点起步于物质资料的生产过程,带有浓厚的历史唯物主义色彩,也是近代以来指导中国和其他社会主义国家取得巨大外交成就的理论依据。新时代,面对职务犯罪防控领域国际合作实践中的诸多困境和问题,中国学者理应在继续吸收马克思主义思想精华的同时,将其理论推向一个新的高度。

(一)关于反腐败

腐败作为人类社会的一种历史现象,自私有制产生以来就成为一个经久不衰的话题。如何认识、治理和预防腐败,仍然是几千年来历久弥新的一个论题。马克思主义理论中并没有过对腐败问题的专门研究,但在其理论体系中含有关于认识腐败与反腐败的完整思想。主要表现为在对人类经济社会发展规律以及人类政治发展规律的认识上,马克思、恩格斯始终坚持他们的唯物主义历史观,并在此基础上指出腐败产生的根源。"腐败并非自人类社会产生之日起就有的,它是随着国家与私有制的出现而出现的。"[1]

---

[1] 《马克思恩格斯选集》(第4卷),人民出版社2012年版,第94页。

首先，分工和私有制是腐败产生的经济根源。剩余产品的出现和分工的发展使得劳动产品变为商品，而生产资料私有制使得劳动者与生产资料、劳动产品相分离，劳动者的产品被他人占有。"他们已不再知道产品的结局如何，于是产品有那么一天被用来反对生产者、剥削和压迫生产者的可能性便产生了。"[1] 在人类历史发展进程中出现的三种剥削制度，都是统治阶级占有生产资料以侵占劳动者的剩余劳动及其劳动产品。

其次，国家政权的存在是腐败产生的政治根源。原始社会最初的公共权力保持了其公共本性及服务性，但是随着私有制和私有观念的产生，公共权力的服务性、民主性被逐渐侵蚀。掌握国家权力的剥削阶级为了维护和实现自己的经济利益，在违背公益原则的基础上建立了一种不同以往的"特殊公共权力"。这种异化后的"特殊公共权力"置于社会之上，逐步沦为剥削阶级为自己谋取利益的工具。正如马克思对资本主义社会中国家政权的批判，它"正是这个社会最丑恶的东西，正是这个社会一切腐败事物的温床"。[2] 彻底消灭腐败现象的唯一途径即彻底消灭私有制，打碎旧的国家机器并最终实现全人类的解放，反腐败不能和人类社会进步的大目标、大趋势相脱离。在对腐败现象进行深刻剖析的基础上，马克思、恩格斯曾密切关注巴黎公社的革命，并结合巴黎公社管理工作的特点总结出腐败治理的两条经验：一是公职人员是人民的服务者，无产阶级政权创建的政府应当是廉洁的，并尝试建立民主选举制度和监督制度以防"社会公仆"变为"社会主人"；二是倡导构建"廉价政府"以实现政府效能的最大化，精简机构、提高效率，探索合理的公务人员薪金制度。虽然巴黎公社最终宣告失败，但两位大师的思想在人类一百多年的腐败治理实践中，仍然闪耀着真理的光彩。继马克思、恩格斯之后，列宁从苏俄的社会主义建设实践出发，对其反腐败思想又作了进一步的发展。强调了加强法治建设彻底根治腐

---

[1] 《马克思恩格斯选集》（第4卷），人民出版社2012年版，第127页。
[2] 《马克思恩格斯选集》（第3卷），人民出版社2012年版，第98页。

败方面的重要性，同时也强调了干部管理制度和人民群众监督制度的重要性。

（二）关于国际合作

马克思主义国际合作思想主要存在于马克思、恩格斯关于各民族国家相互合作的观点。主要包括：

（1）马克思、恩格斯应用唯物的分析法，以民族国家作为国际关系的基本行为体，从生产力和生产关系的基本矛盾运动出发，认为国际合作是建立在物质资料的生产基础上的。自由竞争时期，资产阶级为销售过剩产品奔走于世界各地，进而产生世界市场、国际经济分工和相互依赖的关系。可见，马克思、恩格斯认为国际合作产生于物质资料的生产过程，为学界开展国际合作研究确立了唯物主义的研究视角。

（2）马克思认为"平等"是开展国际合作的核心，"国际合作只有在平等者之间才有可能"。① 恩格斯也在《共产党宣言》意大利文版序言中强调"每个民族的独立和统一"是实现"和睦的与自觉的合作"的前提，② 马克思主义国际合作思想的这一内容对中国乃至世界具有不容忽视的启发意义和现实价值。从本质上分析，中国一直秉持的独立自主的和平外交政策正是这一思想的体现。

（3）马克思、恩格斯的国际合作观还带有强烈的民族性和阶级性，他们认为国际合作的特征是由民族国家的阶级本质决定的。因此，民族国家是"建立各民族协调的国际合作的必要先决条件"。③ 全世界无产者必须联合起来抵抗资产阶级构建的体系，建立以公有制为基础的新社会，直至实现全人类的解放。值得注意的是，马克思主义的国际合作思想突出了全人类共同利益的整体性特征，首次明确了国际合作是实现世界整体利益和全人类解

---

① 《马克思恩格斯全集》（第35卷），人民出版社2009年版，第261页。
② 《共产党宣言》，人民出版社2014年版，第23页。
③ 《马克思恩格斯全集》（第21卷），人民出版社2003年版，第463页。

放的历史趋势，推动着无产阶级走上国际合作的历史舞台。从立足点来讲，新时代我国构建人类命运共同体的理论本质上也是以全人类共同利益为基本出发点，超越个人和单个国家的利益诉求，将实现全人类的共同利益作为终极目标。在这一问题上，二者具有高度的契合性。

马克思主义国际合作思想在第一个社会主义国家苏联又有了一定程度的补充和发展。俄国经历过十月革命、国内战争的洗礼后，成功建立并巩固了无产阶级政权。在列宁提出"社会主义可能首先在少数甚至在单独一个资本主义国家内获得胜利"的时代背景下，列宁认为，资本主义和社会主义之间的转变是一个长期的历史过程，他将政治互信作为基础，以经济互惠作为保障，用"和平共处"的指导思想来进行国际合作。列宁一边面对着资本主义国家的敌视，一边面对着国内百废待兴、亟须发展的经济形势，创造性地提出"租让制"的合作方式来发展与外国资本的经贸关系，来达到与资本主义国家和平共处的目的。虽然由于时代背景的限制，"租让制"并未获得预期的成效，但是，列宁对马克思主义合作思想作出了初步发展和重要贡献。他提出不同社会制度的国家可以在相互尊重、和平共处的基础上开展合作，这一合作思想在当时发挥出了重要价值，促使两种意识形态的国家首次达到一种和平共处的状态。

马克思、恩格斯以及列宁的上述思想，为中国共产党各个历史阶段的反腐败主张提供了基本思路。在深化新形势下的职务犯罪防控国际合作之际，马克思主义对腐败治理的相关论述仍然具有指导意义。

二、新时代中国共产党对联合反腐思路的发展与创新

中国共产党自成立以来，一贯坚持在总结马克思主义反腐败思想的基础上同各种腐败思想作斗争，并在长期实践中结合中国特色社会主义理论形成了新时代的反腐败思想理论。一直以来，以西方近代自由主义为基石并由西方国家主导的国际合作理论占据着主流

地位。相较于西方国际合作理论，马克思主义国际合作的研究成果虽然"极为有限"[①]，却是马克思主义国际关系理论的重大问题之一，也是指导中国和其他社会主义国家取得巨大外交成就的理论依据。如何紧密联系新时代的实际，将方兴未艾的马克思主义国际合作思想研究继续深入，是新时代发展与创新职务犯罪防控国际合作思想的重要课题。这一课题要求中国学者在继续吸收马克思主义国际合作思想精华的同时，将其思想推向一个新的高度。

自中国共产党成立以来，中国共产党人坚持继承和发展马克思、恩格斯以及列宁的反腐败思想，并在此基础上形成了符合时代特征的反腐败思想。[②] 我国一直将反腐败斗争摆在最重要的议事日程上，自始就很注意反腐败斗争，并制定了相关的法律文件。进入新时代，以习近平同志为主要代表的中国共产党人在坚持马克思主义基本原理与中国具体实际相结合的基础上，创造性地形成了新时代中国特色反腐败理论。主要观点包括：（1）腐败是中国共产党面临的最大威胁，如果任其发展必然会亡党亡国；（2）坚持和加强党的全面领导是取得反腐败斗争胜利的根本保证，全面从严治党是反腐败的政治内涵；（3）坚持反腐无禁区、全覆盖、零容忍，持续保持反腐败的高压态势；（4）以"不敢腐、不能腐、不想腐"为战略目标，构建统一高效的制约和监督体系，把权力关进制度的笼子里；（5）反腐败必须坚持以人民为中心，厚植党长期执政的群众基础；（6）强化职务犯罪防控国际合作，加大国际追逃追赃力度，决不让腐败分子逍遥法外。在党的几代中央领导集体的共同努力下，坚持党的领导、人民监督权力等反腐思想与理念深入人心，反腐工

---

① 王存刚：《国内学界关于马克思主义国际关系理论及其中国化研究——进展与问题》，载《国际政治研究》2011年第3期。

② 根据《中国共产党章程》总纲："习近平新时代中国特色社会主义思想是对马克思列宁主义、毛泽东思想、邓小平理论、'三个代表'重要思想、科学发展观的继承和发展，是马克思主义中国化最新成果，是党和人民实践经验和集体智慧的结晶，是中国特色社会主义理论体系的重要组成部分，是全党全国人民为实现中华民族伟大复兴而奋斗的行动指南，必须长期坚持并不断发展。"

作实现了理论和实践的创新,这些创新的理论都是马克思主义反腐败思想在新时代的继承与创新。

马克思主义国际合作思想得到进一步的发展是在中国开展的国际合作进程中。中国共产党人将马克思国际合作思想与反腐败思想融合在一起,并结合当代中国实践进行了丰富和创新,形成了新时代的职务犯罪防控国际合作思想。其具体表现主要体现在两个方面:

第一,极大丰富了中国特色社会主义外交理论与实践。任何事物的发展都是前进性与曲折性相统一的,冷战作为人类禁锢自身的牢笼,曾经一度造成紧张的国际局势,严重制约了国际合作的发展。中国实施改革开放之后,确定了和平与发展的时代主题。通过一系列的国际合作,中国逐渐改变了"孤独巨人"的形象,以积极的方式参与到世界政治经济合作的大浪潮中。习近平总书记善用"中国智慧"来构建新时代全方位的国际合作,他指出中国的发展离不开世界,世界的发展也需要中国。当今时代,人类社会的利益、诉求和命运,正以前所未有的紧密程度交织在一起。马克思主义国际合作思想在实践中日益丰富和发展,同时又反过来指导新时代的国际合作发展路径。"和而不同"——习近平总书记熟读历史,善于找寻国与国之间共同的渊源,促进双边或多边的交流合作。"志合者,不以山海为远"——在同第三世界国家的交往合作中,习近平强调国际关系民主化、人类命运共同体的共同志向,不因距离而疏远。"相通则共进,相闭则各退"——在世界各国利益联结日益紧密的当下,各经济体、政治体一荣俱荣、一损俱损,包容开放能共同进步,封闭排他则逐渐退步。"物之不齐,物之情也"——各国有各国的精神文明生活,中外文化从以前的冲突矛盾到现在的融合创新,体现了共建中外共荣之桥的多元合作观。习近平着眼于新时代下的新课题,提出新时代中国特色社会主义的新理论,并用新理论引领着中国新实践。他提出的国际合作观中的"人类命运共同体"思想就是马克思主义倡导的"真正的共同体"思想在新时代下的最新成果。在世界全球化与多极化、多元化并存的背景下,习近平总书记在多个国际场合呼吁各国共同构建人类命运共同体，并对此理念进行了全面、深刻的解释。2015年9月，习近平出席联合国大会并发表《携手构建合作共赢新伙伴 同心打造人类命运共同体》的主题演讲时，对"人类命运共同体"作出了精辟的论述。自提出以来，"人类命运共同体"已经多次载入联合国有关决议，并正在日益成为国际共识，帮助国际社会更好地理解和接受这一全球治理的中国方案。在党的十九大修正的《中国共产党章程》和2018年表决通过的《中华人民共和国宪法修正案》（以下简称《宪法修正案》）中，均将"推动构建人类命运共同体"写入其中，体现了中国共产党坚定走和平、发展、合作、共赢的和平发展道路的决心，构建人类命运共同体已成为中国的国家意志。从发起组建上海合作组织，到提出构建人类命运共同体和"一带一路"倡议，再到承办二十国集团领导人峰会，中国遵循"合则强，孤则弱"的古训，用利益共同体、责任共同体和命运共同体的理念助推国际合作。

第二，极大地丰富了我国反腐败理论与实践。党的十九大报告强调，坚持反腐败无禁区、全覆盖、零容忍，坚定不移"打虎"、"拍蝇"、"猎狐"。习近平总书记也在多个场合强调，要把追逃追赃工作纳入党风廉政建设和反腐败斗争总体部署，把反腐败斗争引向深入。我党对新时代职务犯罪防控国际合作工作的部署，既有效遏制了腐败现象的蔓延势头，也是对当代中国反腐败理论与实践的丰富和创新。

当前，涉外法律风险激增，现有的涉外法治战略布局尚不足以应对企业域外合规、公职人员外逃等问题。2020年，习近平总书记在中央全面依法治国工作会议上系统阐释了习近平法治思想中的涉外法治理念，要求统筹推进国内法治和涉外法治，协调推进国内治理和国际治理。这就要求立法部门加强涉外立法工作，实现国内涉外法律与国际法、公约的衔接。完善涉外法治是现阶段国际合作的重要内容，职务犯罪防控领域的国际合作离不开国际国内法治的协调联动，这些都是联合反腐思路在新时代的发展和创新。

第三章
职务犯罪防控领域国际合作之实践观瞻

自中国共产党自成立以来,历代领导人都非常重视反腐败斗争,在革命建设的各个阶段都重视继承并发展马克思反腐败斗争的思想,并为此作出了巨大的贡献。随着历史的车轮进入21世纪的第二个十年,党风廉政建设和反腐败斗争成为习近平新时代中国特色社会主义思想中的一个重要内容。① 由于中外政治体制、法律制度和历史文化的不同,职务犯罪防控国际合作一直是我国腐败治理中的薄弱环节。党的十九大报告是一部开辟了马克思主义中国化新境界的纲领性文献,其中的重要论断无不体现出马克思主义基本理论在中国现实层面上的具体化,比如关于我国社会主要矛盾变化的论断和对腐败问题治理的思想,无不是对新时代马克思主义中国化的经典表述。中国共产党坚持以人民为中心的导向,紧扣时代发展的脉搏,立足中国特色社会主义的伟大实践发现新问题,提出自主性、独创性的理论观点。一方面坚持国内的重拳反腐,"老虎""苍蝇"一起打;另一方面积极推进职务犯罪防控国际合作工作,将其作为党和国家全面推进依法治国的重要任务进行部署。伴随着国家监察体制改革的深入,"在中国备受瞩目的腐败治理,已经由疾风

---

① 陈雷:《深入学习习近平关于反腐败国际追逃追赃重要论述》,载《中国纪检监察报》2018年7月26日,第5版。

骤雨式的政策反腐转向长效稳定性的法治反腐新阶段"①，腐败治理和监察体制改革之间相辅相成、良性互动。在监察体制改革工作已经初步完成的新形势下，近年来我国在职务犯罪防控国际合作领域取得了一系列骄人成绩。

第一节　合作意义之解读

国际合作是现代国家间相互依存、共同发展的根本体现，《联合国宪章》《巴黎公约》以及国际收养、国际禁毒、国际民用航空等领域的法律文件均载有国际合作的条款。当今世界，职务犯罪现象的蔓延已经超越了一国边界，呈现出全球化的特征。为了应对跨国职务犯罪和维护人类共同利益，各国必须携手开展国际合作。近年来我国开展的一系列反腐败追逃追赃合作已经取得了一些阶段性成果，开创了国际合作的新局面，但是由于职务犯罪防控领域的国际合作是一项复杂的系统工程，在理论和实践运行中还存在着诸多需要攻克的难题。通过客观评估近年来我国职务犯罪防控国际合作工作的实际功效，提出完善合作机制的相关建议，其意义可以归纳为如下方面：

一、是新时代继承、发展和创新马克思主义反腐败理论与实践的需要

纵观中国共产党成立以来的反腐败历史，总是把马克思主义反腐败思想与不同时期的实践紧密结合，创造性地发展和完善反腐败思想。中国共产党几代领导人始终高举马克思主义反腐败的旗帜，坚持全面从严治党和反腐败斗争，集中体现了中国共产党的先进性和革命性。目前，马克思主义学界对中国职务犯罪防控国际合作问

---

① 刘艳红、夏伟：《法治反腐视域下国家监察体制改革的新路径》，载《武汉大学学报（哲学社会科学版）》2018年第1期。

题的研究成果较少，国内法学界则主要从基本文献的梳理汇总、解读国际反腐败法律文献、完善立法或个案阐述等方面进行了一些研究，也形成了不少有价值的理论成果。随着中国在国际舞台上的话语权不断提升，习近平总书记高瞻远瞩地提出了构建人类命运共同体的科学理论。这一理论运用马克思主义的立场、观点对人类历史发展的潮流和中国的自身发展作出了科学的分析，并阐述了腐败全球治理、构建国际反腐新秩序的重要性。新时代的国际合作面临更为严峻的考验，中国作为世界上最大的发展中国家，现在处于社会转型期，新旧价值观的交替、相关制度的短板等问题仍然十分明显。新时代对职务犯罪防控国际合作提出了更高的要求，我们要在坚定道路自信、理论自信、制度自信和文化自信的基础上补齐短板、加快配套制度的完善，使其更加符合时代发展的步伐。习近平总书记在纪念马克思诞辰200周年大会上强调，理论的生命力在于不断创新，推动马克思主义不断发展是中国共产党人的神圣职责。[①]当前，社会的主要矛盾已经发生了深刻变化，国内的腐败治理业已取得了压倒性胜利。坚持用马克思主义观察、解读和引领时代，顺应广大人民的要求深化反腐败斗争，和国际社会积极开展职务犯罪防控国际合作是下一阶段重要任务。在习近平新时代中国特色社会主义思想的指导下，根据我国职务犯罪防控国际合作的新形势、新变化、新问题、新要求，围绕政治、法治、科技等环节提出破解合作困境的新思想、新战略、新举措，是对21世纪马克思主义继承、发展和创新的生动体现。

二、有助于对我国的立法、司法、执法相关制度和程序作出进一步的修改完善

法治反腐是当代世界反腐的主流，也是我国惩治职务犯罪、建设廉洁政治的根本方向。针对新形势下的职务犯罪防控国际合作，

[①] 习近平：《在纪念马克思诞辰200周年大会上的讲话》，载《人民日报》2018年5月5日。

习近平总书记强调了法治反腐的重要意义，"要善于用法治思维和法治方式反对腐败，加强反腐败国家立法，加强反腐倡廉党内法规制度建设，让法律制度刚性运行。"① 2015 年，习近平总书记在接受英国路透社记者采访时也曾明确表态，中国司法机关会坚持运用国际规则开展追逃追赃，对具体案件都应依据法律提供确凿证据。习近平总书记关于国际联合反腐的一系列重要指示和科学论断，无不体现出法治理念的精髓。以事实为依据，以法律为准绳是开展职务犯罪防控国际合作的基础。前一阶段我国反腐败追逃追赃的立法与司法均取得重要成就，与我国积极运用法律手段和国际规则开展合作是分不开的。当今我国职务犯罪防控领域的国际合作，实际上涉及如何更好地吸收和借鉴国际社会反腐败法治文明成果的问题，涉及反腐败国际司法执法合作与世界各国在该领域的衔接问题。中华民族是一个善于学习的民族，中华文明博大精深、兼容并蓄，一直以来就源源不断地吸收着人类社会积累的有益经验和优秀成果。探索研究新形势下追捕职务犯罪嫌疑人、追回腐败资产、预防职务犯罪等领域的国际合作，需要深入贯彻党中央的依法治国方略，不断汲取国际条约的先进立法经验，对我国的立法、司法、执法相关制度和程序作出进一步的修改完善。

三、是真正贯彻依法治国方略，推进国家反腐治理体系和治理能力现代化的需要

腐败治理是国家治理的重要内容，职务犯罪的防控工作是腐败治理工作的重要一环。在前期国际联合反腐取得重大进展的基础上，特别是随着监察体制改革的推进，反腐败进入了一个新的阶段。腐败案件中的涉外因素日益复杂，出现了很多新的特点，再用之前的老办法开展职务犯罪防控国际合作已经不符合形势发展的需要。主要表现在：首先，预防腐败犯罪人员外逃的国际合作还比较

---

① 习近平：《在第十八届中央纪律检查委员会第二次全体会议上的讲话》，2013 年 1 月 22 日。

薄弱。国际社会反腐败的实践证明，惩治和预防并举是反腐败事业的基本方略。在健全反腐败法律、制度和规范建设的同时，法治本身也要突出其对腐败犯罪的预防功能。将腐败分子堵在国门之内，在全社会形成一种不敢逃、不想逃、不能逃的氛围，是一国腐败治理体系和治理能力现代化的重要标志。但是，我国当前的职务犯罪防控国际合作机制主要侧重于事后追惩，本质上仍然是一种补救措施，和实现国家腐败治理能力的现代化仍有一定距离。因此，完善现有的反腐败预防国际合作将是下一步反腐工作的重点，也是本书在立法和技术环节予以关注的重点。其次，监察机关如何更好地在职务犯罪防控国际合作中发挥作用、履行职能，既是摆在我们面前的一道新的难题，也是实现国家腐败治理体系现代化的关键一环。目前《监察法》只是就新成立机构的职能和地位作了明确规定，并未过多提及许多细节问题，需要我们在与相关国家进行国际合作的实践中不断适应和摸索。

反腐倡廉之路任重而道远。面对国际合作中不断出现的新情况、新问题，我们要善于运用马克思主义的立场和观点，坚持用发展的眼光看问题，在反腐败实践中不断探索新的解决方案、找出应对之策，推动反腐国际合作向纵深发展。

第二节　合作角色与合作理念愈加主动开放

一、合作角色更加积极主动

长期以来，发达国家在全球经济发展和反腐秩序的话语权方面一直处于主导地位。鉴于现有职务犯罪防控国际合作机制的西方大国主导性，包括中国在内的广大发展中国家往往扮演着被动参与的角色。在与发达国家开展国际合作时，总是不同程度地遭受着差别待遇甚至歧视。近年来，随着综合国力、国际地位的提升，我国在反腐败国际治理舞台上的话语权和主动权也在逐步提升。除了深度参与以联合国为首的多个国际组织和区域性组织多边框架下的反腐败合作机制外，还主导制定了一系列宣言和声明，标志着我国的职务犯罪防控国际合作逐渐走向成熟和多边化。2014 年，我国在担任 APEC 反腐败工作组主席期间，一方面积极推动 APEC 发布《北京反腐败宣言》，通过该宣言使亚洲成为世界上最大的职务犯罪防控国际合作平台；另一方面，推动设立 APEC 反腐败执法合作网络（ACT-NET）机制，加快亚太地区的追逃追赃务实合作。2016 年，包括我国在内的二十国集团发布《二十国集团反腐败追逃追赃高级原则》《廉洁丝绸之路北京倡议》，推动在华建立二十国集团反腐败追逃追赃研究中心，要求各成员国和经济体为职务犯罪防控国际合作提供最大限度的便利。自 2014 年起，由中方协调开办的两期境外追逃追赃培训班分别在北京和泰国举办，为多个国家的反腐败工作人员提供了一个全方位反腐败国际合作的交流与合作平台。此外，二十国集团反腐败工作小组还倡导建立了拒绝腐败分子入境执法合作网络机制，各国在平等互惠的基础上建立了情报分享机制，如相互核查、通报身份可疑和资金来源可疑的签证人、入籍申请人等。

经历了多年的现代化发展，我国在政治制度、法律体系、顶层设计等方面日益完善，国际合作的朋友圈越来越大，中外合作反腐的范围、程度以及内容等都发生了深刻变化，不仅提升了在国际舞台上的话语权，还引领着亚太地区乃至全球反腐秩序的构建。在合作角色上，中国成功地从国际反腐秩序的规则接受者（rule-taker）变成规则撼动者（rule-shaker），并正在努力转型成为新型国际秩序的规则制定者（rule-maker）。作为《北京反腐败宣言》的制定者和积极倡导者，我国将自身的利益诉求以规则的方式融入其中，力求以自身的力量推动现有国际秩序的公正变革。中国在反腐败问题上旗帜鲜明、态度坚决，从反腐败原则、机制、行动多方面入手提出了一系列反腐败合作倡议，将以往偏重抽象宏观的国际合作向偏重具体务实的方向推动了一大步。不仅引领亚太地区各国人民的反腐败运动取得了更多更好的成效，也为全球合作贡献了新的思路和方向。在新时代新征程上，我国在人类命运共同体理念指导下推动构建国际反腐新秩序，标志着我国的反腐国际合作更加积极主动，也更加具有时代特征。

二、合作的理念更加开放和深入人心

随着经济全球化和资金、人员流动便利化，跨国（境）腐败现象日益猖獗，遏制和打击腐败犯罪成为各国共识。早在 2003 年第 58 届联合国大会审议通过的《联合国反腐败公约》就反腐败国际合作和资产返还问题作了专章规定。截至 2019 年 4 月，公约缔约国已经达到 184 个，[①] 标志着职务犯罪防控国际合作成为国际社会的普遍共识。多年来，中国坚定支持《联合国反腐败公约》在职务犯罪防控国际合作中发挥主渠道作用，与世界各国一起在《联合国反腐败公约》的法律框架下构建更加紧密的司法执法合作机制。

由于占据国际道义制高点，近年来我国的反腐败行动赢得了国际社会的尊重。根据内外环境的变化，中国共产党人因时制宜地调整合作重点，不仅与第三世界国家继续保持友好合作，而且积极开辟美欧等西方国家的国际合作市场，与世界各国开展全方位、多层次的国际合作。中国向世界郑重宣示，将以更加开放的姿态迎接世界各国，对内全面审视规则与制度，对外营造良好的环境。加强结构性、制度性安排，在更广的领域和更深的层次上开展国际合作。此外，我们将反腐国际合作提升至大国外交的层面，利用外交会晤各国领导人、参加国际会议和其他外事活动的机会向各国政要、驻华记者介绍十八大以来我国在党风廉政建设和反腐败工作方面的新进展。在各种国际场合加大对美国等西方国家反腐合作方面的舆论压力，强调他们应采取合作措施以避免成为腐败分子的"避罪天堂"。2017 年的第一届"一带一路"国际合作高峰论坛上，习近平

[①] 《反腐败需要国际间通力合作》，载《中国纪检监察报》2019 年 4 月 28 日。

总书记就倡议各国通力合作,让"一带一路"成为廉洁之路。2019年的第二届高峰论坛上,习近平总书记再次重申加强国际合作,以零容忍态度打击腐败,为"一带一路"保驾护航的重要性。他的倡议,得到了国际社会的广泛赞同。党的十九大以来,伴随着纪检监察体制改革深入推进,职务犯罪防控国际合作进入了一个新的阶段。一系列法律法规的颁布与完善,表明了中国正在遵循以法治思维和法治方式开展国际合作,合作对象不仅包括发达国家还包括广大发展中国家,在合作理念上更加成熟、更加深入人心。

第三节　合作的法律体系基本形成

实践证明,运动式反腐只能带来短暂的治理效果,腐败治理和职务犯罪防控国际合作长效机制的建立有赖于完备的法律体系。黄风教授也曾精辟地指出,为增强职务犯罪防控国际合作的效果力度,"需要从制度上和源头上解决一些深层次的法律问题,需要建立起一系列有助于预防工作和国际合作的长效机制。"[①] 为贯彻党中央以法治思维和法治方式推进反腐败斗争的决策部署,我国分别从国际和国内两个方面着力,对外积极推进反腐合作双边和多边条约的缔结,对内将社会主义制度优势转化为治理效能,深入促进一系列反腐败法律的产生与修改。

一、国际立法方面

（一）与其他国家签署的双边条约是缔约国开展国际司法合作的法律渊源

改革开放以来,我国积极开展对外司法合作并开创了多个"第

[①] 黄风:《建立境外追逃追赃长效机制的几个法律问题》,载《法学》2015年第3期,第6页。

一"。1987年,中国对外缔结了第一个民商事司法协助条约《中华人民共和国和法兰西共和国关于民事、商事司法协助的协定》,自此开始了与外国建立在条约基础上的司法协助关系。1993年,中国对外缔结了第一个双边引渡条约《中华人民共和国和泰王国引渡条约》。1994年,中国对外缔结了第一个刑事司法协助条约《中华人民共和国和加拿大关于刑事司法协助的条约》。2001年,中国对外缔结了第一个被判刑人移管条约《中华人民共和国和乌克兰关于移管被判刑人的条约》。根据外交部公布的数据,截至2018年,我国已与71个国家缔结司法协助条约、引渡条约和打击"三股势力"协定共138项(其中116项已生效)。在已生效条约中,引渡类条约和刑事司法协助条约数量最多,其次是民刑事司法协助条约、民商事司法协助条约和打击"三股势力"协定等。此外,还与加拿大签署了资产分享条约1项。[①] 可见,近年来我国不断加大国际合作力度,相关双边条约不断出台,已达到一定的数量规模(见表3-1)。这些双边条约在反腐合作的实践工作中发挥了积极重要的作用。

表3-1 我国生效的引渡、刑事司法协助条约

条约类型	总数	生效数	尚未生效数
民刑事司法协助条约	19	19	0
刑事司法协助条约	41	35	6
资产返还和分享协定	1	0	1
民商事司法协助条约	20	18	2
引渡条约	50	37	13
打击"三股势力"协定	7	7	0

数据来源:本表系根据中华人民共和国外交部官方网站公布的数据整理所得,数据截至2018年2月。

(二)国际公约也是各国开展合作的重要法律依据

《联合国打击跨国有组织犯罪公约》是全世界第一个打击腐败

---

① 参见中华人民共和国外交部条约数据库,http://treaty.mfa.gov.cn/web/index.jsp,2023年12月11日访问。

等跨国犯罪行为的公约,中国于 2003 年 8 月 27 日批准加入该公约,为下一阶段国际反腐败公约的签署奠定了基础。中国于 2005 年 10 月 27 日批准加入的《联合国反腐败公约》是联合国历史上通过的第一个全球性反腐败法律文件,在指导世界各国依法开展反腐败务实合作方面产生了深远影响,标志着职务犯罪防控国际合作成为国际社会的普遍性义务。在框架结构上,《联合国反腐败公约》构建了预防、定罪、执法、资产追回、履约监督等反腐的五大机制;在内容上,《联合国反腐败公约》相对来说比较完善,涵盖了腐败问题治理的各个层面,对相关问题进行了法律上的规范。其中第四章"国际合作"是关于腐败分子追回方面的规范,第五章"资产的追回"是关于追赃方面的规范。此外,我国加入的一些其他多边国际条约亦包含着相关事项。本部分汇总见表 3-2。

表 3-2　我国加入的含有司法合作内容的国际公约

序号	公约名称
1	《关于制止非法劫持航空器的公约》
2	《经〈修正一九六一年麻醉品单一公约的议定书〉修正的一九六一年麻醉品单一公约》
3	《一九七一年精神药物公约》
4	《关于制止危害民用航空安全的非法行为的公约》
5	《关于防止和惩处侵害应受国际保护人员包括外交代表的罪行的公约》
6	《反对劫持人质国际公约》
7	《核材料实物保护公约》
8	《禁止酷刑和其他残忍、不人道或者有辱人格的待遇或处罚公约》
9	《禁止危及海上航行安全非法行为公约》
10	《联合国禁止非法贩运麻醉剂药品和精神药物公约》
11	《制止恐怖主义爆炸的国际公约》
12	《制止向恐怖主义提供资助的国际公约》
13	《制止核恐怖主义行为国际公约》
14	《联合国打击跨国有组织犯罪公约》

续表

序号	公约名称
15	《联合国反腐败公约》
16	《〈儿童权利公约〉关于买卖儿童、儿童卖淫和儿童色情制品问题的任择议定书》
17	《防止及惩治灭绝种族罪公约》
18	《禁止并惩治种族隔离罪行国际公约》

数据来源：本表系根据中央纪委国家监委官方网站（原"中央纪委监察部网站"）公布的数据整理所得，数据截至2018年2月。

（三）反腐败国际交流合作协议与工作机制是各国开展合作的重要补充

在职务犯罪防控的合作实践中，我国与多个国家和地区、国际组织签署的合作关系协议、双边合作谅解备忘录等也是双方共同认可和遵循的国际法依据。截至 2018 年，我国大约参与了 15 个国际反腐败多边机制，如二十国集团反腐败工作组、APEC 反腐败工作组、金砖国家反腐败合作机制等，国家监察委员会还分别与白俄罗斯、老挝、越南、阿根廷、澳大利亚、丹麦、菲律宾、泰国、哈萨克斯坦反腐败执法机构签署了反腐败执法合作谅解备忘录。①

通过上述双边和多边条约，我国已初步建立包括引渡、司法协助、被判刑人移管、资产分享、打击"三股势力"在内的对外合作条约网络，为我国与相关国家开展反腐败领域的国际合作奠定了坚实的法律基础。

二、国内立法方面

反腐国际合作的有效开展，仅仅依靠国际公约和条约作为法律

---

① 《国家监察委员会关于开展反腐败国际追逃追赃工作情况的报告》，载中国人大网 2020 年 8 月 10 日，http://www.npc.gov.cn/npc/c2/c30834/202008/t20200810_307136.html。

依据是不够的，还需要有国际法义务下调整国内执行程序的国内法律规范作为配套措施。我国涉及反腐合作的国内法律内容广泛，主要体现在以下法律中：

（一）两部 2018 年颁布实施的法律

为实现腐败治理的法治化，提升境内外腐败治理的成效，2016 年 11 月，中共中央开始了由试点到全面铺开的监察体制改革。2018 年 3 月，《宪法修正案》和《监察法》的颁布，标志着我国的监察体制改革工作已经初步完成。《监察法》是我国历史上第一部规范监察法治的法律，也是世界历史上前所未有的一部富有中国特色的独创性法律。该法第六章专章规定了"反腐败国际合作"，就国家监察委员会在国际反腐合作中的法律地位和主要职责作了明确规定。其中第 50 条至 52 条是关于国家监察委员会在反腐国际合作中的职责的规定，主要包括反腐败国际条约实施方面的统筹协调工作，各单位在司法执法合作和信息交流等领域的组织协调合作，以及对追逃追赃和防逃一体化机制的组织协调，督促有关单位做好相关工作。通过开展境外追逃合作，将隐匿在国（境）外的职务犯罪案件嫌疑人追捕归案；向赃款赃物所在国提出查询、冻结、扣押、没收、追缴、返还等针对涉案财产的请求，使涉案财产应冻尽冻、应收尽收；对相关人员出入国（境）情况和跨境资金流动情况进行监控、查询，在调查案件过程中设置防逃程序。

为推进反腐败国家立法和适应国际追逃追赃工作的需要，2018 年 10 月 26 日，十三届全国人大常委会第六次会议表决通过了《国际刑事司法协助法》，进一步完善了我国的刑事司法体系，顺应了反腐国际合作的需要。这部法律与《监察法》形成有效衔接，规定了我国向他国提出刑事司法协助应该注意的问题，比如送达文书，调查取证，安排证人作证，查封、扣押、冻结涉案财物等，也指明了他国向中国请求刑事司法协助应当满足的程序要求。该法共 9 章 70 条，统筹了刑事司法协助和被判刑人移管、资产分享几个部分的内容，让我国在国际追逃追赃方面有了直接的法律依据，明确了我国相关部门在腐败犯罪案件调查等活动中与外国有关部门和机构开展反腐国际合作和刑事司法协助的职责分工，为更好地履行我国的反腐国际义务打下了坚实的法律基础。过去国内立法较少有涉及调整刑事司法协助行为、指导腐败犯罪国际合作的法律规范，导致实践中我国向他国请求追逃追赃难，他国向我国请求司法合作时也有困难。值得称道的是，两部新法的颁布实施填补了国内立法的长期缺位，促进了国际合作义务的切实履行。

（二）刑事法律方面

《中华人民共和国刑法》（以下简称《刑法》）是一部用刑罚同一切犯罪行为作斗争的法律，目的在于保卫国家安全，保卫人民民主专政的政权和社会主义制度，保护国有财产和劳动群众集体所有的财产，保护公民私人所有的财产，保护公民的人身权利、民主权利和其他权利，维护社会秩序、经济秩序，保障社会主义建设事业的顺利进行。《刑法》在同腐败犯罪作斗争的过程中有着非常重要的意义，其中第59条、第60条和第64条中规定的刑事没收制度为我国开展境外追回腐败资产国际合作提供了实体法支撑。《刑事诉讼法》是一部刑事程序性法律，可以指导我国开展境外追逃追赃国际合作工作。该法2018年修正版（现行有效）第18条规定了中外刑事司法协助的基本原则，即中国司法机关和外国司法机关根据条约和互惠原则提出刑事司法协助请求。2012年3月14日，第十一届全国人大常委会第五次会议表决通过了关于修改《刑事诉讼法》的决定。此次修改的《刑事诉讼法》（已于2018年修正），第五编第280条到第283条规定了"犯罪嫌疑人、被告人逃匿、死亡案件违法所得的没收程序"。同时，在"查封、扣押物证、书证"程序中特别规定的"查封、冻结财产"（第142条）可以作为我国境外追赃的程序性规定。在2018年第三次修改《刑事诉讼法》时在第五编特别程序中又增设缺席审判程序一章，意味着我国的追逃追赃国际合作又添利器。

（三）其他法律规定

2000年12月颁布的《引渡法》是专门规定引渡外逃犯罪嫌疑人或判刑人的法律，在《国际刑事司法协助法》颁布以前，它是我国司法合作领域的一大法律重器。《引渡法》结合中国的实际创设了独具特色的引渡案件司法行政双重审查制度，同时设置了独立于《刑事诉讼法》的专门刑事强制措施体系。由于《引渡法》颁布实施已20余年，其中规定的合作范围太过狭窄，在新的形势下实际操作性也不强。目前在跨国追逃中的作用并不明显，通过正式引渡方式回到国内的腐败犯罪分子较少。这部法律中存在的诸多问题直接阻碍了我国同其他国家进行刑事司法合作，影响了我国追逃工作，《引渡法》亟待更新以适应时代需求。

2006年通过的《中华人民共和国反洗钱法》（以下简称《反洗钱法》）是一部专门规定反洗钱调查和反洗钱国际合作，旨在维护国家金融秩序的法律，随着腐败犯罪分子外逃以及腐败资产外流的增多，加强对洗钱行为的打击力度可以对外逃的腐败分子起到釜底抽薪的作用。该法专章规定了反洗钱国际合作事项，其中第27条规定了中华人民共和国开展反洗钱国际合作的一般原则，即根据我国参加、缔结的国际条约或者按照平等互惠原则开展反洗钱合作。第29条明确了我国开展反洗钱合作的机关是司法机关。2020年出台的《中华人民共和国刑法修正案（十一）》正式将自洗钱入罪，2021年的《反洗钱法》启动修订，标志着我国反洗钱法制的进一步发展。

我国于2016年启动国家监察体制改革。2018年，《监察法》取代《中华人民共和国行政监察法》颁布实施，标志着中国特色监察制度的确立。与之相配套，《国际刑事司法协助法》和新修正的《刑事诉讼法》也公布实施。其中所确立的监察委员会的法律地位与职能、被判刑人移管、资产分享制度、刑事缺席审判制度与《引渡法》、1997年《刑法》中的刑事没收制度、2012年《刑事诉讼法》增设的特别没收制度相互配合衔接，共同构成了我国境外追逃追赃的基本法律体系，构建起我国与世界各国开展职务犯罪防控国际合作的法律框架。

第四节　追逃追赃成果开创新局

近年来，我国在职务犯罪防控国际合作方面也取得了骄人的成绩。境外追逃追赃是我国反腐败总体战略布局的重要组成部分，境外追逃行动所针对的是实施了腐败犯罪的外逃人员，境外追赃行动针对的是流往境外的腐败犯罪资产。无论从哪个方面来看，都是符合广大人民群众利益的正义之战。在十八届中央纪委向党的十九大所作的工作报告中，总结了十八大以来的反腐斗争经验。党的新一届中央领导集体高度重视反腐败追逃追赃工作，将其上升到国家政治和外交层面，以巨大的政治勇气和历史担当对腐败分子和腐败行为宣战，以零容忍、全覆盖的姿态坚定不移地"打虎""拍蝇""猎狐"。在监察体制改革初见成效的背景下，国际国内反腐败斗争的压倒性态势已经形成并巩固发展，全社会不敢腐、不能腐、不想腐的一体推进目标正在筑牢。

一、一系列重大专项行动的成果

为避免使某些国家成为腐败分子的避罪天堂，自2014年以来我国先后部署开展了以"天网"和"猎狐"为代表的职务犯罪防控国际合作专项行动，加大反腐败国际追逃追赃力度，并取得了一定成效。"猎狐"行动是我国自2014年起开展的以缉捕在逃境外经济犯罪嫌疑人为主要目标的专项行动，实施主体主要是全国公安机关。该行动实施不到一年的时间，就抓获外逃经济犯罪人员680名。截至2018年4月，全国公安系统与各部门紧密配合，一共从世界90多个国家和地区成功抓获各类经济犯罪嫌疑人2600名。"天网"行动是中央反腐败协调小组部署开展的，综合运用了警务、检务、外交、金融等手段,并由多项职能部门共同参与缉拿外逃腐败分子的多个专项行动。单单从缉捕对象上看,"猎狐"行动范围较广,涵盖所有在逃的境外经济犯罪嫌疑人。但从内容上看,"天网"行动更为丰富,其不仅涵盖"猎狐"行动中的抓捕,还包括治理商业贿赂、清理违规证照、打击洗钱和"地下钱庄"犯罪、追缴涉案资产等,综合性较强。从参与部门来看,"天网"行动涉及的部门要远远多于"猎狐"行动。前者由公安部、最高人民检察院、中央组织部、中国人民银行等职能部门共同参与,内容层次较多,而后者仅是公安部开展的专项行动。从这个意义上讲,"天网"行动中公安部负责的行动实际上是"猎狐"行动的延续,最高人民检察院和新成立的监察委员会则将重点放在抓捕潜逃境外的职务犯罪嫌疑人方面,中国人民银行等部门主要是在金融监管和反洗钱方面发力。从党的十九大报告和中央纪委的工作报告中可以看出,"猎狐"和"天网"行动的具体表现形式和核心内容主要是反腐败国际追逃追赃工作。经过前期的一系列重大专项行动,境外追逃追赃取得了不俗成效,具体表现在:

从国际追逃实践来看,《中国纪检监察报》等相关资料显示:截至 2019 年 5 月,我国先后从 120 多个国家和地区追回外逃人员 5974人,其中包括 58 名红通人员。① 在这些归案的"百名红通人员"中,平均出逃时间约为 7 年,最长的达到 19 年。其中杨秀珠案、许超凡案、李华波案以及闫永明案等都是极具代表性的追逃案例。

从国际追赃实践来看,我国在《联合国反腐败公约》搭建的合作框架下,探索运用直接、间接两种追赃机制在境外追赃行动中取得了明显成效。仅 2018 年一年,我国就追回赃款逾 35 亿元人民币,追赃金额比 2017 年增长约 261%②。监察体制改革后,国家监

---

① 王鹏:《将反腐败国际追逃追赃进行到底》,载《中国纪检监察报》2019年 6 月 27 日,第 4 版。

② 代江兵:《2018 年共从境外追回外逃人员 1335 人,追回赃款 35.41 亿元》,载中央纪委国家监委网站 2019 年 1 月 28 日,https://www.ccdi.gov.cn/toutiao/201901/t20190128_187818.html。

察委员会首次牵头开展国际追逃追赃专项行动,并制定下发了《全国纪检监察机关 2020 年职务犯罪国际追逃追赃专项行动工作方案》。据中央纪委国家监委官方网站,仅 2019 年 1 月至 10 月,我国追赃金额约 29.54 亿元人民币,同比增长 288%。扭转了长期以来我国在追逃追赃行动上重追逃轻追赃的局面,反腐国际追赃工作领域取得了重大突破。

追逃追赃的丰硕成果,不仅打破了腐败分子外逃的幻想,也激发了人民群众的反腐信心,厚植了党执政的政治基础。① 显著成绩的背后,职务犯罪防控国际合作发挥着重要的作用。

二、与国际刑警组织开展执法合作的成果

在《联合国反腐败公约》的框架指导下,借助国际刑警组织这一执法合作平台开展双边、多边协作,是我国当前开展职务犯罪防控国际合作的一种有效形式。经由全球最大的警察组织——国际刑警组织发出的"红色通缉令"(red-notice)全球通缉外逃贪官,也被视为中国反腐的一大重要举措。② 2015 年 4 月国际刑警组织中国国家中心局集中公布了一份名单,这是配合"天网行动"要求加大全球追缉力度的一大举措。这次集中发布的 100 条内容翔实的"红色通缉令",不仅公布了重要腐败案件涉案人的形象、姓名、原工作单位、身份证号码,更重要的是还公布了他们外逃的时间和现在有可能的藏身地、涉嫌罪名等详细信息。以往仅限办案人员涉猎的材料如今主动向全社会公开,这在我国尚属首次。过去,出于保密和侦查的需要,有关职务犯罪嫌疑人或经济犯罪嫌疑人的信息、数据一般不向社会公布。但是基础外逃信息不透明往往会严重妨碍国际合作的开展。如若不向国际组织和其他国家提供腐败分子的准确

---

① 郑光魁:《追逃追赃"天罗地网"越织越密》,载《中国纪检监察报》2017 年 11 月 25 日,第 4 版。

② *wanted persons*,INTERPOL(Apr 10,2016),http://www.interpol.int/notice/search/wanted.

情报，不利于他国司法机关加以追惩，也容易误导民众、媒体夸大腐败的程度，损害对国家政权的信心。清醒地认识世情、国情、党情，根据时代变化发展的要求，解决新时代党和国家面临的重大而紧迫的问题才是真正的马克思主义者。向全世界公开腐败分子信息的做法不仅反映了中国共产党自十八大以来有腐必惩、有贪必肃的决心，同时也体现了我国相关部门在处理外逃贪腐人员信息上的理念和做法正在改变。

"红色通缉令"是一种可以进行临时拘留的国际证书，一经发布即具有全球布控的效果。它的通缉对象均是有关国家法律部门已经发出逮捕令、要求成员国家和地区引渡的在逃犯。据国际刑警组织中国国家中心局相关负责人介绍，接到红色通缉令以后，各个国家可以根据法律采取不同的行动。具体行动主要包括监控逃犯的下落、禁止逃犯入境、拒绝申请入籍和永久居留、禁止开设银行账户等，甚至一些国家可以根据红色通缉令采取临时拘留、逮捕、遣返等强制措施。天网恢恢，虽远必追。由于红色通缉令是向全球发布，任何国家的任何人都有可能发现这些嫌疑人，有利于形成全球追逃的氛围，对潜逃的嫌疑人造成巨大的心理震慑。再加上 2014 年 12 月，原"中央纪委监察部网站"专门开设的反腐败国际追逃追赃网上举报专栏，更是对这些潜逃国外的人员造成了巨大压力。

"打铁还需自身硬"是习近平总书记一贯的执政理念和责任担当。习近平在第十九届中央纪委二次全会上再次强调反腐应当有六个"要"，其中之一就是要加强反腐败综合执法国际协作。反腐工作不仅需要在国内持续开展，同时也要在国际上同其他国家进行广泛合作。全面从严治党和反腐败斗争永远在路上，反腐败执法合作环节亦须不断加强、扩大战果。前期的"天网""猎狐"行动和与国际刑警组织积极开展的执法合作都已取得丰硕的先期效果，下一步各地各机关要在总结和固化前期专项行动的成功经验基础上，进一步细化行动方案、强化调查取证、完善证据支撑，全面提升反腐执法合作的法治化、规范化、专业化水平，主动与相关国家和地区开展合作，促进合作工作的良性循环。

第五节　合作措施与制度进一步拓展创新

马克思主义认为，实践是能动地改造社会并推动历史发展和社会进步的重要力量。我国在追回外逃腐败犯罪分子、追回腐败犯罪资产的实践活动中，善于把握时代特征和中国国情，联系实际学以致用，探索出了与他国开展国际合作的多种手段和措施，为世界人民共同打击腐败犯罪贡献了"中国经验"和"中国智慧"，极大地丰富了中国特色社会主义的反腐败理论与实践。

一、腐败犯罪分子追回方面的合作措施不断拓展

案例引入：

案例一： 2016年7月，先后潜逃美国和秘鲁长达18年之久的重大走私案犯罪嫌疑人黄海勇从秘鲁被引渡回国。跌宕起伏的黄海勇案背后，有着中国在外交方面的不懈努力，先后历经秘鲁最高法院和美洲人权法院的审理，在确定黄海勇回国后不存在死刑、酷刑等风险后，美洲人权法院最终同意将其引渡回中国，这是美洲人权法院关于引渡框架下国家保障人权义务的首个案例。案件一波三折，甚至传唤了三位中方专家证人赴国外当庭作证，因此被誉为新中国成立以来最复杂的引渡案。此案有很大的溢出效应，不仅会影响今后美洲人权法院在同类案件上的态度，甚至还可能影响我国追逃追赃国际合作的总体态势。

案例二： 2018年10月，保加利亚警方根据红色通缉令抓获姚锦旗之后，迅速与我国方面取得联系。根据1996年签订的《中华人民共和国和保加利亚共和国引渡条约》，中央追逃办会同相关部门与保方商讨引渡事宜。彼时监察体制改革初步完成，中方以国家监察委员会的名

义提出引渡请求，保方迅速作出回应。这是我国首次从欧盟成员国成功引渡涉嫌职务犯罪的国家工作人员，也意味着国家监察委员会成立以来引渡成功的第一案完美收官。

目前在我国境外追逃追赃国际合作实践中，常用的追逃手段和方式有引渡、遣返、劝返、境外缉捕和异地追诉五种。引渡是其中最正式的渠道，而其他四种措施很大程度上是我国在引渡缺失的情况下寻求的替代措施。作为一种古老的司法合作手段，引渡是指被请求国根据条约或互惠原则，将涉案人员移交给请求国进行追诉和处罚的一种司法手段。但是由于我国引渡法律的滞后，以及双边引渡条约的数量限制，实践中通过引渡追回外逃腐败分子的成功案例并不多见。上述两个案例涉及的司法合作措施都是引渡，特别是黄海勇案，它是继厦门远华特大走私案（以下简称"远华案"）后我国引渡合作的又一里程碑。虽然案件进程困难重重，但是最终结果都是以引渡成功告终。这充分说明了，随着我国在引渡双边条约和多边条约缔结方面的逐步推进，引渡这种司法合作的措施前景非常广阔，相信它一定会在今后的职务犯罪防控国际合作中发挥至关重要的作用。[①] 除了引渡合作手段之外，近年来我国在追回腐败犯罪分子方面还探索了其他几种有效措施，并且在实践中得到了广泛应用：

（1）劝返是我国在长期的境外追逃实践中摸索出来的一种行之有效的方式。具体手段表现为，办案机关的派出人员通过思想疏导、协商谈判等方式，直接到境外与外逃人员接触并劝说其回国接受审判。在潜逃境外的犯罪分子尤其是职务犯罪分子中，大多数是通过这种方式归案的。劝返的成功离不开国际合作。

（2）遣返是将违反他国移民法的刑事外逃人员递解回犯罪地国的一种国际追逃方式。一般来说，遣返主要分为行政遣返和刑事遣返两种情形。通过移民法或出入境法启动对方国家的非法移民遣返程序，将外逃腐败分子强制递解出境的方式被称为行政遣返，如

[①] 李海滢：《海外追逃、追赃背景下反腐败立法的协调与联动》，载《当代法学》2019年第3期，第142页。

"百名红通人员"头号嫌犯杨秀珠的弟弟杨进军于2015年（潜逃14年）被美国执法人员强制遣返回中国。刑事遣返是犯罪嫌疑人在外逃国接受刑事处罚后，于服刑完毕或者服刑期间被遣返回国，如余振东案、邝婉芳案都是属于这种情况。目前，我国既有的案例中虽然有一些是通过遣返归案的，但总体而言使用该方式的比例并不多。

（3）境外缉捕是我国执法人员于境外直接对逃犯实施抓捕的一种国际追逃方式，但是前提是必须经过外国司法、执法部门的同意或认可。如涉嫌非法吸收公众存款、非法侵占公司财产的"百名红通人员"犯罪嫌疑人赵汝恒于2012年9月潜逃至非洲加纳共和国，在7次逃脱加方实施的抓捕行动后，经中加两国司法、执法部门的共同努力，最终于2015年11月被成功缉拿归案并押解回国。

（4）异地追诉，又称刑事诉讼的移交，是指一国由于犯罪嫌疑人或主要证据在他国，或者由于其他原因，而无法在本国对犯罪进行刑事诉讼活动，因而将案件的管辖权交由另一国行使的制度。在难以开展引渡合作的情况下，刑事诉讼的移管可以作为不引渡本国国民的一种替代措施。在境外追逃中，通过发现地国家的司法程序追诉外逃腐败分子，可以说是一种特殊形式的国际司法合作。如在杨秀珠案中，当案件遭遇瓶颈期时，中方果断将杨秀珠涉嫌跨境洗钱的犯罪证据提交给美方，促使美国方面对其进行异地追诉，从而为后期的劝返工作打下了基础。

二、犯罪资产追回方面的国际合作措施不断创新

2003年的《联合国反腐败公约》专门设置了"资产的追回"一章，为各国开展追回腐败资产的国际合作提供了广泛的法律基础和制度框架，其中很多内容和制度具有务实性、针对性的特点，体现了《联合国反腐败公约》在腐败资产追回这一问题上的创新之处，主要表现为两点：

第一点创新之处在于确立了腐败资产的直接追回和间接追回机制。其中直接追回方式又称为"直接追回资产的措施",是指请求国通过在被请求国提起民事诉讼的手段,通过民事途径主张自己对腐败资产的所有权。有具体的腐败犯罪受害人或者请求国能够证明自己是腐败资产的合法所有人,是适用这种资产追回方式的前提。间接追回方式又称"通过没收事宜的国际合作追回资产的机制",通常包括两种具体方式:被请求国根据本国的法律对流入本国境内的腐败资产予以没收或者执行请求国法院发出的没收令对流入资产进行没收。被请求国没收后再将该腐败资产返还给请求国。由于间接追回大多是通过刑事审判的方式发出没收令,故又被称为刑事诉讼的方式。整体而言,《联合国反腐败公约》从刑事诉讼和民事诉讼两个方面规定了腐败资产追回的模式,丰富了资产追回的方式。

第二点创新之处在于明确规定了腐败资产的返还和处分程序。《联合国反腐败公约》第57条第1款至第5款对资产的返还依据、方式、条件、原则等内容作了详细的规定,其中第4款规定了被请求国返还或处分没收财产之前,可以扣除相应合理费用的原则。但是对于腐败资产的返还和处分,《联合国反腐败公约》并没有作出明确具体的规定,而是鼓励各国在开展追回腐败资产合作的过程中,根据实际情况就所没收财产的最后处分逐案订立协定或者协商解决确定分配次序、资产共享比例等。

近年来,我国在《联合国反腐败公约》搭建的资产追回制度框架下,积极履行《联合国反腐败公约》义务和强化追赃合作,有效地追回了大量的腐败资产。从反腐国际追赃中国实践来看,我国于2014年主导起草了《北京反腐败宣言》,这是第一部由我国主导起草的国际性的反腐败宣言。《北京反腐败宣言》规定了五种主要的追赃方式,这五种追赃方式涵盖了我国实践中大部分的追赃手段。它的现实意义在于将我国实践中常用的追赃方式文本化,形成了中国特色的多样化的境外追赃协作模式。尽管它尚不是一个具有约束力的法律文件,但必将对我国的境外追赃法治化产生深远的影响。下面主要列举几种我国常规的追赃途径:

一是在对外开展刑事司法协助的过程中，随附请求移交赃款赃物。如我国在办理陈满雄、陈秋园夫妇引渡案的过程中，根据《中华人民共和国和泰王国引渡条约》向泰国方面提出追回资产的请求。当然，境外执法机构也可以向我国司法机关提出该项请求。

二是由境外法院作出追缴没收涉案财产的刑事判决，再将其返还给我国。比较典型的案例是中国银行广东开平支行许国俊、许超凡案。2009 年美国联邦法院以洗钱、国际转移赃款等罪名对许国俊、许超凡等人判处刑罚，同时作出了"退还中国银行 4.82 亿美元"涉案赃款的判决。该案就是由境外法院作出刑事判决之后，再通过判决国返还给我国相关的涉案腐败资产。

三是通过境外民事诉讼程序追缴。由被害人或其代理人向境外法院提起确认所有权或侵权赔偿等民事诉讼，然后由境外具有实际管辖权的法院作出判决并返还财产。这一方式在实践中已积累了不少成功经验。如在中国银行广东开平支行余振东、许超凡、许国俊等人特大贪污挪用案中，中国银行在案发后的第一时间，就分别在美国、加拿大等国家和我国的香港特别行政区提起民事诉讼，并且针对发现的涉案财产向当地司法机关提出民事禁止令和冻结令，随后通过民事诉讼取得了被返还上述财产的司法裁决。我国也有一些地方检察机关指导和帮助有关单位通过境外民事诉讼，追回被犯罪嫌疑人转移到境外的涉案资产的成功案例。如早在 2000 年办理的李化学贪污、挪用公款、受贿案，在开展国际追逃追赃过程中，北京市人民检察院指导被害单位在澳大利亚提起民事诉讼，成功追回 800 多万元的赃款。

四是运用特别程序开展国际追赃。被称为新的《刑事诉讼法》实施后"海外追赃第一案"的李华波案，就是我国司法机关运用违法所得没收程序开展国际追赃的典型案例，也是我国首次运用该程序追回转移到新加坡的赃款，近 3000 万元。

第六节　合作主体的明确与完善

世界大多数国家的腐败治理机构中，大多都设置有国际反腐败部门，专司海外腐败案件的调查、协调国内相关部门与他国开展合作交流，在国家层面推动反腐败合作工作良性循环。如英国在 2015 年成立的国际反腐败处，旨在追缴国际腐败犯罪收益和开展国际腐败案件调查。2008 年组建的加拿大皇家骑警国际腐败调查处，主要负责海外腐败案件的调查、外国官员在加洗钱犯罪的调查以及与国内相关部门协作处理司法互助请求。

长期以来，我国拥有腐败案件调查权的机构众多、职能交叉，在开展职务犯罪防控国际合作时容易出现权责不清的问题，这是横亘在中外司法执法合作之间的主要障碍。认识到这一问题，2005 年、2007 年中央反腐败协调小组先后建立境外缉捕和防止违纪违法国家人员外逃两项工作的联络协调机制，并将办公室设置在中央纪委。在党中央不断深化职务犯罪防控国际合作的新形势下，2014 年 10 月，中央纪委成立由"两高"、外交部、司法部、中国人民银行等 8 家单位负责人组成的中央追逃办，统筹协调境外追逃追赃工作，一举改变了过去"九龙治水"的局面，建立起集中统一的境外追逃追赃协调机制。但中央追逃办只是一个统筹协调机构，主要负责从内政外交层面上研究和制定境外追逃追赃的战略措施和工作计划。具体到各部门机构的执法工作，仍然存在着权力分散、关系尚待明确和理顺的问题。

有鉴于此，在监察体制改革的大背景下，《监察法》辟专章规定了"反腐败国际合作"问题，就国家监察委员会在国际反腐合作中的主导法律地位和主要职责作了明确规定。而随后施行的《国际刑事司法协助法》第 6 条则在《监察法》的基础上，进一步将我国负责对外刑事司法合作的机关明确分为三类：联系机关、主管机关和办案机关。以上法律和行动部署标志着我国职务犯罪防控国际合作主体发生重大变革，也标志着新时代的职务犯罪防控国际合作向现代化迈出了重要一步。此外，2018年《刑事诉讼法》的修改，增加了监察机关的相关规定和修改检察院自侦权的相关内容，一方面理顺了监察机关和检察机关的职能分工，另一方面进一步确认和巩固了《监察法》的规定与效力。作为对监察体制改革的回应与对接，《中华人民共和国人民检察院组织法》和《中华人民共和国人民法院组织法》等法律也进行了相应修改。在党中央集中统一领导下，纪检监察体制改革持续深化，反腐败工作体制机制不断健全完善。监察机关与司法机关逐步建立起程序严格、操作性强、衔接顺畅的职务犯罪办案程序和工作机制，合力推动腐败治理效能不断提升。

　　回望过往，成绩来之不易。新时代国际合作主体的进一步明确，得益于以习近平同志为核心的党中央的高度重视和坚强领导，得益于国家监察体制改革制度优势不断转化为治理效能。

第四章
职务犯罪防控领域国际合作之制度检视

第一节 新时代合作面临的现实困境

一、国际合作地位的不平等

长期以来,西方国家一直在职务犯罪防控国际合作领域占据着主导权,国际合作规则更多考虑的是发达国家的需求。历史上部分西方学者曾经大肆鼓吹一套理论,即某些特定的腐败对于社会经济的发展是有好处的,甚至认为腐败是发展中国家特有的现象,对于这些国家内部的腐败问题都持一种放任或者漠视的态度。这种针对性的政治和历史成见,在很长时期内很大程度上阻碍了广大发展中国家与发达国家之间合作的开展。20世纪90年代以来,职务犯罪防控国际合作得到了长足发展,截至2019年4月,《联合国反腐败公约》的缔约国已经达到184个,但是其中大多数仍然属于发展中国家,与发达国家之间的合作仍有很大发展空间。党的十九大报告指出,我国目前所处的历史阶段仍然是社会主义初级阶段,生产力发展水平和科技文化水平还不高,处于广大发展中国家的行列。尽管当代的国际合作倡导互利互惠原则，一定程度上超越了社会制度和意识形态的束缚，使得国家利益成为各国考虑的首要因素。但是，有特殊经济政治地位的强国在国际合作中往往充当霸权角色，使国际合作呈现出明显的不对称性。无论是新冠疫情，还是中美贸易战，我们都清醒地看到以美国为首的西方大国动辄站在不公正的立场上，将中国等发展中国家置于与其不平等的地位。在经济、信息、法律等诸多要素全球化的时代，部分西方国家戴着有色眼镜看问题的做法实际上是一种与全球化背道而驰的思想，它最终会减缓全球进步和损害各国利益。

从本质上讲，当代西方资本主义企图以和平演变的手段对付中国等社会主义国家的意图并没有改变，惯于通过各种手段来抑制威胁以保持其在全球事务的主导权，通过不断输出西方自由民主理念和价值观来动摇发展中国家的反腐败信心。在现行的合作机制内，发达国家始终都没有将发展中国家放在与其平等的地位，具体到职务犯罪防控国际合作问题上，部分发达国家将政治问题司法化，肆意插手发展中国家的腐败问题，甚至在涉嫌职务犯罪的人员引渡、遣返等问题上对发展中国家设立种种障碍或附加多种政治条件。虽然近年来我国的职务犯罪防控国际合作取得了一定进展，但合作模式本质上还是属于强国主导并分配各方利益的模式，在很多问题上并没有考虑各国所处的发展阶段的差异。目前这种地位不平等的局面，仍然是横亘在中外反腐合作中的一大障碍。

二、法治建设滞后于实践运用

当前，中国特色社会主义进入了新时代，中华民族进入了实现伟大复兴的光明前景之中，社会主要矛盾的变化带来了人民群众对腐败治理的强烈愿望。腐败不仅破坏了社会公平正义，损害了人民的政治经济利益，也严重阻碍了社会主义法治的良性发展。作为新时代的重要组成部分，中国法治建设理应契合时代特点，体现时代精神，针对国内国外腐败现象的新情况和新特点研究解决方案。习近平总书记旗帜鲜明地指出，在国际合作中要加强对他国法律和国际规则的研究，了解掌握国际反腐的最新动态，依法调查取证，提高境外合作的针对性。鉴于各国在法律制度等方面存在的差异，需要我们认真研究不同国家间的法律冲突，找寻弥合法律差异的办法，解决一些法律技术性问题。《联合国反腐败公约》作为联合国历史上通过的第一部指导各国腐败治理的正式法律文件，也是迄今为止国际社会关于治理腐败最为完整、全面的一部国际法律文件。自2006年2月12日起在中国正式生效以来，至今已有近18年之久。作为承诺的一项国际义务，中国理应承担相应的国家责任，这种国际义务和国家责任要求缔约国的其他国内法应当参照《联合国反腐败公约》行使管辖权。根据相关规定，国际法规则必须通过缔约国的国内法予以制定和实施才能加以落实，但目前我国相关反腐败立法中还有一些规定尚未很好地与《联合国反腐败公约》中的腐败治理机制相衔接，司法和执法合作层面尚有很多细节问题有待完善，这些问题若不加以解决将会很大程度影响我国职务犯罪防控国际合作的开展。此外，从我国对外缔结尤其是早年签署的国际条约或公约来看，不论在数量、质量抑或分布地域方面都存在着不同程度的缺陷，无法满足我国目前快速发展的职务犯罪防控国际合作的需求。主要表现在如下四方面：

（一）刑事法律制度存在不足

与《联合国反腐败公约》协调且完善的具体刑事法律制度是践行《联合国反腐败公约》精神与理念的载体，以《联合国反腐败公约》为要求衡量，我国具体刑事法律制度存在诸多问题亟须完善。因此，有必要按照《联合国反腐败公约》的规定，进一步检视我国的刑事法律制度。《联合国反腐败公约》共分为八个章节，其中第三章第15条至第29条都是涉及刑事实体法的规定，用11个条文规定了腐败犯罪的具体犯罪行为，其中，第15条至第22条主要是贪污贿赂犯罪，第23条到第25条分别是洗钱犯罪、窝赃犯罪和妨害司法犯罪。从我国现行《刑法》以及《中华人民共和国刑法修正案》来看，公约中规定的腐败犯罪行为在我国刑法分则中均已有所体现，且基本实现了与《联合国反腐败公约》的对接，但由于刑事法律不可避免的滞后性，在现有罪行体系方面仍然存在与时代发展不契合之处，需要不断完善腐败犯罪的相关立法，才能更好地实现社会的公平正义，创造公正廉明的社会环境。

（二）引渡法律面临的障碍

引渡在国际司法合作中占有重要席地，切实关系到职务犯罪防控领域开展合作的广度和深度。就《引渡法》而言，我国现行的《引渡法》自2000年实施以来已经20余个年头，这部专门性法律曾经对我国的国际刑事司法协助工作产生了深远的影响。实践中，引渡虽然是国际刑事司法合作最常见的形式，却较少被采用或者采用时较少达到成功追逃的目的。如自2018年开展"天网行动"到2022年，从境外引渡45人、遣返328人、缉捕821人，成功引渡的人数与追逃人数相差甚远。在国际刑事司法实践发生了很大变动的新形势下，现行引渡法律中的很多内容已经无法适应当下的职务犯罪防控国际合作工作，有必要重新审视并加以改进。

（三）涉腐洗钱犯罪治理方面立法薄弱

随着我国面临的国内外反洗钱形势发生深刻变化，《反洗钱法》中的相关规定明显已经滞后于时代，亟须修订。根据2016年颁布的《金融机构大额交易和可疑交易报告管理办法》，目前向反洗钱中心报送大额、可疑交易报告的机构范围几乎覆盖了银行、证券、保险等整个金融业，并正在向非金融机构延伸，例如第三方支付机构目前已经开始了数据报送工作；房地产、贵金属珠宝行业、社会组织也已经被纳入了可疑交易报告的机构范围。据中国人民银行反洗钱中心统计的数据，截至2017年，向反洗钱监测分析中心报送大额和可疑交易报告数据的机构已经超过3000家。2017年，中国人民银行颁布了《中国人民银行关于加强贵金属交易场所反洗钱和反恐怖融资工作的通知》，对贵金属交易场所的反洗钱融资工作机制作了布置，积极研究和探索针对特定非金融机构的监管模式和方法，有效地预防和打击了这些领域的洗钱犯罪活动。

（四）双边多边合作条约的签订数量有限

引渡条约和司法协助条约是国家间开展国际司法合作最重要的法律基础。从双边引渡条约和刑事司法协助条约的签约数量上来看，截至 2018 年，我国仅与 50 个国家签署了双边引渡条约，缔约国的范围过窄。除了引渡条约，我国已经与美国、加拿大、澳大利亚、英国等多个国家签订了刑事司法协助条约。仅 2014 年一年就完成了 10 项引渡和刑事司法协助条约的谈判，彰显出国家对境外追逃合作工作的重视和决心。相比之前，尽管签约范围和数量有了进一步提升，但仔细分析研究这些条约内容，仍有有待完善之处。如像瑞士这种境外赃款的主要流向地，我国尚未与之签订刑事司法协助条约。① 以美国为例，它已经与世界近 120 个国家签署了双边引渡条约，在这方面，我国确实需要继续扩大签约范围。此外，中国所在的亚洲地区，覆盖全区域的深层次国际合作公约还没有建立起来，一定程度上影响了包括我国在内的亚洲国家之间的职务犯罪防控国际合作水平。

三、其他配套环节的评析

当前正值百年未有之大变局，大国围绕全球性问题在政治、经济、科技、军事、文化等领域展开激烈博弈，职务犯罪防控国际合作面临着前所未有的挑战。从国内视角看，防范和遏制严重腐败犯罪人员和资金外逃是下一阶段反腐工作的重心。但是在这方面我国的配套机制相对比较薄弱，存在着法律和非法律、国内和国际多种因素的障碍。从大量的实践案例来看，我国国内的相关机关在很多

---

① 陈磊：《国家监察体制改革背景下职务犯罪境外追赃追逃长效机制构建》，载《刑法论丛》2018 年第 4 期。

问题上还缺乏国际合作意识，加之自身执法能力不高，在打击跨国腐败犯罪方面远远不能满足新时代的要求。从国际视角看，由于各国文化和制度的差异，在腐败犯罪执法和司法中标准不同，导致在腐败资产没收和返还方面合作不畅。特别是 21 世纪以来，美欧等国家强化政策性立法并实施"长臂管辖"，将政治问题司法化，使新时代的国际合作面临更为严峻的考验。

首先，受多种因素影响，与我国签订引渡条约的较少有发达国家，这在很大程度上极大地影响了我国的境外追逃。因应形势发展，我国开拓了一系列的国际合作新方式来发挥引渡替代措施的作用。从中央纪委、国家监察委员会公布的归案人员情况来看，我国目前开展境外追逃工作，合作手段和措施以劝返、缉捕为主，少数适用遣返、引渡。这在很大程度上反映了我国反腐国际合作中存在合作方式单一、力度不够的问题。

其次，在腐败资产返还实践中，最大的前提和挑战是，提出证据证明该腐败资产与犯罪行为有关或是犯罪行为产生的收益。而实践中，我国办案机关常常面临很难向资产流入国证实赃款的数额、去向和违法性的困境，这在客观上增加了我国境外追缴腐败资产的难度。此外，在目前很多国家都已经建立了承认和执行外国刑事裁决的制度的背景下，承认执行外国刑事判决制度的缺位也严重影响了我国境外追赃工作的开展。《联合国反腐败公约》在尊重各国主权的同时，对腐败资产的处置秉持着非常开放的态度。目前，我国在追回境外腐败犯罪资产的立场上一直是坚持国家财产豁免原则，拒绝和其他国家分享这部分财产，这在客观上导致了我国境外追赃工作与新时期党和政府的要求以及广大群众的期盼尚有较大差距。

最后，职务犯罪防控国际合作是一个庞大的系统工程，它的良好运行涉及境内外司法机关及相关职能部门的支持与配合，涉及不同法律的掌握和应用。

第二节　对合作构成元素适用困境的思考

一、历史文化等因素影响合作地位

国际合作中的地位不平等问题受多方因素的影响。

首先，是历史上的成见所导致的。在反腐败问题上，部分西方国家惯于实行双重标准，戴着这样那样的有色眼镜来看待我国的腐败治理。对我国长期不懈的反腐努力和法治状况的进步视而不见，听而不闻，把腐败产生的根源归咎于中国共产党执政的政治体制，把十八大以来的反腐动作理解为"权力斗争"。比如在境外追逃过程中，发达国家对待潜逃至本国的职务犯罪嫌疑人，要么袖手旁观，要么提供"特殊保护"；在签署合作条约或开展引渡等实践环节中，动辄设置重重障碍使得我国的境外追逃工作长期处于"高成本低收益"的状态。

其次，文化的偏见也是导致合作地位不平等的因素。每一次国际合作的开展，都是合作双方法律的一次对话，国际司法互信问题是困扰中外司法合作的一大障碍。在实践中，由于对中国法治缺乏信任，导致国际合作请求被拖延甚至拒绝的案例不胜枚举。比较典型的案例如厦门的"远华案"，据当时参加法庭作证的专家证人介绍，双方在法庭上质证的核心问题并不是"远华案"的犯罪事实，而是中国的法治是否公正，是否符合国际司法的人权标准。因此，在一定程度上来讲，"远华案"是将中国的法治状况在加拿大的法庭上按照西方的标准进行了一次对抗性评估。案件胜负很大程度上取决于非法律因素即加拿大法庭对中国法治的信任和评价，这也正是案件主犯能够利用难民诉讼一拖十年的原因。此外，美国等国家的一些主流媒体罔顾职业操守、新闻良知，沉浸在傲慢与偏见之中不能自拔。固执地戴着有色眼镜看世界的他们，看不懂中国人民的信念，也看不清腐败对自身的威胁。腐败是全球政治之癌，中国政府大力惩治职务犯罪，既是在保卫自己，更是在守护世界人民的共同利益。一些美国媒体、政客高高在上地抹黑中国时，并不明白腐败本无国界之别，打击腐败犯罪符合全人类的共同利益，也没有意识到本国普通民众的担忧与挣扎。

值得反思的是，西方国家对中国法治的这些误解与偏见，与我国自身的宣传渠道不畅也有很大关系。重重误解和偏见的突破，需要我国在下一阶段站在国际舆论的制高点并畅通媒体渠道，积极把我国反腐事业的进步和成就向世界各国作充分的宣传。面对新形势下的腐败特点，每个国家都应当顺应历史，在平等和相互尊重、理解的基础上对职务犯罪防控国际合作给予实际支持，形成合力。

二、部分国内反腐败法律规范与国际规则衔接不畅

在国内立法中使用国际社会普遍认可和接受的原则和规范，增加彼此对话的空间，既是提高国际合作的成功率、提升我国的法治形象的有效路径，也是真正贯彻以法治思维和法治理念开展职务犯罪防控的国际合作的重要方式。关于洗钱犯罪的衔接问题，作者将在其他部分进行详细论述，在此主要关注刑事法律中贪污贿赂犯罪的调整和完善。

（一）《刑法》：部分条文与国际规则衔接不畅

从罪名体系上看，对外国公职人员和国际公共组织官员行贿、外国公职人员和国际公共组织官员受贿两种行为在《联合国反腐败公约》中都是明确规定的犯罪行为，但在我国后者却仍然属于立法空白。伴随着经济全球化的发展以及各项国际交往的增多，外国公职人员、国际公共组织官员腐败现象时有发生，严重危害着我国国家利益和国际公共利益。从国外的立法例看，有些国家在《联合国反腐败公约》出台之前就已将其纳入刑法调整的范畴，如《瑞士联邦刑法典》和《法国刑法典》。考虑到与《联合国反腐败公约》保

持一致,将其规定为犯罪,亦可解决我国目前对外国公职人员和国际公共组织官员在我国境内收受贿赂的行为规制无法可依的局面,从而有效制裁近年来愈演愈烈的跨国商业贿赂现象。

从犯罪主体来看,《联合国反腐败公约》中腐败犯罪的主体不仅仅局限于公职人员,甚至包括了私营部门内的人员。[①]单单从"公职人员"的范围与我国《刑法》第93条"国家工作人员"的范围比较来看,《联合国反腐败公约》所界定的犯罪主体范围也明显大于我国。纵观我国刑法中的"国家工作人员"概念,除了法律和相关司法解释纷繁复杂外,司法实践中认定起来也时有困难。长期以来,我国社会中一直有"广义政府"和"狭义政府"概念之分。随着社会政治经济体制改革的不断深入,非公有制经济快速发展,政府将自身的部分职责通过合法的形式让渡给社会组织,以实现更好地为公众服务。因此,在公权力的划分标准上,我们现阶段更倾向于根据其职能特征而不是组织特征进行划分。2018年颁布实施的《监察法》对所有行使公权力的公职人员实行监察全覆盖,从立法的高度明确了监察对象,将监督狭义政府转变为监督广义政府,将所有行使公权力的公职人员纳入监督范围,填补了监督对象上的空白。基于此,我国《监察法》的监察对象采用了与《联合国反腐败公约》相一致的称谓,这不是与刑法的抗衡,而是在当前监察体制改革的大背景下对犯罪主体身份法律用语的修正与完善。尽管这不能直接论证当前《刑法》中"国家工作人员"范围过窄的问题,但至少从侧面说明了腐败犯罪的主体范围有从法律上进行扩大和规范化的趋势。

在贿赂的范围方面,根据我国刑法的规定,行贿与受贿的内容被限定为"财物"。虽然当前司法解释已将其扩展至财产性利益,[②]但其范围与《联合国反腐败公约》的认定还是存在一定冲突的。

---

① 《联合国反腐败公约》第22条。

② 《最高人民法院、最高人民检察院关于办理贪污贿赂刑事案件适用法律若干问题的解释》(法释〔2016〕9号)。

《联合国反腐败公约》对贿赂范围的表述为"不正当好处",按照该表述,所有不正当的好处都可以视为贿赂,包括就业、升学、升职、提供性服务等非财产性利益,体现了国际社会在治理贿赂犯罪方面的"零容忍"态度。随着时代发展,能给人们带来效用的无体物和非财产性利益不断涌现,司法实践中各种新型行贿受贿手段也层出不穷,扩大贿赂的范围不仅是与国际标准衔接的需要,也是适应我国社会实践发展的需要。

从行为方式上来看,《联合国反腐败公约》规定的行贿罪的行为方式有三种:直接或间接向公职人员许诺给予、提议给予和实际给予。在这三种方式中,我国的刑事立法仅将实际给予作为犯罪处罚,对于承诺给予和提议给予都没有作出规定,这在一定程度上导致一部分腐败行为逃避了法律的制裁。从长远来看,在腐败治理法治化和职务犯罪防控国际合作深入发展的背景下,贿赂犯罪的刑事治理与国际接轨是必然趋势。

在刑罚设置上,我国的行贿与受贿同罪不同罚。行贿与受贿是对合犯罪之关系,具有对向性的犯罪之间都会存在行为触发机制。在犯罪治理中,对向性犯罪适用相同的刑事政策是一项基本要求。但在我国刑法中行贿犯罪的犯罪圈不仅明显小于受贿犯罪,其刑罚处罚也明显轻于受贿犯罪,甚至存在着生与死的本质差别。但就《联合国反腐败公约》规定的贿赂犯罪处罚来看,针对二者采取了相同的处遇制度,这与多数国家在立法上的态度是一致的。我们必须认识到,我国《刑法》中的规定使得行贿罪的犯罪成本偏低,不利于对职务犯罪的预防和打击。此外,我国在资格刑体系方面、单位犯罪刑罚设置方面明显与国际规则无法衔接,治理理念的落后弱化了刑法的积极治理功能。

最后,落后的财产刑观念带来了追赃合作的障碍。在我国刑事实体法中,针对财产的没收刑罚有两种规定:一是我国《刑法》第59条规定的"没收财产",作为一种附加刑,是指司法机关根据刑法的相关规定,将犯罪分子个人所有财产的一部或者全部强制无偿收归国家。至于对犯罪分子本人所有的财产是没收一部还是全部,应当根据犯罪的性质、情节、社会危害以及案件的具体情况来确定。这种没收适用范围是犯罪人合法所有并且没有用于犯罪的财产，也被称为一般没收。二是刑法第64条规定的作为涉案财产处理措施的"没收财产"，是指对于犯罪分子违法所得、犯罪工具、违禁品等涉案财产的没收，故这种没收也被称为特别没收。该规定正是我国的特别没收程序在刑事实体法中的法律依据，也是境外追赃的核心法律依据。至于我国《刑法》第59条中规定的"没收个人全部财产"刑罚，由于其体现出的落后、陈旧的财产刑观念与国际社会没收财产的宗旨和对个人财产权的保护原则相背弃，这种没收财产刑已经被世界绝大多数国家的刑事立法所摒弃，而依据这种没收裁决提出的资产追缴请求在我国的境外追赃工作中往往遭到各国的拒绝或限制执行。

（二）《刑事诉讼法》：特别程序仍不完善

首先，违法所得没收程序有待完善。法谚有谓：任何人不得因自己之不法行为而获得利益（nullus commodum capere potest de injuria sua propria）。[①] 即利益的取得都要通过合法的方式，违法行为不能获利。从刑法的角度来讲，即任何人都不应从其违法犯罪行为中获取利益。因此，我国《刑法》第64条规定了没收、追缴违法所得的制度。但是，该制度的适用是以被告人被判定有罪为前提的。在犯罪嫌疑人死亡或逃匿的情形下，人民法院不可能就在逃的或死亡的刑事被告人作出没收财产、向被害人返还或者赔偿损失的单独裁决，也不能按照《刑法》第64条的规定没收或追缴其违法所得，从而不利于对当事人权利的保护，也不利于我国境外追逃追赃工作的开展。因应形势发展的需要，2012年修改后的《刑事诉讼法》（已失效）增设了违法所得没收程序（又称特别没收程序）。[②] 作为四种特别程序之一，该程序旨在解决贪官外逃造成的刑事诉讼

[①] 郑玉波：《法谚（二）》，法律出版社2007年版，第4页。
[②] 《中华人民共和国刑事诉讼法》（2012年修正）第280条。

受阻、无法追回其违法所得的制度缺陷，实现了与《联合国反腐败公约》确立的资产追回机制的衔接，同时为我国境外追赃的国际合作提供了法律制度保障。自该程序运行以来，这项本该在党的十八大后的反腐高压态势下大有作为的制度却没有在适用过程中发挥出应有的作用，实践部门中鲜见的司法判例足以说明这一问题。目前为止，作出没收裁定并请求外国司法机关承认与执行成功的案件，全国仅有李华波案一例。① 究其原因，主要有两个：一是对"违法所得及其他涉案财产"的认定范围不甚明确，导致司法实践中的操作出现"两边倒"现象。标准过宽会带有惩罚性，可能造成对犯罪嫌疑人合法财产权益的侵犯；标准过严又会使犯罪人逃避法律处罚，从违法行为中不当获益。二是该程序的证明标准过高，司法实践中难以满足办案需要。结合法律和相关司法解释，该程序的证明标准要达到一般案件定罪量刑的证明标准，即案件事实清楚，证据确实、充分。在被告人逃匿或死亡的情形下，所采用的证明标准与对其进行定罪一样严格，势必会给司法实践操作带来一定的困难。

其次，缺席审判程序与特别没收程序的并存困惑。刑事缺席审判，与对席审判相对应，即由于一些特殊原因，法院在一方当事人缺席的情况下进行审判的诉讼活动。缺席审判制度有优有劣，优势在于避免了因刑事案件的被告人不能到庭而无法判决的情况，劣势在于程序的公正和结果的公正会受到质疑。在承认现代诉讼价值多元化的基础上，缺席审判在国外刑事诉讼的立法中并不罕见。出于境外追逃追赃、打击腐败犯罪的需要，我国的缺席审判程序应运而生。根据法律规定，我国的缺席审判程序具体包括四种情况②，其中有三种缺席审判的适用条件明确且不会发生和特别没收程序竞合的情形，故本书中讨论的主要是外逃人员的缺席审判程序。2012 年

---

① 陈雷：《特别没收程序与国际追赃工作实务》，中国方正出版社 2018 年版。
② 即潜逃境外的被追诉人的缺席审判、针对因病无法出庭的被告人的缺席审判、可能被判处无罪的被告人的缺席审判和被告人死亡的审判监督程序的缺席审判。

和 2018 年的两次修法，使得缺席审判程序与特别没收程序并存于我国的《刑事诉讼法》中，但是由于两个程序在适用条件上极其相似，使实践中办案人员对两种程序的选择适用成为一大难题。无论是从两个程序的作用、适用范围还是从被追诉人的层面来看，两者都具有高度的相似性。因此，当实践中两个程序出现竞合时，如何选择适用成为亟待厘清的问题。

最后，涉外刑事诉讼程序的缺失需要我们重新审视。一般来说，确保实体法发挥效力是程序法需要解决的问题。我国的《刑事诉讼法》肩负惩治国内犯罪和涉外犯罪的双重职责，遗憾的是，该法没有关于涉外刑事诉讼程序的任何规定，这不可不谓是我国《刑事诉讼法》的一大漏洞。"刑事诉讼具有独立的品格"①，如果没有程序法的支撑，再多再完美的实体法也只能沦为虚设。我国关于涉外刑事案件处理的实体法颇多，但是将实体法的域外效力与管辖问题予以落实的程序法却存在着巨大疏漏。反观我国的《中华人民共和国民事诉讼法》（以下简称《民事诉讼法》），专设一编规定"涉外民事诉讼程序的特别规定"，就国际民事司法协助问题作了全面、详细的规定。作为我国刑事法律的半边天，如果《刑事诉讼法》缺乏对我国刑事司法协助问题的宏观指引，将会导致我国的海外追逃、追赃工作缺乏刑事基本法律支撑。②

（三）《引渡法》：相关原则与国际规则不相适应

其一，关于两国开展引渡合作的前提，《联合国反腐败公约》规定的是双重可罚性原则。③ 而根据我国《引渡法》相关规定，④ 我国与外国开展引渡合作的前提是相关犯罪符合双重犯罪原则，即

---

① 陈瑞华：《刑法学与刑事诉讼法学研究的互动》，载《中国检察官》2018 年第 1 期，第 13 页。
② 李海滢：《海外追逃、追赃背景下反腐败立法的协调与联动》，载《当代法学》2019 年第 3 期，第 144 页。
③ 《联合国反腐败公约》第 44 条第 1 款。
④ 《中华人民共和国引渡法》第 7 条。

被请求引渡人所犯之罪必须在我国也构成犯罪。可罚性是现代西方刑法理论中的一个概念，是指适用刑罚的可能性，它主要强调的是犯罪嫌疑人具备了受处罚的条件。从理论上讲，违法性和有责性是两个不同层面的问题，一行为即使构成犯罪行为，也不当然地具有刑事可罚性。我国《引渡法》中规定的双重犯罪原则与《联合国反腐败公约》中的双重可罚性原则虽然有密切联系，但也存在明显区别。《联合国反腐败公约》的双重可罚性原则比起我国的双重犯罪原则来说门槛更高。此外，《联合国反腐败公约》还规定了双重可罚性原则的例外[①]，由于各国法律文化和法治程度的差异，若严格贯彻双重可罚性原则必将导致国际合作无法继续。有鉴于此，公约尝试对该原则作出了一定的突破和变通。这一例外既体现了联合国鼓励各成员国携手打击腐败犯罪的精神，又在一定程度上彰显出联合国要求被请求国重视请求国的国际合作请求，尊重请求国国家主权的意图。但在我国《引渡法》中，并没有在吸收公约精神的基础上对双重犯罪原则适用例外的规定，这对我国未来引渡合作的开展极为不利。

其二，我国《引渡法》第 8 条明确规定了本国国民不引渡原则，该规定不利于我国与没有条约关系的国家在互惠的基础上开展引渡合作。《联合国反腐败公约》在这一问题上秉持的态度是，并不作出明确的规定而是把选择权交给合作双方自主决定。这种开放的态度即允许各国在互惠或者签约的基础上自主决定是否引渡本国国民。从别国实践来考察，大多数大陆法系国家明确规定不引渡本国国民，原因在于不能放弃其属人管辖权。但这些国家同时也规定，如果不引渡本国国民，则应当根据请求方提供的文件与证据对被请求引渡人进行刑事诉讼，这符合"或引渡或起诉"（aut dedere aut judicare）原则。该原则起源于 17 世纪的荷兰法学家格老秀斯创造的短语"aut dedere aut punier"（或者引渡，或者惩罚），有的

[①] 《联合国反腐败公约》第 44 条第 2 款。

论著也把它翻译成"或者引渡,或者审判"①。此外,英美法系国家及英联邦成员国在引渡本国国民问题上的态度比较宽松和开放,不仅在法律上对引渡没有任何附加条件,实践中也大多采取符合条件即予以引渡的做法,对被引渡人是否为本国国民在所不问。反观我国《引渡法》的规定,在确立本国国民不引渡原则的前提下,并没有规定"或引渡或起诉"等类似原则作为避免行为人逃脱法律制裁的保障。当前,我国大部分腐败犯罪分子的外逃目的地都是美国、英国、加拿大等发达国家,如果我国在这一问题上不适当放宽,将对今后的刑事司法合作产生不利影响。

其三,"政治犯不引渡"是 18 世纪末期以后形成的一项国际社会普遍认可的原则,我国在《引渡法》中明确规定了政治犯不引渡的原则②。由于政治犯罪的敏感性以及各国对政治犯罪的理解存在差异,腐败犯罪嫌疑人大多又是公职人员,这些人在国外寻求政治避难很容易获准,导致一部分在逃人员无法顺利引渡。政治犯不引渡是公认的国际惯例,一直以来国际社会都在寻求一个明确的定义试图对"政治犯"进行界定,但因为不同国家的政治体制存在差异,部分国家之间关系紧张、沟通不畅,国家之间的误解尤其是政治误解较深,所以对政治犯的认定存在争议,目前国际上还没有一个确切的标准来划定政治犯罪的内涵和外延。因此,政治犯不引渡的原则依旧是将来我国在引渡过程中面临的挑战。

其四,在引渡案件中不判处死刑是国际引渡法晚近出现的一种法律现象。由于死刑触及人权保护的问题,国际社会也较多地呼吁废除死刑。从引渡的国际合作规则来看,死刑不引渡已经成为刚性原则。据联合国报告,截至 2017 年 7 月 1 日,全球有 105 个国家废除了所有罪行的死刑,有 7 个国家废除普通犯罪的死刑,有 29 个国家在司法层面上废除了死刑。此外,在目前保留死刑的国家中,我国法律中规定的死刑罪名数量也是最多的。虽然一系

---

① 黄风:《或引渡或起诉》,中国政法大学出版社 2013 年版,第 1 页。
② 《中华人民共和国引渡法》第 8 条。

列刑法修正案的颁布使得我国加快了废除死刑的步伐，但距离全面废除死刑还有很长的一段路要走。实践中国际社会对死刑的普遍厌恶以及我国腐败分子潜逃国家基本废除死刑的现实情况，使得死刑成为我国主动请求引渡面前的法律障碍。①

三、涉及预防腐败的法律存在明显缺漏

（一）对反洗钱法制的检视

腐败以及非法所得收益的洗钱使世界各地的经济和政治产生癌变。②腐败犯罪和洗钱犯罪密切相关，属于上下游犯罪关系，大量赃款通过"洗白"才能够转移使用。在风险社会中的洗钱犯罪与各类犯罪相互渗透，反洗钱不仅是维护国家金融安全的需要，而且是职务犯罪防控的重要一环。职务犯罪嫌疑人洗钱手段花样繁多，传统意义上通常有借助金融机构洗钱、利用走私洗钱、利用空壳公司洗钱或者通过现金密集行业洗钱等方式。随着法律监管的日益严格，洗钱逐渐向恐怖主义金融、野生动物走私、体育、网络犯罪、加密货币等领域渗透。为打击跨国（境）洗钱犯罪的蔓延，很多国家和国际组织很早就通过制定法律和条约来构建规范和预防该领域的秩序：美国早在1986年就制定了《洗钱控制法》，联合国大会、国际货币基金组织、反洗钱金融行动特别工作组（FATF）、世界银行和巴塞尔银行监管委员会等国际机构也颁布了多项反洗钱原则和指引。反洗钱KYC是金融机构抵制洗钱活动的基础工作，目前，反洗钱KYC技术在打击洗钱犯罪的各个阶段都能发挥堵截与追回赃款的作用。KYC是know your customer的英文缩写，反洗钱KYC即利用反洗钱系统的甄别技术，对具有潜在洗钱风险的金融

---

① 黄风：《我国主动引渡制度研究：经验、问题和对策》，载《法商研究》2006年第4期。

② 反腐败公约谈判工作特别委员会第四届会议文件：《转移非法来源资金，尤其是腐败行为所得资金问题全球研究报告》，（A/AC.261/12），第9段。

交易客户进行身份、交易信息的筛选、核实、追踪甄别的过程。近年来，随着2007年1月1日《反洗钱法》的施行，我国明确了反洗钱的重点范围，即预防和打击通过各种方式掩饰、隐瞒贪污贿赂犯罪的犯罪所得及其收益的洗钱活动。到目前为止，中国人民银行已经先后颁布了反洗钱的一系列规定和办法，实践中已经开始运转KYC制度、资料保存制度、大额和可疑交易报告制度等《联合国反腐败公约》中确立的制度，在一定程度上发挥了金融机构在对外资金流动中的监督和管理作用可参考图4-1。

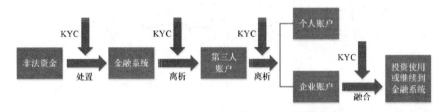

图4-1 反洗钱KYC技术对贪污犯罪赃款的堵截与追缴

在二元制裁体系的背景下，我国打击洗钱犯罪的刑事立法与行政立法逐步成型完善。2021年《反洗钱法》意见稿草案大幅度修订，标志着我国反洗钱行政立法的进一步发展。2020年出台的《中华人民共和国刑法修正案（十一）》正式将自洗钱入罪，意味着对洗钱犯罪的刑事处罚力度整体提升。作为世界大国，我国通过持续完善国内法制积极参与国际反洗钱活动，但随着国内外反洗钱形势发生深刻变化，《反洗钱法》中的相关规定仍然明显滞后于时代。究其原因主要有：

首先，洗钱的上游犯罪的范围规定得过于狭窄。我国在1997年《刑法》中首次设置洗钱罪，彼时洗钱的上游犯罪仅有毒品犯罪、走私犯罪、黑社会性质组织犯罪三种。后来的《中华人民共和国刑法修正案（三）》完善了恐怖活动犯罪条款，《中华人民共和国刑法修正案（六）》又增加了贪污贿赂犯罪、破坏金融管理秩序犯罪和金融诈骗犯罪。《联合国反腐败公约》和《联合国打击跨国有组织犯罪公约》均要求缔约国应当最大限度扩充洗钱罪之上游犯罪。面对洗钱犯罪手段日新月异的国际趋势，中国作为《联合国反腐败公约》的缔约国有必要扩大上游犯罪的范围。

其次，特定非金融机构的反洗钱义务立法不足，不利于对洗钱犯罪的预防和打击。这方面美国的做法值得参考借鉴。在美国，相关特定机构都必须承担尽职调查义务：银行须核查开户人的真实开户目的；有关机构在个人开设公司时须核查公司实际所有人信息；销售者若发现顾客在购车时使用现金交易应立即向相关部门报告，不报告或虚假报告均构成犯罪。顺应扩大反洗钱义务主体范围的国际趋势，中国人民银行于2018年颁布了《关于加强特定非金融机构反洗钱监管工作的通知》（银办发〔2018〕120号），但是目前在该领域的反洗钱规制仍然存在范围较小和义务规定过于笼统的缺漏。

最后，在全球互联网日益发展的背景下，我国与国际反洗钱组织的情报交流和合作机制有待进一步完善。金融情报交换已逐渐成为各国打击跨国洗钱犯罪的桥梁和纽带，通过金融情报机构之间的合作获得相关国家的执法信息，与外国对口单位协同打击洗钱犯罪，无论是在效率还是在速度方面，都比程序繁琐的司法协助具有更大的优势。面对网络化时代的犯罪手段，传统的合作机制恐怕难以应对洗钱犯罪的新动向。赃款的流转通过网络方式瞬间实现并淹没于巨大的信息洪流之中，客观上增加了赃款的查找力度，也影响了该领域国际合作的开展。我国目前的反洗钱法律法规中，在开展国际情报交换与合作的具体机构、职能以及操作程序等方面都没有进一步规定，在反洗钱网络信息平台的搭建和管理方面同样较为薄弱。

（二）治理跨国商业贿赂的法律规制滞后于国际标准

商业贿赂犯罪大多是通过对交易行为施加不正当影响，以便在竞争中取得优势。当前商业贿赂多发于电信电力、医疗卫生、金融市场、建筑领域等垄断性强、透明度不高的行业，且跨国公司行为的败露多是其母国公司或母国审计发现问题后反馈到中方，反映出中国自身在监管和处罚商业贿赂行为方面的状况令人担忧。最为典型的是美国司法部和证券交易委员会网站披露的十多起涉及中国的跨国公司商业贿赂案。下面举两例予以说明：

朗讯案：美国朗讯公司从 2001 年起，以"参观工厂，接受培训"为由，通过贿赂大批的中国政府官员、电信运营商高管，为企业获取不当竞争机会和利益，2004 年被美国司法部和美国证券交易委员会处以重罚。

西门子案：德国电信工程业巨头西门子公司在 2003 年到 2007 年间，向多家中国国有医院行贿，并且通过贿赂中国官员，在基础设施项目投标招标工程中获得巨额利润。为此，该公司于 2008 年底接受了有史以来最大的商业贿赂罚单。

近年来跨国公司在中国的商业贿赂案件呈上升趋势，许多接受调查的跨国公司对商业贿赂的态度都比较暧昧。因此采取强硬手段严厉打击商业贿赂行为，保障经济健康发展，成为当前亟待解决的问题。无论是力拓案、朗讯贿赂案，还是庭外和解的西门子案，跨国公司在华商业贿赂问题成为社会关注的热点，而且很多犯罪行为都是潜伏多年，被别国执法机构处罚后才得以暴露。从我国目前的立法状况来看，治理跨国商业贿赂的相关法律比较分散且存在严重漏洞。我国没有专门的反海外腐败法，1993 年颁布的《中华人民共和国反不正当竞争法》（已于 2019 年修正）对该行为虽有规定但处罚力度明显不够，《刑法》也无法对跨国商业贿赂中的行贿一方予以处罚。以上种种导致外国企业在华行贿成本过低，因此有必要在立法中加大对在华行贿企业的处罚。

在"一带一路"倡议下，中资企业成规模地进行境外投资经营，而且境外投资项目多集中在基础设施建设领域。根据经济合作与发展组织 2014 年发布的对外国公职人员贿赂犯罪分析报告的结论，约 15% 的外国贿赂案件发生在建设领域，中资企业在该领域面临的风险不言而喻。大量中资企业在境外投资经营的过程中，往往由于缺乏合规意识，忽视东道国的法律政策。在没有对企业的贿赂风险进行评估和防控的情况下直接实施"走出去"战略，结果遭受重大打击甚至破产，反映出中资企业在法律合规经营方面的滞后。欧美国家强化政策性立法，将政治问题司法化，并实施"长臂管辖"，形成了较为完善的反海外商业贿赂和企业合规立法。在此背景下，中资企业境外经营将面临复杂严峻的外部环境。而现实情况是中国企业合规建设仍处于起步阶段，无论是企业的合规意识、制度建设及后续监管，抑或国家层面的立法规定，都与外部环境的要求相差甚远。随着世界各国在打击跨国商业贿赂方面的腐败治理力度加大，加强企业自身合规建设以及在国家层面尽快完成合规立法迫在眉睫。

四、国际法律规范缺位，条约利用率偏低

（一）现有双边条约无法满足我国反腐败合作的需求

从缔约国的地域分布上来看，与我国签订双边引渡条约的国家主要集中在亚洲和东欧地区，但是这些国家往往不是我国腐败分子出逃的首选之地。实践中腐败分子在积累大量不法财富后，往往会选择欧美等发达国家作为其外逃目的地。这一点根据"百名红通人员"归案人员的情况也可以反映出来。据统计，"百名红通人员"可能逃往的国家和地区中发达国家占极大的比例，其中逃往美国的40人和逃往加拿大的26人，就已经占到红通人数的一半以上，加上逃往其他发达国家的，总共约占100人中的85％。[①] 与我国缔结双边引渡条约的主要是邻国以及一些与我国保持良好外交关系的国家，如泰国、俄罗斯、白俄罗斯、保加利亚、尼日利亚、韩国、菲律宾等。除了西班牙、葡萄牙和法国等国家之外，都是发展中国家，发达国家中的很大一部分都没有与我国签署双边引渡条约。因此双方的引渡合作难以开展，并且在可以预计的时间内，签订引渡

---

① 王秀梅、宋玥婵：《新时代我国反腐败追逃的经验与完善——聚焦于"百名红通"》，载《北京师范大学学报（社会科学版）》2018年第5期，第5页。

条约十分困难。这种状况直接导致我国大量贪官在选择出逃地时会避开那些与我国签订有引渡条约的国家，给我国的追逃工作带来极大困难。从质量上看，我国早年签署的部分双边引渡协议和司法协助协议由于存在内容简略、合作方式单一等缺陷，无法满足我国目前快速发展的反腐合作需求。这些条约的签订时间较为久远，规定的内容也较为简单，一些国际合作中的关键问题，如查封、扣押、冻结涉案财物、被判刑人的移管以及犯罪资产的分享等，都没有涉及，或者虽有涉及但是已经落后于时代发展。

（二）多边条约资源利用率偏低

《联合国反腐败公约》和《联合国打击跨国有组织犯罪公约》是追逃追赃国际司法合作过程中有效的多边条约，但就我国目前成功追逃追赃的案例来看，较少甚至没有利用上两大公约。此外，中国所在的亚洲地区，全区域性反腐败公约至今仍是空白。自20世纪以来，美洲、非洲和欧洲国家间都已经出现了全区域性的反腐败公约，而亚洲国家间的合作组织多呈现碎片化，覆盖全区域的深层次国际合作公约还没有建立起来，一定程度上影响了包括我国在内的亚洲国家之间的职务犯罪防控国际合作水平。

"凡条约必遵守"。① 一国参加或者缔结的条约，对该国都有约束力。国家遵守国际公约一般包括两种情形：直接适用和通过转化成国内法的方式适用。一国适用的法律规范的效力渊源是宪法。我国的宪法和《中华人民共和国立法法》对国际公约在我国的适用没有直接规定，《中华人民共和国缔结条约程序法》虽然规定了条约缔结的程序，但是对条约的国内适用方式并没有统一的明确规定。也就是说，我国尚缺乏直接适用国际公约的授权性法律规定。因此，我国所缔结或参加的国际公约不能直接作为我国开展境外追逃追赃的法律依据，应该通过立法将我国所缔结或参加的国际公约中

---

① 《维也纳条约法公约》第26条规定："凡有效之条约对其各当事国有拘束力，必须由各该国善意履行"。

的法律规范转化为我国国内法，才能得以适用。正如《联合国反腐败公约》第 5 条第 4 款所规定的，各缔约国均应当根据本国法律制度酌情彼此协作，以促进和制定本条所述措施。也就是说，《联合国反腐败公约》并没有强制要求各缔约国必须按照它所规定的制度进行反腐国际合作，而是明确规定由缔约国根据本国法律制度开展国家间的合作。因此，《联合国反腐败公约》不能直接作为我国开展追逃追赃国际合作的法律渊源。

以国际合作追缴腐败赃款的实践为例，两个公约规定的追赃措施和手段极为丰富。如《联合国反腐败公约》设有专章"资产的追回"（asset recovery），其中第 53 条至 57 条从资产的追回方式、机制、特别合作到资产的返还和处分等各个环节都作了详细的安排。《联合国打击跨国有组织犯罪公约》虽然没有以专章规定资产追回，但也提到了没收、扣押、冻结等方式。尽管两大公约涉及的追赃手段极为丰富，但是由于许多国家并不能直接适用其关于追赃方面的规定，类似的国际公约在具体实施中使用概率极低。

五、国际合作方式单一、力度不够

下面客观分析追逃实践中的四种常规措施及其局限性：

（一）劝返措施缺乏政策法律依据

与引渡、遣返要受制于双边条约和被请求国法律制度不同，劝返的适用可以不受两国法律制度差异和有无双边条约的困扰而进行。作为近年来我国司法机关自创的追逃方式，劝返发挥了积极的作用。我国著名学者黄风曾指出，劝返有一举三得之功用。劝返的成功，在保障追逃成功率、节约追逃国司法成本以及维护逃犯地国家的秩序安全方面，有着其他方式无可比拟的优势。因此，劝返对于追逃国、逃犯藏匿国和逃犯本人来说是一种三赢的举措。

胡星案：云南省交通厅原副厅长"胡星案"是我国采用劝返方式使外逃分子回国的第一个成功案例。胡星在

1995年至2004年任职期间，利用职务之便非法收受多个单位和个人给予的巨额贿赂。案发后，胡星为逃避国家法律制裁，于2007年经上海潜逃至新加坡。由于我国与新加坡之间既无双边引渡条约，也无刑事司法协助条约，因此，在引渡措施不可能的情况下，遣返也充满了很多的不确定性。在这种情况下，我国司法机关积极与新加坡警方商讨合作事宜并取得对方支持，最终在新方的全程监控下，直接奔赴胡星住地与他进行面对面的交谈，陈述利害、宣讲政策，最终胡星选择了自愿回国接受调查。

杨秀珠案：在"天网行动"的推动下，中美执法合作联合联络小组（JLG）通过共同劝返程序，成功地从美国劝返诸多外逃人员。"百名红通人员"之首杨秀珠就是最具代表性的案例，作为红通一号人物，杨秀珠除了涉嫌贪污受贿外，还涉嫌入境美国过程中的洗钱等犯罪。我方通过异地追诉、开展非法移民遣返等综合手段，在追究杨刑事责任的同时也切断了其经济来源。2011年，潜逃13年之久的杨秀珠最终接受劝返，选择回国投案自首。

在我国国际刑事司法合作体系中，劝返一直扮演着重要的角色。劝返是办案人员与在逃人员的心理战，劝返的成功也是多种措施相配合的结果。虽然劝返具有非常重要的积极意义，但目前该措施在适用中仍然存在两个方面的问题：第一，劝返的合法性问题。实践中存在一些案例，劝返人员进入腐败分子逃亡国时，由于对当地情况的不了解，出现违反当地法律的情况。第二，应当注意在劝返过程中涉及的量刑承诺问题。在办案人员对外逃人员展开劝说的过程中，经常会作出一定保证或者承诺以促使对方主动配合投案。但事实上，在现有法律框架下，办案人员的这种承诺是没有法律依据和法律约束力的。可以预想的是，在我国刑事司法协助中，劝返将始终扮演重要的角色。故对于劝返措施作出明确的政策指引，对劝返承诺作出法律层面的规范是十分必要的。

（二）遣返措施的不可控制性

作为引渡的一种替代措施，职务犯罪防控国际合作中的遣返，大多数是借助他国移民法上的非法移民处理程序，将难民和非法移民遣送回他们的国籍国。我国最早一例成功遣返外逃人员的案例当属"远华案"。2011年7月23日下午，在加拿大有关部门的监管下，厦门远华特大走私案首要犯罪嫌疑人赖昌星被遣返回中国。赖昌星遣返的背后，是一个历时12年的艰辛过程，也是与赖昌星本人斗智斗勇的过程，其中涉及多方力量反复磋商和谈判。从实际效果看，"远华案"在很大程度上反映出遣返在替代措施中有着一定的积极作用。但是，遣返毕竟不是国与国之间的正式司法合作，在这一"自由裁量"的过程中，法律的因素和多种非法律的因素往往都会在被请求国机关反复论证。根据曾作为专家证人参与"远华案"庭审的赵秉志教授介绍，加拿大方面的法律规定和"远华案"的客观犯罪事实并不是当时双方质证的核心问题，核心问题反而是中国的司法制度是否公正，赖昌星遣返回国后是否会遭受酷刑等非法律因素。目前，中国对于潜逃到欧美国家的犯罪嫌疑人，主要还是通过"非法移民和难民"遣返程序，请求相关国家将犯罪嫌疑人予以遣返，而不是运用国际法意义上的引渡程序。目前，联合国主要有3个法律文件涉及偷渡人员的遣返，包括1957年的《国际偷渡公约》、1996年的《防止偷运外国人的措施》和2000年11月《联合国打击跨国有组织犯罪公约关于打击陆、海、空偷运移民的补充议定书》。虽然这些法律文件所涉及的非法移民中不乏刑事外逃人员，但是传统意义上的遣返主要是指"遣返非法移民"。遣返又被称为"事实引渡"，这种模式一般适用于与我国没有签署引渡协议的国家。遣返通常依据的是一国的国内法，不须以双边条约的存在为前提。在目前引渡举步维艰的情形下，采用这种非正式刑事司法合作措施与相关国家开展合作是比较务实的一种选择。一般情况下，外逃人员往往通过非法的途径和渠道出境，且并没有取得所逃往国家合法的永久居留身份，我方只要提供可以证明犯罪嫌疑人不具备合法居留身份或者非法出境方面的证据即可。除"远华案"之外，广东开平余振东案、"百名红通人员"中的杨进军案和李华波案都是我国运用遣返手段成功办理的追逃案件。

作为一种非正式的国际刑事司法合作方式和引渡的替代措施，遣返虽然被我国运用于某些追逃案例之中，但这种个案合作的方式在整个追逃追赃国际合作机制中运用仍较为有限。究其根源，主要有三个方面的原因：首先，境外追逃案件中遣返大多存在于个案合作，具有很多的不确定性，而且在很大程度上取决于移民法院法官的内心确信和"自由裁量"。其次，决定遣返与否在一定程度上有赖于对方国家对我国的合作态度是否积极。不少西方国家对中国的法治状况缺乏信任和认同，一些外国法官对中国的法律和司法实践缺乏了解，有时甚至存有误解和偏见，这些无疑会导致他国作出不予遣返的判决。再次，各国移民法的规定千差万别，不同国家的法律在适用程序、证据要求各方面都存在差异，因此拥有熟知对方法律知识的专业人才是大范围适用遣返措施的基本前提。目前，我国职务犯罪防控国际合作机构中的专业人才尤其是精通各国移民法律的人才非常缺乏，短期内这种情况不会有太大改观。因此，实践中这种追逃方式的运用较为有限。

（三）引渡手段的长期缺位

理论上的引渡，是指依据引渡条约、公约或互惠原则，将逃往国外的犯罪嫌疑人移交本国处罚的国际司法合作活动。作为国际刑事司法协助中历史最悠久的合作方式，引渡本应是世界各国打击国际犯罪和跨国犯罪最有效的手段。但是在我国的职务犯罪防控国际合作中，引渡请求被外国司法机关拖延、搁置甚至拒绝的案例不胜枚举，高成本低收益的问题致使原本最有效的引渡反而变成了较少使用的追逃方式。

制约我国引渡手段广泛使用的最主要原因在于，我国同世界大多数国家没有引渡条约，尤其是腐败分子青睐的发达国家。尚未与外逃分子逃往的主要目的地国家签订引渡条约的现实，大大限制了职务犯罪防控国际合作的拓展空间。以美国为例，目前中美两国开展国际刑事司法合作所依据的基本法律文件就是2000年签署的《中华人民共和国政府和美利坚合众国政府关于刑事司法协助的协定》（以下简称《中美刑事司法协助协定》）。然而，该协定的互助范围只涉及送达文书和物证书证、安排人员作证或协助调查、查找辨别人员，执行"查、扣、冻"等一般刑事司法协助，并不涉及广义上更多的国际合作方式。以澳大利亚为例，中澳早在2007年签署的双边引渡条约至今尚未被澳大利亚国会通过，因此该条约也一直没有生效。在2016年中加双方发表《联合声明》提及引渡问题时，加方的态度非常坚决，即中加签署引渡条约，还有相当漫长的过程。此外，"条约前置主义"也是横亘在我国与一些国家之间的合作障碍。在引渡职务犯罪嫌疑人的问题上，美国和加拿大等很多西方国家都是奉行"条约前置主义"的国家，即提供引渡合作的前提条件必须是两国签署了双边引渡条约。由于缺乏法律依据和硬性标准，我国与这些国家开展引渡合作举步维艰，这对于我国追逃前往欧美国家的职务犯罪分子是极为不利的。虽然在避免"条约前置主义"这一问题上，《联合国反腐败公约》给出了变通的解决方案，① 但是《联合国反腐败公约》对"条约前置主义"的国家并不具有当然的约束力，各国仍然可以依据国家主权原则拒绝开展引渡合作。

在国际刑事司法合作的过程中，引渡始终是个绕不开的话题。我国引渡制度起步较晚，后续我国必须逐步完善现有的引渡体系，以建立长效的职务犯罪防控国际合作机制。

（四）境外缉捕的应用有限

在我国境外追逃合作实践中，缉捕到案也是一种极为有效的措施。但是境外缉捕逃犯涉及跨法域合作的问题，不能直接在他国实

---

① 《联合国反腐败公约》第44条第5款。

施。因此，境外缉捕除了我方执法人员的努力之外，还需要对方提供充分的支持与配合。从目前的案例来看，缉捕手段适用的国家和地区大都同我国具有良好的外交关系和稳定的司法合作关系。以赵汝恒案为例，赵汝恒出逃前系山东省惠民县鲁洁纺织有限公司董事长，涉嫌非法吸收公众存款、非法侵占公司资产，涉案金额巨大。2012 年 9 月赵汝恒外逃至非洲加纳共和国，通过频繁变换住址和联系方式，赵汝恒曾先后 7 次逃脱加纳警方的抓捕和法律制裁。2014 年，国际刑警组织对其发布红色通缉令。最终在中国、加纳两国司法执法和外交部门的密切配合下，我国于 2015 年将赵汝恒成功缉捕并押解回国。

从适用地域来看，缉捕手段大多适用于同我国交往密切的亚洲、非洲发展中国家和地区，而非法制较为健全的发达国家。其中原因不难理解，这些国家和地区同我国交往密切而且本国法治发展程度并不高，所以对两国联合执法具有较高的积极性和认可度。相反，在一些法治化程度比较高的发达国家，调查取证、证据的证明力等方面均有严格的程序和标准，我国要想取得这些国家的支持进行境外缉捕是一件非常困难的事情。即使在一体化程度较高的欧盟，成员国之间的执法合作仍然障碍重重。两国之间的互信是开展国际合作的前提，职务犯罪领域国际合作的开展实际上就是双方法律的一次对话，尤其是在全球治理法治化趋势的当下，这种对话顺畅与否取决于双方对彼此法律制度的认同程度。国家间政治制度、法律体系和司法制度不同，法治发展程度不一，加之境外执法合作需要动用他国司法资源，此种情况下国家之间的互信尤其重要。因此，可以预见短时期内境外执法的使用率不会太高。

六、腐败资产追回的司法合作不畅

（一）对腐败资产的认定和证明难度较大

实践中，大多腐败分子都会通过很多复杂而又隐秘的手段，如洗钱、虚假投资、利用离岸公司账户或非居民账户协助转移、在境外成立空壳公司、多账户资金跳转等,将腐败犯罪所得及其收益转移至境外,有的甚至直接在海外账户收受贿赂。这样转移至境外的腐败资产往往披着合法的外衣,查证起来比较困难。实践中,我国办案机关很难向资产流入国证实这些"漂白"后资产的数额、去向和违法性。冻结、限制、没收财产要求控方证明犯罪行为与被限制财产存在关联,而实践中腐败资产的形态往往不断变化,有时甚至与犯罪者本人或善意第三人的合法财产混合在一起,若想达到证明这种关联所需要的证明标准通常很难。如果我方不能提供充足的证据证实涉案资产的违法性,那么就无法得到资产流入国司法机关的支持,腐败资产的追缴将会变得非常困难。正因为如此,国外司法机关基本上不承认、执行我国的没收财产裁决。即使是没收个人部分财产,如果该财产与案件无关或者并非腐败犯罪所得,那么这种没收财产的裁决就会被搁置甚至拒绝。事实上,外逃的腐败分子也会想方设法向外国司法机关证明涉案财产不属于违法所得,从而增大了追缴腐败资产的难度。

(二)尚未确立对域外刑事裁判的承认与执行制度

外国刑事裁判的承认与执行和被判刑人移管是两个不同的概念。被判刑人移管(Transfer of Sentenced Person)是指在涉外案件中,为实现管辖权冲突的调和,保证被判刑人在熟悉的环境中服刑改造、重返社会,由判决国作出判决后将囚犯移交给执行国行刑监管的一种制度。作为一种较深层次的国际刑事司法合作,该制度具有不可比拟的优越性,近年来发展速度也很快。2018年的《国际刑事司法协助法》也从立法上认可了这项制度,并用长达12条的篇幅详细规定了被判刑人移管的适用条件、具体程序等,相信这一制度在今后的国际司法合作中会发挥更大效用。从严格意义上来讲,被判刑人移管与相互承认和执行外国刑事裁判有着根本区别。两者虽然都是独立的司法协助措施,但前者只是一个下位概念,而后者意味着主权国家承认另一成员国司法机关的判决。在国际追赃中两种措施不能互相取代。

首先，长久以来，我国司法界存在一种观念，认为司法权作为国家主权的一部分是神圣不可让渡的。但随着时代的发展，不可避免地需要主权国家对自身的部分权利进行让渡。我国腐败分子违法所得的主要流入地集中在美国、加拿大、澳大利亚等国，目前这些国家都已经建立了承认和执行外国刑事裁决的制度。在此背景下，承认执行外国刑事判决制度的缺位严重影响了我国境外追赃工作的开展。中国司法机关很难通过承认和执行外国法院"没收令"的方式协助他国追缴在我国的违法资产，按照对等原则，我国法院针对境外违法资产作出的没收裁决也很有可能在外国遭到搁置甚至拒绝。

其次，"一事不再理"原则作为一项古老的诉讼原则延续至今，是国际刑事司法实践所确立和普遍遵守的一项原则。它的核心价值建立于人权保护的基础之上，避免行为人因同一行为遭受两次以上的刑罚威胁。这一原则在英美法系中被称为"禁止双重危险"原则，也就是说犯罪嫌疑人不能因为同一个犯罪行为受到两次追诉。在《欧盟成员国间引渡公约》中，也有关于"一案不二理"（Non bis in idem）原则的规定。但是依照我国现行《刑法》的规定，我国并不排除对已经受到外国刑事追诉或刑罚执行的行为人再次进行审判的可能性，这一点显然与"一事不再理"的原则相违背，不利于我国职务犯罪防控国际合作的开展。为了加强与缔约国之间的国际司法合作，推动"一事不再理"原则在国际刑事司法协助领域的贯彻，我国有必要建立承认和执行外国刑事裁决的机制。

最后，《联合国反腐败公约》第45条规定了腐败案件"被判刑人的移管"制度，该制度要求在满足一定条件的情况下，一国可以根据他国的刑事判决接受被判刑人回国（通常是被移管人的国籍国）继续服刑。这一制度从某种意义上讲也涉及了对外国刑事判决的承认与执行。我国虽然与部分国家签订了被判刑人移管的相关条约，也在《国际刑事司法协助法》中确立了被判刑人移管制度，但这一制度毕竟只是对外国刑事裁判的执行方式之一，并不能代表对外国刑事裁判的承认。迄今为止，我国并没有任何条约中明确涉及对外国刑事裁判的承认与执行问题,最终出台的《国际刑事司法协助法》也删除了这项制度。国内法和国际条约的缺失,继续限制了我国国际司法合作的开展。

从历史上看,各国都把刑事裁判看作国家主权的行使,因此拒绝承认外国的刑事裁判。目前我国对外国裁判的承认与执行也仅限于民事领域,现行的《民事诉讼法》中包含关于承认和执行外国民事裁决和仲裁裁决的专章,① 国内立法和国际条约中均没有关于承认和执行外国刑事裁判方面的规定。从《刑法》第10条的规定可以看出,我国对外国刑事判决采取的是"事实承认"的态度,即虽然否认外国刑事判决的效力,但对于已经被执行的部分刑罚予以减轻或者免除。② 随着形势的发展,这样的立法模式已经不能适应主权国家间开展刑事司法合作、共同打击腐败犯罪的要求。在履行协助腐败资产追回的条约义务时,对属于外国流入我国的腐败资产,司法机关不能通过承认外国裁判协助追缴在中国境内发现的资产。根据对等原则,如果我国主管机关不能承认和执行外国的刑事没收裁决,对方很可能也会以不符合互惠原则为由拒绝承认和执行我国的刑事没收裁决。

(三)我国还未建立细化合理的资产分享机制

追缴资产的分享机制,又称"被没收的资产分享",这种机制一般是按照犯罪资产流出国和流入国之间的特定条约和协定进行,包括签署双边条约和临时个案协商两种情形。分享惯例是在优先赔偿被害人或返还原合法所有人、善意第三人以及扣除司法协助的合理费用之后,再把剩余的净资产根据合作贡献,按比例进行分割。资产分享制度最早出现于1988年《联合国禁止非法贩运麻醉药品和精神药物公约》,尽管这项分享制度的规定仅限于毒品犯罪收益,

---

① 《中华人民共和国民事诉讼法》第二十七章。
② 黄伯青:《试论附条件地承认和执行外国的刑事判决——以我国刑法第10条为视角》,载《社会科学》2008年第9期,第95页。

但却创设了追缴违法所得资产分享制度。之后的《联合国打击跨国有组织犯罪公约》《联合国反腐败公约》《美洲反腐败公约》中也规定了类似的资产分享条款。在这些条约中,以《联合国反腐败公约》中倡议的资产分享机制最具有代表性。《联合国反腐败公约》在坚持扣除侦查、起诉或者审判等环节合理费用的前提下,提出了缔约国可根据实际情况就所没收财产的最后处分制定个性化方案的倡议。这一新的思路体现了《联合国反腐败公约》在尊重各国主权的同时,对腐败资产的处置秉持着一种更为开放的态度,可见,《联合国反腐败公约》已经就请求国和被请求国之间的资产分享机制进行了初步的探讨。

近年来,对没收的犯罪所得进行分享日益成为一种趋势。这项原则不仅在国际公约中得到了明确认可,在许多国家的司法实践中也得到了推广和运用。据统计,美国司法部已经用分享犯罪所得的方式从世界多个国家和地区得到了被追缴的资金。[①] 迄今为止,我国已加入了不少写有分享内容的国际公约,国内法中也出现了类似资产分享的规定,如 2008 年施行的《中华人民共和国禁毒法》中就有此类规定[②]。2016 年我国与加拿大签署的《中华人民共和国政府和加拿大政府关于分享和返还被追缴资产的协定》,是我国与外国签署的第一个有关分享和返还被追缴资产的条约。该协定在《中华人民共和国和加拿大关于刑事司法协助的条约》的基础上对两国的犯罪资产分享作了明确,对查找、移交赃款赃物的规定进行了细化和补充,是两国在资产追缴领域合作的重要成果。

目前,我国在追回境外腐败犯罪资产的立场上一直是坚持国家财产豁免原则,拒绝和其他国家分享这部分财产。但是,随着反腐国际合作的发展,这种情况正在发生改变。一方面,我国加入了《联合国反腐败公约》等诸多含有资产分享机制的国际条约,近年

[①] 黄风:《国际刑事司法合作的规则与实践》,北京大学出版社 2008 年版,第 169 页。

[②] 《中华人民共和国禁毒法》第 57 条。

来在个案合作中与一些国家也进行了资产分享的实践，追回了大部分涉案的腐败资产；另一方面，我国在国内法中明确了资产分享的原则。当前我国的腐败资产分享还缺乏细化的分享比例和后续的配套措施，确立科学务实的分享机制对于开展反腐败国际司法合作具有非常积极的意义：

其一，资产分享能有效提高境外追赃的效率。从反腐国际合作的经验来看，追回转移到境外的腐败资产，离不开资产流入国的配合和支持。虽然《联合国反腐败公约》明确要求缔约国在资产追回方面相互提供最广泛的合作和协助，但实践中各国对于《联合国反腐败公约》中的规定与要求并未有效落实和履行，导致核心国际公约的应用率较低。造成这种现状的重要因素便是追赃可能会带来资产流入国和流出国之间的经济利益冲突。对于赃款流入国来说，他国流入的巨额资金在本国经济建设中发挥了重要作用，在全球经济疲软、经济增速放缓的大背景下，尽管各国都不愿成为他国犯罪分子的"避罪天堂"，但也都不排斥他国资金的流入。若将流入本国的资产返还给资产流出国，无疑会给资产流入国的经济发展、招商引资等方面带来一定的负面影响。基于此种原因，资产流入国配合流出国追赃的积极性和动力就会大打折扣，影响了反腐国际追赃的效果。因此，按照资产流入国在追赃工作中的贡献给予一定比例的回报，有助于调动其配合追赃的积极性，提高境外追赃的效率。

其二，资产分享能更有效地打击犯罪。在全球化时代，犯罪跨越疆界也日益全球化。犯罪人员的外逃和犯罪资金的外流，不仅对我国的经济建设造成严重的损害，而且直接冲击我国的司法权威和社会公平正义。一些出逃到境外的犯罪分子长时间逃避法律的制裁，凭借违法所得过着优裕、安逸的生活。如果能有效、快捷地追回其违法所得，就能够剥夺其优越生活的物质基础，从而促使这些处于经济窘境的犯罪嫌疑人、被告人回国自首或迫使对方国家将其遣返、引渡。根据各国有关外国人居留的法律规定，如果外国人没有相应的经济担保或经济条件，就不会获得延长签证或居留的许可，那么该外国人就可能面临着被遣返或者引渡的命运。从这个意义上来看，追赃在很大程度上可以促进追逃，通过资产分享机制追赃对于那些外逃腐败分子或者企图转移资产的腐败分子都是一种强大的心理震慑，能够达到对腐败犯罪"一般预防"和"个别预防"的效果。

其三，创新国际刑事司法协助机制，能够最大限度地维护国家利益。将转移到境外的犯罪所得全部追回固然是最佳结果，但目前的情形是，不仅没有全部追回的先例，相反，我国的境外追赃工作可以用举步维艰来形容。近些年来由于诸多因素的掣肘，我国境外追赃工作虽然取得了可喜的成绩，但是与新时期党和政府的要求以及广大群众的期盼尚有较大差距。根据相关数据，全球范围内转移至境外的中国腐败资产只有很小的一部分被返还给了我国。在原中央纪委监察部举办的新闻发布会上，时任中央纪委副书记、原监察部部长黄树贤透露：2014 年我国海外追逃 500 多人，而海外追赃才 30 多亿元。[①] 在境外追赃问题上，我国一贯坚持全部追回的原则，但在实际操作中，因为资产流入国的原因而未能奏效的情况比比皆是。对于没有合法所有人的境外腐败资产，通常是由资产所在地国予以没收后自行处置或者上交国库，这对我国国家利益的维护是极其不利的。考察世界上其他国家在这一问题上的态度，我们发现很多发达国家基本都建立了资产分享制度，而且取得了较好的效果。我们完全可以借鉴这一做法，构建科学、务实的资产分享机制，最大限度地追回外流的腐败资产。固守传统立场，受害的是国家，获益的是犯罪人，最终国家主权会间接受到损害。

从目前情况来看，无论是国内法抑或我国签署、加入的国际条约，有关资产分享机制的内容多为原则性、概括性规定，故腐败资产分享问题亟待制度化、规范化。2018 年的《国际刑事司法协助法》，是继《引渡法》之后我国司法国际合作领域的又一法治利器，也是我们将制度优势转化为治理效能的具体体现。该法第 49 条对

---

① 《中纪委去年追逃 500 多人追赃 30 多亿元》，载《南方日报》2015 年 3 月 19 日。

中国国际司法合作中的资产分享制度作出了规定，遗憾的是，该条虽然确定了关于腐败资产分享的概括性原则，对于资产分享的具体范围、具体数额或比例大小并没有进一步的规定，因此有必要予以细化。在国际上，资产分享制度早已成为很多发达国家破除合作壁垒的重要手段，不少国家有成功的做法和成熟的制度，这无疑为我国提供了有益的范例。随着反腐合作的纵深发展，我国有必要在这一问题上作出细化的规定，以增进国际社会在打击腐败犯罪方面的合作。

七、合作主体的整体素质有待提高

人民群众既是社会物质财富的创造者，也是社会精神财富的创造者。职务犯罪防控领域的国际合作中，人才是稀缺因素。人民群众中的专业人才是变革社会制度、推动历史发展的重要力量。与境内的腐败治理不同，国际合作离不开与境外司法机关及相关职能部门的支持与配合，同时也涉及一国内部各方面的事项协调与制度完善。就部门分工来看，职务犯罪防控的国际合作涉及中央纪委、最高人民法院、最高人民检察院、国家监察委员会、公安部、司法部、外交部、中国人民银行、涉案地的检察监察机关及相关行政部门等多个机构的职能协调。就法律制度来看，又涉及国际法、刑法、诉讼法、行政法、金融法等不同法律的掌握和应用。合作工作的复杂性决定了合作工作的专业性，能够处理特殊领域复杂案件的专业人才不可或缺。

如果合作队伍缺乏相应的专业技能，那么即使投入大量的人力和物力也将事倍功半，尤其会使得办理一些疑难案件过程中的国际合作效率大打折扣。监察体制改革后，职务犯罪防控国际合作进入深水区和攻坚区。结合下一步的工作需求来说，合作主体能力滞后的原因主要有：第一，职能部门特别是省级以下的职能部门缺乏熟悉国际公约、条约和外国法律制度的专业人才，在对外开展司法执法合作中对请求国的法律制度和法律问题缺乏研究，导致合作工作无法顺利开展,如实践中国内的侦查工作没有做足,证据不充分导致相关请求被搁置,又如递交的请求材料、证据材料不符合国际规范或存在明显漏洞,导致请求被外国主管机关置之不理或者在庭审辩论中被驳回。第二,在就腐败犯罪和洗钱活动开展有效侦查与起诉的过程中,尤其是查明、冻结、扣押犯罪所得以及没收尚未转移出境的财产等方面,相关机关显得力不从心。防范和遏制严重腐败犯罪人员和资金外逃是下一阶段反腐工作的重心,中央纪委国家监委也明确了将持续健全追逃防逃体系建设。如何提升相关人员在打击洗钱犯罪、遏制国家资产外流等方面的办案能力,是新时代职务犯罪防控国际合作的难题。第三,精通外语办案、网络追赃等专业人才数量匮乏,尤其是熟知有关法律的高水平翻译数量太少,网络技术方面的人才缺口更为巨大。在办理职务犯罪案件的国际合作中,往往涉及与境外多个部门的工作对接与情报信息的交流、分析、处理,仅仅依靠现有的办案人员远远不能满足我国日益增长的合作需求。

教育部早在 2011 年就提出"要培养一批具有国际视野、通晓国际规则,能够参与国际法律事务和维护国家利益的涉外法律人才"。① 打造一支专业化的强大队伍是时代发展的要求,也是全球化背景下开展职务犯罪防控国际合作的大势所趋。

---

① 张磊、梁田:《中国刑法域外适用初论》,载王秀梅主编:《反腐败追逃追赃国际合作与企业合规建设》,中国人民公安大学出版社 2023 年版,第 373 页。

第五章
职务犯罪防控领域国际合作之比较研究

中国共产党自诞生起，从不惮于从优秀的文化成果中汲取营养推动自身发展，并结合当代实践回应人类社会面临的新挑战。当代中国发生的伟大变革不是任何其他国家发展模式的翻版，而是由中国社会自身的特点和国情决定的。新时代的职务犯罪防控国际合作工作也不能生搬硬套别国的模式，要坚持以人民的利益为中心，将本国的法律制度、治理模式、方法手段与国际接轨，紧扣新时代的中国实际。我们构建中国特色社会主义的国际合作机制，就是要对世界各国的优秀成果，包括在实践中的有益做法，积极吸收借鉴，坚持古为今用、洋为中用，以我为主、融通中西。纵观我国反腐国际合作存在的问题和原因之后，我们再环视域外相关国家的合作经验并加以分析，对于重构与优化我国反腐国际合作领域的模式，确立科学的合作战略、明确有效的合作路径有着极为重要的意义。

本章主要选取美国、欧盟、新加坡作为研究对象，对其国家或区域内的职务犯罪防控国际合作情况进行梳理，并在此基础上归纳出值得借鉴的经验。

第一节　美国职务犯罪防控的国际合作

美国作为当前世界最大的经济体和发达国家的典型代表，在国内腐败治理和职务犯罪防控国际合作领域都取得了较大成果。美国前司法部长霍尔德曾在全球反腐败论坛上明确表示了美国政府对追逃追赃国际合作的积极态度。由于我国与美国、加拿大等国家至今尚未签署引渡条约，且这些国家往往是腐败分子云集的外逃地，有必要对美国等国家的法律制度和国际合作经验加以研究考察，进而为我国开展职务犯罪防控国际合作提供借鉴。

一、法律上的经验

在《美国法典》第 18 编"犯罪和刑事程序"的第 Ⅱ 部分"刑事程序"中，第 209 章"引渡"的第 3181 条至 3196 条规定了美国政府提供引渡合作的相关事宜（见表 5-1）。其中第 3181 条对引渡的范围和限制作了概括性的描述，美国引渡合作仅限于那些与美国有引渡条约或协议的国家之间，同时也规定了该原则的例外情况。第 3182 条规定的是"从州或地方逃往其他州或地方的逃犯"，第 3183 条规定的是"从州、地方或属地逃往治外法权区域的逃犯"，法律对这两种情形下请求方和被请求方的义务作出了详细的规定。第 3184 条"从外国逃往美国的逃犯"规定了与美国签署有引渡条约或者存在引渡公约的国家向美国提出引渡逃犯的情形。第 3185 条"从美国控制国逃往美国的逃犯"则规定了在美国控制下的任何国家或地方，犯有谋杀、伪造变造货币、贪污侵占公共资金等 16 种犯罪的任何人逃往美国并被找到后的移交情形。此外，第 3186 条"国务卿移交逃犯"主要针对从外国和美国控制国到美国的逃犯这两种情形下，国务卿签发命令的流程。第 3188 条规定了引渡的时间，第 3189 条和 3190 条规定了引渡的听证程序。第 3191 条和

3192条侧重对被追诉者和贫困者的人权保护。第3193条规定了委托代表国家的代理人处理引渡事宜的相关权力,最后在3195条对引渡费用及物品的移交作出了安排。

表 5-1　美国引渡法律规则分析

法条	情形	请求方提供	被请求方程序
第3182条	从州或地区逃往其他州或地方的逃犯	起诉书或宣誓书副本(并载犯有叛国罪、重罪或其他罪说明)	1. 州长或总裁判官确认真实无误。 2. 执行机关将其逮捕或令其提供担保并通知请求地执行机关或执行机关代理人接收该逃犯,限期为30日。
第3183条	从州、地区或属地逃往治外法权区域的逃犯	起诉书或宣誓书副本(并载犯有叛国罪、重罪或其他罪说明)	1. 长官、首席法官或其他经授权人士证明确实无误; 2. 执行机关将其逮捕或令其执行担保并通知请求地执行机关或执行机关代理人接收该逃犯,限期为3个月。 3. 接收在押逃犯的代理人应有权将其转交给逃离地司法区。
第3184条	从外国逃往美国的逃犯	双边或多边条约要求的文件	1. 执行机关签发羁押令并将其带到法官面前,便于对其有罪证据进行听取和审议,在移交之前应当将该人羁押在适当的监狱。 2. 听证后,如果法官认为有足够证据证实犯罪,则向国务卿证明。 3. 国务卿应外国政府有关当局的要求签发移交令,以便将被控告人移交给该外国政府。

续表

法条	情形	请求方提供	被请求方程序
第3185条	从美国控制国逃往美国的逃犯	控制该外国或领土的军事长官或其他行政长官的书面请求（逃犯实施了法律规定的16种犯罪）	1. 如果被找到应当立即由美国机关逮捕和羁押。 2. 任何被指控犯有政治罪的人，不得引渡或遣返。 3. 如果美国国务卿下令引渡或遣返此类人员，则应将其送回并移交给控制该外国国家或领土的当局，而该当局应确保此类人员得到公正和公平的审判。

综上，美国引渡法律规则的特征在于：第一，原则上以美国与该外国政府签署了双边或多边条约或参加同一公约为前提，否则不予引渡；例外为外国政府有证据证明该人在美国境内对非美国国民进行暴力犯罪、非政治性犯罪。第二，原则上美国国民不予引渡，例外为其他国家要求引渡且条约或公约的其他条件得到满足时，国务卿可以命令引渡。第三，由于美国是联邦制国家，情况较为复杂，有联邦、州、地方及治外法权国家或地方甚至美国控制国之分，在不同区域引渡的要求是不同的，所需要的法律文件、证据资料以及具体程序都是有区别的。第四，设有专门的代理人完成引渡事宜，其拥有司法官的一切权力。也就是说，美国在引渡问题上奉行的是条约前置主义，存在双边引渡条约或公约是进行国际合作的前提。美国对引渡请求的审查采取的是由司法审查到行政审查的双重模式，即先由法院的法官或被授权的治安法官进行司法审查，再由国务卿决定是否引渡。司法审查侧重于对法律文件、手续和证据的审查，而行政审查更侧重于判断引渡是否会带来不公正待遇等。[①] 这一点与我国的引渡审查有着很大不同，我国对于引渡请求的审查

---

① 董书丽：《美国引渡司法审查制度简况》，载《中国司法》2011年第3期.

虽然也是双重审查模式，但我国的行政审查更侧重于形式方面，不具有实质否定司法审查的功能。

除了国内关于引渡的法律制度之外，美国还与世界多个国家和地区签署了100多项引渡条约，地域涵盖了美洲、欧洲和亚洲的诸多国家以及我国的香港特别行政区。从美国与多个国家和地区签署的引渡条约或引渡协议来看，通常都是在遵循了国内引渡立法的基础上，确立了条约前置原则、双重犯罪原则、政治犯不引渡原则等，然后对双方引渡合作的主管机关、程序、材料要求以及后期费用成本等事宜进行了全面的规定。分析美国与其他国家签署条约的风格，可以为后期我国与之签署引渡条约提供法律上的借鉴。

二、执法司法手段的多元化

除了引渡这种传统手段之外，美国开展职务犯罪防控国际合作的方式还有刑事司法协作和各种执法合作手段。

首先，可以是非正式的、在跨国执法机构之间展开的业务协作。美国政府可以为他国执法部门提供包括证人证言采集、视频监控、公共记录搜索、公开文档提取等一系列日常调查方面的协助。这一操作主要是通过"案件主办机构—本国外事部门—美国驻在机构—美国对应协作单位"这一联络路径来实现非正式请求的提出和回应。另外，也可以通过国际刑警组织以及美国司法部内设的专门机构作为中介进行。

另外，美国参与了一系列国际性执法机构协作网络，其中有相当一部分是以跨境反腐及追赃为主要工作内容的。比如，卡姆登跨机构追赃协作组织（Camden Asset Recovery Inter-Agency Network）以及国际刑警组织支持下的全球反腐败和资产追回协调中心网络计划（the Global Focal Point Network on Anti-Corruption and Asset Recovery）等，均可以为各国政府与美国政府间的非正式调查协作提供沟通与协调的途径。

除此之外，调查协助与司法互助还可以通过正式途径展开。美国政府承认与其签订了双边司法合作协议或者来自其加入的有关多边国际公约（如《联合国反腐败公约》）的国家政府向其正式提出的司法协助请求（Mutual Legal Assistance Request，简称 MLA），并可在这类正式请求的基础上向请求国提供司法协助。对于未与其签订司法合作协议的国家政府，当收到对方发出司法协助函时，则会以"一事一议"的原则，审查并酌情提供司法协助。正式司法互助请求同时还是执行境外禁制令或没收裁决的必要条件。美国政府负责处理正式司法互助请求的主管机构是司法部刑事司国际事务处（Department of Justice，Criminal Division，Office of International Affairs，简称 OIA）。所有向美国政府提出的司法互助请求均由 OIA 根据美国与请求国之间的双（多）边协议有关规定及美国有关国内法作出处理决定。作为处理司法协助请求的第一责任机关，OIA 负责协调请求国司法机关与美国国内对应司法部门之间的合作，确保互助请求事项之履行。另外，OIA 也会向外国政府有关部门提供关于如何起草司法互助请求书文本的指导。根据这类协议的一般规定，正式提出的司法互助请求必须包含以下信息：

（1）请求所依据的协议或公约名称；

（2）负责案件侦查或检控的司法机关；

（3）案件事实的简要介绍；

（4）侦查与检控（包括可能刑罚）所依据的法律条文；

（5）对所请求之协助事项的说明以及该事项与该引渡请求之刑事侦查或检控程序之相关性；

（6）保密、加急等特殊要求及其理由。

三、注重合作的信息情报建设

在 20 世纪末，在打击经济犯罪国际合作中还出现了一个非正式的专业机制，即各国执法机构内部的金融情报机构（Financial Intelligence Unit，FIU）通过其非正式的国际合作平台"埃格蒙特集团"（Egmont Group）实现对经济犯罪情报的共享及互助协作。

截至 2023 年 12 月,埃格蒙特集团在全世界共有 170 个 FIU 成员,美国政府内部 FIU 被称为金融犯罪执法网络(the Financial Crimes Enforcement Network,简称 FinCEN)。作为埃格蒙特集团的成员之一,在美国国内法允许的限度内,FinCEN 有义务向所有成员 FIU 共享用于支持打击包括腐败犯罪、恐怖主义的金融情报。这类情报主要包括:银行账户信息、跨境现金转账信息、犯罪人财务信息以及其他可能在公共记录中获取的有关信息。近年来这条渠道成为美国政府向他国提供反腐追赃调查协作事务中日益重要的渠道。

在犯罪金融情报信息共享方面,外国政府还可以通过一个被称为"314(a)请求书"的程序,向 FinCEN 发起诸如财产追踪、账户识别等方面的信息搜集协助请求。在收到有效的 314(a)请求书后,FinCEN 有义务在其信息库中展开搜索,以查明某个金融机构是否为有犯罪嫌疑的个人、公司或组织提供了大额洗钱服务。要发起 314(a)请求,国外执法机构需要向美国政府的执法外联机构提交一份 314(a)请求验证表及其相应的信息附件。为了支持相关调查之展开,FinCEN 需要请求机关提供财务档案来说明案件的规模及影响,主要包括:涉及金额之大小,所涉犯罪行为之严重性,有无有组织犯罪参与,是否涉及跨区域资金流转,以及其他可以用于判断洗钱活动规模的资料,等。此外,提出 314(a)请求的司法机关还需要证明所请求的金融信息无法通过传统的侦查和情报分析手段获取。

第二节 欧盟职务犯罪防控的国际合作

一、主体配置健全

欧盟作为欧洲一体化的重要载体,其在打击跨国犯罪(包括腐败犯罪)方面的先进经验一直是世界各国学习的模板。在欧盟内部，各国为开展广泛而高效的执法和司法合作，建立了一整套完备的组织结构体系，其中最具有典型性的有欧洲警察署、欧洲检察官组织和欧洲检察官办公室等。

欧洲警察署起源于 1993 年组建的欧洲警察署禁毒部（Europol Drugs Unit，EDU），于 1994 年 1 月正式开始运作，是欧盟非常重要的执法机构之一。该机构设立的初衷是帮助成员国警察开展刑事侦查，早期案件管辖范围只涉及跨国毒品案件，随后扩大到恐怖主义案件、机动车犯罪案件和有组织犯罪案件等。在职能设置方面，欧洲警察署通过加强与成员国警察机构、其他执法机构间的相互合作，预防和打击严重的国际犯罪，包括恐怖主义、国际贩毒、洗钱、有组织欺诈、伪造货币和贩卖人口等犯罪。根据《欧洲联盟条约》第 K.3 条制定的《欧洲警察署公约》，具体规定了欧洲警察署的性质以及运行机制。根据该公约，每个成员国需要成立一个国家小组来加强国内主管机关与欧洲警察署之间的联系，并且每个国家小组都要派至少一名联络官到欧洲警察署总部以便更好地进行信息的交流与传递。

欧洲检察官组织和欧洲警察署的管辖范围基本吻合。欧洲检察官组织的任务源于《欧洲联盟运作条约》的规定。根据其中第 85 条第 1 款的规定，该组织的首要任务是在打击涉及两国或多国严重犯罪领域，支持和加强各个成员国侦查、起诉机构之间的协调与合作。职责包括：要求成员国主管机关开展针对特别犯罪的侦查、起诉；协调成员国开展的侦查和起诉事项；加强司法合作，协调各国开展追逃追赃行动。可见，欧洲检察官组织和欧洲警察署均是侧重于服务或协调功能的机构，由于其缺乏实质性权利，在具体的执法过程中会受到一定的限制。

由于欧洲警察署和欧洲检察官组织都不是执法型机构，在侦查、起诉或追逃追赃过程中缺乏实质的执行权，迫切需要设立一个强有力的组织统筹各成员国之间的合作。在此背景下，欧洲检察官办公室应运而生。该实体是欧盟成员国间开展追逃追赃的法律工具主体，拥有侦查权和审查起诉权。自从欧洲检察官办公室设立以来，欧盟内部相继推出了著名的逮捕令和证据令，欧洲刑事法有了长足的进步。欧盟法与成员国国内法之间相互协调、互相融合，欧洲刑事法正在向一体化的方向逐步进化。

此外，欧盟联合侦查小组（Joint Investigation Teams，JIT，又译为"联合侦缉队""联合侦查组"等）是欧盟为加大打击犯罪力度、加强联合侦查成立的一种组织形式，也是跨国警务合作和刑事司法合作的一种特殊方式。

二、法律体系完备

关于引渡事项，欧盟体系内先后签订了《欧洲引渡公约》（1957年）、《欧洲引渡公约附加议定书》（1975年）、《欧洲引渡公约第二附加议定书》（1978年）、《欧盟成员国间简易引渡程序公约》（1995年）、《欧盟成员国间引渡公约》（1996年）。其中，《欧洲引渡公约》是欧洲理事会成员国之间关于国际刑事司法协助最早的公约，此后的《欧盟成员国间引渡公约》是对该公约的补充和完善。《欧盟成员国间简易引渡程序公约》主要是针对实践中成员国之间引渡时间过长而签订的，有效地简化了引渡程序，提高了引渡的效率。故《欧洲引渡公约》最大的价值在于废止了欧洲各国之前的双边或多边引渡条约，将之前各国繁多的引渡条约加以规范，并且规定了将来缔约各国只能在《欧洲引渡公约》的基础上，"为补充本公约的规定或为更好适用本公约的诸原则而缔结两国间或多国间的条约"。[①] 该公约起到总领的作用，作为将来各国签订引渡协议的根基，对于欧盟成员国间统一引渡的范围与程序具有重大的意义，推动了欧洲引渡的一体化进程。

此外，在刑事司法协助方面，欧盟各成员国间签有《欧洲刑事司法协助公约》《欧洲刑事司法公约附加议定书》和《欧洲刑事司法公约第二附加议定书》，并于2000年和2001年签订了《欧盟成

---

① [韩] 李万熙：《引渡与国际法》，马相哲译，法律出版社2002年版，第10页。

员国间刑事司法协助公约》和《欧盟成员国间刑事司法协助公约议定书》。在刑事诉讼移管方面，各国签署了《欧洲刑事诉讼移管公约》。在移交被判刑人方面，先后缔结了《移交被判刑人公约》以及《移交被判刑人公约附加议定书》。

以上这些公约和议定书构建了欧盟体系内完整的关于司法合作的法律框架，为成员国之间开展联合侦查、打击跨境犯罪提供了坚实的法律基础。

三、程序保障齐全

首先，关于引渡的相关规定。为顺应时代的发展，欧盟成员国内部通过不断调整相关法律，为引渡和刑事司法协助的开展提供了程序保障。基于《欧洲引渡公约》的规定，欧盟成员国内部在引渡和临时逮捕方面的程序整体上是受被请求方国家的法律调整，展示出欧盟国家间在开展引渡和刑事司法合作中维护对方的国家主权、尊重对方国家法律的姿态。

之前的《欧洲引渡公约》将"可引渡的犯罪"（extraditable offences）限定为"根据双方法律可受到最长期限至少为 1 年的剥夺自由刑或羁押令或更重刑罚处罚的犯罪"以及特定情形下的 4 个月期限的犯罪。如果引渡请求包含不同的犯罪，而每项犯罪根据请求方和被请求方法律均可受到剥夺自由刑或羁押令的处罚，但其中一些犯罪不符合可被判处的处罚在期限方面的条件，被请求方仍有权针对这些犯罪准予引渡。之后修订的《欧盟成员国间引渡公约》第 2 条"可引渡的犯罪"（extraditable offences）对之前有关刑期标准的规定作了部分修改和完善，① 并规定被请求成员国不得以其法律未规定与请求成员国法律中相同类型的羁押令为由拒绝引渡。整体而言，欧盟国家进一步明确引渡犯罪案件的类型以及对被引渡人的

---

① 对于根据请求成员国法律可受到最长期限至少为 12 个月，和根据被请求成员国法律可受到最长期限至少为 6 个月的剥夺自由刑或羁押令的犯罪，应准予引渡。

最短刑期作出限制，有利于维护各成员国的主权和保障被引渡人的人权。下面本书就欧盟引渡制度中的相关原则做一个简要介绍：

第一，关于双重犯罪原则。双重犯罪原则是国际刑事司法协助的一项重要原则。该原则对"犯罪"与"刑罚"两方面均有一定的要求。一方面，只有请求方和被请求方的国内法同时认定或双方缔约、参加的国际条约均认定该行为是犯罪才可引渡。另一方面，犯罪行为所受到的刑罚处罚必须达到一定刑期以上，换言之，若该犯罪行为受到的刑罚较轻，则不在刑事司法协助之列。在罪名认定上，两大公约均采取了较为开放的态度，即上述的犯罪有可能名称不同，但只要符合或达到被请求国法律中"类似犯罪"的标准就应当根据相关公约准予引渡。并且给予被请求成员国较大的自由裁量权，即由被请求成员国来评估其国内法是否存在与被引渡之罪相类似的犯罪。

第二，关于本国公民不引渡。1957年的《欧洲引渡公约》第6条"国民的引渡"（extradition of nationals）规定缔约方有权拒绝引渡其本国国民。但是，在被请求国决定不引渡本国国民的情况下，为实现两国管辖权之间的衡平，应根据请求方的请求将案件提交相关机关进行诉讼。该条实际上就是国际法中著名的"或引渡或起诉"原则，具体可以表述为被请求国一般应将有罪的个人引渡给请求国进行处罚，否则就应当自己惩罚该犯罪人。1996年的《欧盟成员国间引渡公约》在前面《欧洲引渡公约》的基础上对这一规定作出了重大修改，该公约第7条规定，原则上不得以被请求引渡人是《欧洲引渡公约》第6条意义上的被请求引渡国国民为由拒绝引渡。但同时也对这一规定提出了保留，即成员国可以表示，在被引渡人被判决后必须被遣返回来执行判决。相对于前者来看，后者的意义就是使得欧盟国家在本国国民不引渡这一问题上保持了相同的态度，是消除欧盟成员国之间传统障碍的一大进步。欧盟各成员国基于共同的价值观、相似的文化传统、彼此信任的刑事司法制度给"本国国民不引渡"这一传统原则赋予了时代意义，为其他国家在这一问题上的做法提供了新的思路。

第三，关于死刑犯不引渡。二战后，在全球废除死刑运动的影响下，为了平衡各国差异，欧盟对死刑犯的引渡作了一致的规定。根据1957年的《欧洲引渡公约》第11条"死刑"（capital punishment）规定，原则上认可"死刑不引渡"原则，但是也规定了"死刑不引渡"原则的例外情形，即"除非请求方作出使被请求方认为足够的关于不执行死刑的保证"。这是世界上最早就死刑不引渡原则和不判处死刑承诺进行议定的国际公约。

第四，关于政治犯的引渡。政治犯不引渡是18世纪末法国资产阶级革命之后逐渐形成的一项普遍原则。由于不同国家对于"政治犯"的理解存在差异，所以在具体操作时也会有所争议。《欧洲引渡公约》第3条"政治犯罪"（political offences）规定了政治犯原则上不予引渡的大原则，但是随后的《欧洲引渡公约附加议定书》又对政治犯罪进行了排除性规定。如"在适用政治犯罪相关条款时，有些犯罪不得认定为该犯罪"。考虑到打击恐怖主义犯罪的需要以及对彼此刑事司法制度运作的基本信任，也有国家呼吁重新考虑是否将政治犯罪作为欧盟各成员国拒绝引渡的理由。如早在1973年5月，欧洲理事会磋商大会第25次会议就通过了关于国际恐怖主义的第703（1973）号建议案。该建议案严厉谴责了国际恐怖主义行为，并强烈呼吁理事会部长委员会请求成员国政府特别地对"政治犯罪"的概念确立一个大致统一的定义，以避免危及无辜人生命的恐怖主义行为利用"政治性"的辩解逃避制裁。不无遗憾的是，虽然作出了相关努力，但欧盟国家间对于"政治犯罪"这一术语始终没有普遍接受的定义。因此，在这一问题上只能按照由被请求国进行解释的原则进行处理。

第五，关于刑事司法协助的相关规定。根据1959年签订的《欧洲刑事司法协助公约》，欧盟成员国间开展刑事司法协助的种类主要集中在狭义的刑事司法协助。① 2001年的《欧洲刑事司法协助

---

① 具体包括：执行含有获取证据、移送证据、档案或文件等内容的刑事委托书；送达诉讼文书和司法裁决，传唤证人、鉴定人和受追诉人出庭；送交司法档案；通报刑事诉讼情况；交换司法档案情报。

公约第二附加议定书》继续增加了许多刑事司法协助的行为，如控制下交付（第 18 条）、秘密侦查（第 19 条）、联合侦查小组（第 20 条）等。对于这三种形式的合作，在 2000 年的《欧盟成员国间刑事司法协助公约》中有非常详细的规定。另外，议定书还特别强调，某一成员国主管机关可以是司法机关或中央机关，也可以是警察机构或海关机构，这不影响相互之间的合作；在紧急情况下，任何互助请求还可通过国际刑警组织或欧盟条约中任何有权组织作出。显然，除非被请求方认为执行请求有可能损害本国的主权、安全、公共秩序或者其他基本利益，缔约各方将尽自己最大能力提供最为广泛的司法协助，只须对犯罪的处罚在提出协助请求时属于请求方司法机关的管辖范围。

不论是在引渡还是在刑事司法协助领域，《欧洲刑事司法协助公约》与其他条约、协定的关系总体的原则是适用"公约至上""其他条约补充"。如"缔约方只能为了补充该公约的规定或促进该公约所载原则的适用之目的，在它们之间订立双边或多边协定"。但公约也规定了"特殊情况下的排除适用"原则，"如果两个或数个缔约方根据统一立法或者根据要求在各自境内相互适用司法协助措施的特殊制度实施刑事司法协助，它们可以不顾及本公约的规定，仅根据上述立法或制度调整它们之间的司法协助关系。"公约至上又兼顾灵活的原则有效减少了反腐败合作过程中的阻力，为世界其他国家和地区间开展务实合作提供了范本。

四、特色措施

第一，简易引渡制度。简化引渡程序是各国刑事司法合作的必然趋势。《欧盟成员国间简易引渡程序公约》将简易引渡作为一项法律制度明确规定。简易引渡程序可以视为对前期《欧洲引渡公约》的一个补充，简易引渡程序简化和改进了引渡的程序，节约了引渡的时间，提高了实现刑事诉讼的效率。在引渡实践里，大量案件中的被请求引渡人同意被引渡，但事实却是尽管有被引渡人的同意，中间诸多繁琐的环节导致引渡程序依然持续了很长时间。为了实现刑事诉讼的效率与公正，有必要将引渡所需要的时间和为引渡而进行拘留的时间尽量减少到最低限度。在被引渡人同意引渡的情况下，应尽快将其移交给请求国，否则程序将处于停滞状态，不利于被引渡人权利的保护。基于此，《欧盟成员国间简易引渡程序公约》规定了简易程序的操作：首先，在引渡的适用对象上，仅针对《欧洲引渡公约》第16条中的临时逮捕人员；其次，简易引渡的前提是被逮捕人同意被引渡，在被引渡人同意引渡且被请求国主管机关准许的情况下，无需提交请求书等文件；最后，简易引渡的执行机关，只能是各国专门负责刑事诉讼的机关。

第二，欧洲逮捕令（EAW）。随着欧盟经济一体化发展，成员国内部的商品、人员、资金和服务实现了平等的自由流动，客观上也导致欧洲范围内的跨国境犯罪愈演愈烈。横亘在无形疆界中的各国刑事法律和司法制度之间的差异和传统刑事司法纷繁冗杂的程序，无不影响着对犯罪的打击。早在1999年10月芬兰的坦佩雷会议上，欧洲委员会就重申要以加强司法合作的形式将欧盟打造成一个"自由、安全和公正"的区域，并呼吁废除成员国之间的引渡制度，在承认彼此司法判决的基础上建立一种全新的人员移交制度。在此背景下，欧洲逮捕令应运而生。这种用逮捕令替代传统的引渡方式，用司法审查省掉繁琐的行政审查的方式，成为欧盟司法合作领域的一大特色。欧洲逮捕令的本质是对犯罪嫌疑人的逮捕和移交，依据是《关于欧洲逮捕令和欧盟成员国之间移交程序的框架决定》（简称《框架决定》）。根据《框架决定》，欧盟任一成员国出于追诉或执行刑罚的目的都可以出具欧洲逮捕令，另一成员国司法当局在收到逮捕令后，有义务将其作为紧急事件积极执行。针对逮捕或移交被请求人的请求，被请求国只需进行简单的合法性审查就可以自动执行这一逮捕令，使得引渡程序简化，合作效率也得到很大提升。与此同时，逮捕令对审查的时限和移交的时间也进行了严格限制。自逮捕令制度实施以来，成功地引渡或移交一个罪犯（嫌疑人）已从之前的平均超过9个月减少至40天，若在被告人同意的情况下，甚至在短短的 10 天内就能够完成。显然，随着欧洲逮捕令制度的建立，引渡和移交的效率大大提高。

第三，欧洲证据令（EEW）。欧洲证据令的依据为《为获得刑事司法中使用的物品、文件和数据的欧盟证据令的框架决定》。证据令的本质是一种委托关系，由某一个成员国的主管机关签发，请求在另外一个成员国国内，由该国主管机关协助获取证据。当然，证据令是否能够执行取决于两国是否具有双向良好的司法互信。签发国需要考虑其委托国是否有足够的司法实力和司法资源获取其想要的证据，证据令的委托国也需要评估在调查证据过程中是否有侵犯人权或者损害国家利益的风险。欧盟规定在 32 种特殊犯罪情况下证据令可以突破双重犯罪原则的限制，其中腐败和洗钱犯罪均在这 32 种犯罪之列。这种特殊情况的制度构建为我国开展职务犯罪防控国际合作提供了有益的参考。

第四，欧洲侦查令（EIO）。由于证据令在跨境取证的适用范围、框架等方面有明显的局限性，所以为了进一步促进刑事领域合作的覆盖面，利用新的机制获取更多的证据，侦查令成为一种新的选择。侦查令最先产生于《欧洲联盟运作条约》，是由西班牙等 7 国发起的，由传统的互相协助机制过渡到相互承认机制的司法合作制度。签发侦查令的目的就是动用侦查手段去获取证据，适应打击跨国犯罪的新形势。执行侦查令的过程是比较灵活的，执行机关甚至可以采用侦查令规定范围之外的侦查措施进行侦查活动，但是执行国认为可能损害其国家机密、国家利益的除外。欧洲侦查令很大程度上提升了欧盟刑事取证司法合作的效率，同时也促进了成员国之间取证程序的融合。

第三节　新加坡职务犯罪防控的国际合作

新加坡是举世公认的成功地将腐败抑制在最低限度的国家，也是在"透明国际"的年度清廉指数报告中一直位列亚洲地区第一位的国家。在自治期间和建国之初,新加坡曾经存在大范围的公务员贪污腐败问题,并渗透到社会的各个层面。1959 年以李光耀为首的人民行动党执政后,新加坡在注重整个社会廉政文化建设的基础上,先后颁布了多项廉政和反腐的法律法规。经过几十年的不懈努力,新加坡终于从一个曾经贪腐盛行的国家一跃成为全球最廉洁的国家之一。因为实践中腐败分子外逃的情形较少发生,新加坡在合作中大多是作为职务犯罪防控国际合作的被请求国身份存在,因此在合作中往往处于比较主动的地位。中国在改革之路上,很长一段时间都在政治制度、经济发展模式、城市建设等方面向新加坡学习,新加坡甚至还为我国培养过 1 万多名政府官员。因此,在保持廉洁之风和打击跨国腐败问题上,新加坡经验的确值得我们学习。

一、独立高效的反贪机构

独立、高效的反贪腐机构是新加坡廉政建设的中坚力量。新加坡贪污调查局(CPIB)成立于 1952 年,是根据新加坡《防止贪污法》独立行使肃贪职能的专门机构。它既是行政机构,又是执法机关,直接隶属于新加坡国家最高权力中心总理公署,在人、财、物方面不受其他任何部门的挟制,充分保证了该机构的独立性。贪污调查局调查腐败案件的范围很广,不仅包括政府法定机构和公共服务部门,也包括私营机构。贪污调查局的具体职能是根据调查结果,向总检察署提起腐败案件的诉讼,监督政府部门的工作程序,在需要的情况下提供预防和减少贪污犯罪的方案等。[①] 此外,法律赋予了该机构十分广泛的调查权:贪污调查局有权进入任何部门、机构,要求官员或者雇员提供调查人所需要的任何账目、物品、文件和内部资料;无需检察官的命令就可以行使法律赋予警方的特殊调查权利;有权入室调查和没收被怀疑是赃款、赃物的任何财物;不用逮捕证也可以逮捕与贪腐犯罪有关的任何人,且定罪率高达

---

① 《新加坡反腐败法》编写组编:《新加坡预防腐败法》,王君祥译,中国方正出版社 2013 年版,第 4 页。

98%。在制度设计上,新加坡属于典型的由专门机构独立行使职务犯罪调查权的模式。

二、严密的国内立法

新加坡反腐败立法包括普通法和特别法两大部分,其中普通法主要是指《刑法》和《刑事诉讼法》等普通法律,在特别法中,《预防腐败法》和《没收腐败、贩运毒品和其他严重犯罪所得法》这两部特别法作为专门的刑事法律,其适用范围仅限于构成犯罪的腐败行为。《公务惩戒程序性规则》等特别法则重在打击尚不构成犯罪的腐败行为。总体上看,这三部特别法内容上互相补充和对应,编织了一道严密的反贪法网。

在关于引渡和刑事司法合作等国际合作的国内立法方面,《没收腐败、贩运毒品和其他严重犯罪所得法》规定了专门针对潜逃人员适用的条款,该法第四章第26条、第27条、第28条、第29条分别规定了潜逃人员的范围、潜逃情况下的没收令、在诉讼中死亡的法律效果以及向潜逃者送达文书等事项。在引渡问题上,新加坡是实行较为严格的条约前置主义的国家,与新加坡开展引渡犯罪人的合作必须以与其签署引渡条约为前提。比较特殊的例外情况是与英联邦成员国之间的合作,即新加坡与英联邦成员国之间可以在没有签署引渡条约的情况下开展引渡合作。《引渡法案》(《新加坡共和国法例》第103编44条)还将引渡的情形分为三种情况,除了同英联邦成员国之间的合作外,另外两种情形就是同马来西亚和其他国家的引渡,这三种情形在适用条件上均有一定的差别。除了《引渡法案》外,《刑事协助法案》(《新加坡共和国法例》第190A编)也是新加坡开展职务犯罪防控国际合作工作的重要法律依据,此法案第13条对新加坡向其他国家提出取证、执行没收令协助申请等程序作了详细规定,同时也在第29条至第32条规定了外国向新加坡请求相应事项的条件和程序。这些法律制度互相支撑呼应,共同构成了新加坡政府开展职务犯罪防控国际合作的国内法基础。

三、有效的司法运作

在新加坡，贪污贿赂案件的主控机关是检察公署，与贪污调查局具有一定的制约关系，主要体现在特别调查权的行使须经过检察官的授权，非可逮捕之罪的调查须经过检察官授权，检察官要求贪污调查局的调查权力三个方面。[①] 此外，应由检察官决定或提起诉讼，并享有提取资料权。在反腐败司法合作方面，总检察长可以向他国提出刑事司法协助申请。同样，他国请求新加坡刑事司法协助时，应向总检察长提出申请。

新加坡对贪污贿赂案件的初审管辖权属于地方法庭，但是在追逃追赃方面，新加坡高等法庭负责他国提出的追赃刑事司法协助的登记工作。此外，新加坡对待腐败犯罪采取了特别诉讼制度。相较于其他犯罪，腐败犯罪的调查和取证工作非常困难，为了强化调查部门对腐败犯罪的打击能力，新加坡的相关法律制定了特别诉讼制度。

首先，对腐败犯罪构成实行特殊的推定制度。根据新加坡《预防腐败法》（《新加坡共和国法例》第241编）第24条规定，如果腐败犯罪嫌疑人已经拥有或者正在增加与其收入来源不成比例的财产，而其又不能对该财产或财产的增加作出令人满意的说明，那么法庭可以凭借上述情况指控嫌疑人构成腐败犯罪。此款与我国刑法中的巨额财产来源不明罪非常相似。《没收腐败、贩运毒品和其他严重犯罪所得法》（《新加坡共和国法例》第65A编）在认定被告人犯罪所得范围时也规定了推定制度。根据该法第5条规定，如果有关人员拥有的或者曾在任何一段时间内（无论是1999年9月13日之前或者之后）拥有的财产或者收益与其收入来源不成比例，原则上该人应被推定成立犯罪。第7款规定，"基于第6款之目的，该款所指人员的任何花费（无论是1999年9月13日之前或者之后）应当被推定为是从犯罪所得中支付的。"

[①] 刘守芬、李淳主编：《新加坡廉政法律制度研究》，北京大学出版社2003年版，第173-175页。

其次，对没收潜逃犯罪人的犯罪所得适用有罪推定原则。从程序启动上看，新加坡在《没收腐败、贩运毒品和其他严重犯罪所得法》中明确规定：本着挽回更多国家资产的原则，针对潜逃境外的腐败犯罪分子贪污贿赂所得的利益，国家可以启动违法所得没收程序尽可能地追回财产。具体分为两种情形：如果有充分证据证明在对贪污贿赂犯罪开展调查取证时行为人潜逃的；或者明确被法院判决有罪后行为人失踪的，可以对该犯罪分子的财产直接没收。此款程序与我国的违法所得没收程序非常类似，在亚洲国家中新加坡专门地确立了该程序。

四、与各国的合作渠道

就职务犯罪防控国际合作而言，新加坡虽然是《联合国反腐败公约》和《联合国打击跨国有组织犯罪公约》的缔约国，但是与其他国家签署的双边引渡条约和刑事司法协助条约数量较少。根据新加坡《引渡法案》和《英联邦成员国引渡声明》，新加坡可以和39个英联邦国家开展引渡合作；此外，《刑事诉讼法案》第55条还特别适用于新加坡和文莱之间、新加坡和马来西亚之间的引渡，其中新加坡与马来西亚实行的是"签注逮捕令"（endorsement of warrants）制度。就双边引渡条约而言，目前新加坡与德国、美国等国家和我国香港特别行政区签署的引渡条约已经生效。

新加坡还制定了《刑事司法协助法》，该法律规定即使在没有签订引渡条约的情况下，也可以在平等、互惠的基础上与外国开展司法协助。从维护国家安全的角度出发，新加坡积极同美国和东盟国家之间开展职务犯罪防控国际合作，并且签订了多项双边、多边互助合作协议。其中最典型的国际司法合作条约是包括新加坡在内的八个东盟国家共同签署的东盟《刑事司法协助条约》。该条约是2014年11月在马来西亚吉隆坡召开的第5次东盟司法部长会议上签署的，内容涉及这八个东盟国之间司法协助的范围、程序、合作调查取证、妨碍司法合作的情形以及资产没收等。自条约签署后，首先陆续批准通过的国家有新加坡、马来西亚、越南、文莱以及老挝五国。也就意味着这五个东盟国家之间的刑事司法协助将会依据该条约开展。同时，新加坡还致力于与世界其他国家签订执法合作协议，建立合作沟通平台，开展情报信息交流机制，充分利用非正式渠道开展追逃工作。

第四节　域外国家经验与启示

一、美国模式的经验与启示

首先，国内较为完善的立法是开展引渡以及其他国际合作的基础。美国在与其他国家签署引渡条约或协定时，均严格遵循国内法中的原则，使国内法律与签署的双（多）边条约相互协调、相互促进，必要的时候通过例外规定或者政治外交途径进行灵活调整。通过对美国引渡法律制度的考察，不予引渡和限制引渡的情形并不包括死刑犯。从美国与其他国家签署的引渡条约和协议来看，死刑犯也并不构成绝对不引渡的情形。因此，中美迟迟未签署引渡条约的原因更多侧重于政治因素而非法律因素。对这一问题，我们必须保持客观清醒的认识。短时间内中美签署正式双边引渡条约的可能性仍然不大，我国只有在完善自身反腐败法律制度的基础上，通过发展多元化的执法、司法合作手段加强双方的国际协作，共同打击腐败犯罪。

其次，灵活多元化的措施是美国在开展职务犯罪防控国际合作领域的又一特色。美国与世界各国的引渡和刑事司法协助既可以通过正式途径展开，也有非正式途径的助力。除了签署多部双多边条约外，美国还积极参与了一系列国际性执法机构协作网络，在多种合作平台的加持下，与其他成员国加强合作和打击腐败等跨国犯罪。如中美于 1998 年成立的中美执法合作联合联络小组（JLG），是两国间最重要的反腐败合作机构并且在执法合作方面运行良好,"百名红通人员"中的杨秀珠即是通过两国之间的这种业务协作被追逃回国的。

最后,跨国犯罪的数据情报交换顺畅,信息分享机制成熟。相较于我国而言,美国的数据和情报机制建立较早,在犯罪情报的搜集、整理、分析和运用方面都有比较完善的机制,并取得了显著的成效。当今世界在金融和数字方面是互联的。在反腐败案件侦破的国际合作过程中,各国办案机关准确掌握犯罪数据和情报信息尤为重要。不仅能合理有效配置办案资源,还能进一步拓展本国的情报网络,有利于从整体上控制和打击各类跨国犯罪。目前我国与世界很多国家在打击跨国犯罪方面还没有建成一个共同的情报(案件)信息交换系统、统一的执法机关合作平台,阻碍了新时代国际合作的全面展开。促成这些平台和机制的建立完善、积极加入具有国际影响力的金融情报组织是下一步工作的重要一环。

二、欧盟模式的经验与启示

腐败是一种社会公害,已经是欧盟各国的共识。在这种共识的指导下,欧盟成员国形成了健全的反腐败机构、完备的反腐败法律体系和一体化思维下的"共同司法"模式。这些优秀经验为完善新时代中国特色的职务犯罪防控国际合作机制提供了借鉴。

首先,区域性组织合作机构的建设是欧盟反腐败的一大亮点。欧盟反腐败合作的组织框架大致可以分为欧盟和成员国两个层面,欧盟层面有专门的机构负责协调成员国之间的法律合作,这些机构在加强成员国之间以及欧盟与其他国家之间在侦查、追诉跨国犯罪方面的协调和合作起着非常重要的作用。如著名的欧洲司法网络,按照欧盟法,在欧盟层面设置有司法网办公室(目前位于欧洲检察官组织内部),各成员国向其派驻联络官,各成员国之间也可以相互派驻联络官,旨在实现成员国司法机构之间的直接联系,减少司法合作的壁垒和成本。

在开展职务犯罪防控国际合作过程中，除了完备的内部机构设置之外，与世界各国互派警务联络官、检务联络官及法务参赞也是一种值得借鉴的做法。目前，我国在世界30多个国家派驻了警务联络官，但是大多集中于发展中国家，在派遣警务检务联络官、法务参赞的合作方面还有很大空间。基于此种情况，在响应习近平总书记提出的进一步深化国际执法合作的号召下，我国应围绕美国、加拿大、澳大利亚、新加坡等追逃追赃重点国家，充分运用已经较为成熟的中美、中加执法合作机制，尝试在这些国家设立派驻检察官担任检务或法务参赞的可能。

其次，严密的法律制度是欧盟国家间开展打击跨国犯罪的重要保障。欧盟诸多公约在成员国家间引渡、刑事司法协助等合作方面发挥了非常重要的作用，并且随着实践的发展不断完善、与时俱进。目前，欧盟成员国反腐合作主要集中在前述一系列欧盟刑事司法合作框架和几个以国际公约为主体的法律框架内进行，其中腐败犯罪是这些法律框架中被明确列明的合作领域。这些反腐败法律在打击和预防欧盟内部的腐败犯罪方面发挥了巨大作用：（1）促进各国实体法律规则的统一。从罪名、概念、法律术语等方面对各种腐败犯罪进行统一界定，并要求各成员国将其吸收、内化为国内法，在此基础上开展国家间合作。（2）推动国家间构建完善的合作机制。欧盟成员国之间基于国际合作的公约和法律同样适用于职务犯罪防控国际合作，这些法律在合作过程中的争议解决和执行监督方面都有具体的规定，在跨国侦查取证、逮捕、追缴犯罪所得、判决执行等方面的理念都走在世界前列，这些无疑会推动构建更加完善的合作机制。对我国而言，不论是开展世界范围内的职务犯罪防控国际合作，还是深化区域间的司法执法合作，完备的法律制度都是国家间开展反腐合作的基石。因此，在完善国内立法的同时，还应该积极与相关国家签订双边、多边合作条约，坚持以事实为依据、以法律为准绳，在法治轨道上开展反腐败合作斗争，才能继续保持惩治腐败的高压态势，将反腐事业进行到底。

最后，欧盟内部在司法和执法领域的合作已经基本实现了"去政治化"，走上了"法治化"道路，对一些争议问题也可以尽量通过对话和协商，在互惠的基础上解决。这种一体化思维下的"共同司法"开创了职务犯罪防控国际合作的新局面。对一个超国家机构的政治经济共同体来说，仅仅依靠传统的刑事司法合作来打击和预防犯罪是远远不够的，需要欧盟各国采用更为直接的合作形式，而不仅仅局限于传统引渡和刑事司法手段。在历史文化传统背景和社会价值观念方面，欧盟国家之间具有高度的一致性，这些一致性在推动成员国之间的顺畅合作方面发挥着至关重要的作用。自1957年的《罗马条约》签订以来，欧洲一体化（European Integration）已经有近七十年的历史了。欧洲一体化包括政治一体化、经济一体化、军事一体化、文化一体化、法律一体化等各个方面。《欧洲联盟条约》创建的欧盟"三大支柱"将欧洲一体化的要素简化为三大要素，即经济方面的要素、共同外交与安全方面的要素、司法与内务方面的要素。其中，"第三支柱"（司法与内务方面的要素）就是欧洲"超国家主义"构想下的"共同司法"。在之后签订的《阿姆斯特丹条约》里，欧盟在之前的警务与刑事司法一体化的基础上进一步完善相关事项，逐步将繁琐的"政治"主导程序变成由"司法"主导的程序。[①] 我们在理解欧盟范围内具体制度的同时，可以适当借鉴其司法一体化的理念，重视区域性合作平台的谈判、搭建工作，推动区域性国际合作机制的建设。目前我国在经济领域与"一带一路"国家和地区签署的协议较多，下一步可以在借鉴中国—东盟打击跨国犯罪的多边协商机制和上合组织框架内的司法合作机制经验基础上，用经济合作助力推进"一带一路"国家间政治合作和职务犯罪防控国际合作。

---

① 马贺：《欧盟区域刑事合作进程研究》，上海人民出版社2012年版，第83页。

三、新加坡模式的经验与启示

廉政建设是现代社会治理的大课题。习近平总书记强调，一国的治理体系和治理能力与这个国家的历史传承和文化传统是密切相关的。在这方面，新加坡作为与我国有着共同的儒家文化基础、在防腐治腐方面有着颇多相同或相似之处的发达国家，其反腐过程中建立的一套法律制度体系和运行机制对于我国的腐败治理有着巨大的借鉴意义。

首先，完善法治建设，制定科学严密的腐败治理制度体系。市民社会与人类社会是马克思所指认的两个历史位阶，他在《哥达纲领批判》中特别界定了一个过渡性质的商品社会或者说是市场社会作为共产主义社会的第一阶段，这一社会阶段的特征是以按劳分配为前提并带有它脱胎出来的旧社会的一些痕迹。① 从一个国家的具体历史层面来看，我们所处的社会主义初级阶段与他所界定的这一阶段"具有对应性"。在生产力发展水平和现有物质资料不能满足所有人的需要，国际国内的复杂因素使腐败现象仍有滋生蔓延的土壤的历史过程中，公职人员掌握着一定的社会资源，其腐败的风险系数比普通人更高。鉴于此，建立细致严密、覆盖全面的法律体系可以有效抑制公职人员的腐败动机。

其次，整合国家力量，建立统一高效的反贪机构是成功的又一个重要因素。就国内反腐机构的设置而言，我国自监察体制改革后将各种反腐败资源力量整合，构建形成一个独立统一高效的反腐败机构，此种模式的优势在于最大限度地排除各方面的阻力和干扰，依法独立行使职权以保证腐败治理的公正性和有效性。就职务犯罪防控国际合作而言，我国之前的职务犯罪防控国际合作机构数量较多、职权重叠，难以形成合力。经过监察体制改革整合反腐力量之后，形成了从国家到地方垂直统一领导的体系。但是，这个新组建

---

① 李佃来：《马克思政治哲学与当代中国政治哲学建构》，载《山东社会科学》2017年第12期，第32页。

的机构如何在实践中发挥作用，并与其他国家和地区开展务实有效的国际合作，在我国尚处于摸索阶段。今后，还应当吸收借鉴新加坡的经验，明确各机构的具体职能，加强队伍建设，最大限度保障国际合作卓有成效地开展。

四、总结分析

当今世界之相互依赖关系已渗透到人类生活的各个领域，但要想真正做到"你中有我，我中有你"的程度恐怕尚有时日。合作程度不仅是法律问题，更是政治问题、主权问题。尤其对于一些未签署有关条约和协议的国家之间，政治因素甚至占据主要因素。新时代的职务犯罪防控国际合作是一个庞大的系统工程，需要各国、国际组织在相互尊重对方主权和国家利益的基础上协同发力，以实现最大限度的合作。美国、欧盟和新加坡在职务犯罪防控国际合作领域都有着自身的特色，我们可以结合三地的合作经验进行一个梳理总结，为完善新时代的职务犯罪防控国际合作提供思路。综合来看，拥有完整的法律体系、完备的程序设置、具备特色的追逃追赃措施、健全的主体配置以及各类信息科学技术的运用是域外相关国家职务犯罪防控国际合作的共同优秀经验。如果将这些经验和启示运用到我国新时代的职务犯罪防控国际合作实践中，实际上可以从四个方面来理解：（1）主体配置层面，继续优化国际合作中各个职能部门的任务分工和素质建设；（2）实体层面，完善相关国内立法使之与国际接轨；（3）程序层面，积极构建反腐败司法合作和执法合作的制度、平台；（4）技术层面，跟进国内相关监管措施并畅通跨国犯罪的数据情报渠道。以上四个方面相辅相成，对于构建一个常态化的国际合作工程非常必要。

第六章
职务犯罪防控国际合作的完善路径与策略选择

习近平总书记在纪念马克思诞辰200周年大会上的讲话指出，理论的生命力在于不断创新。① 马克思主义是开放发展的理论，一切从实际出发向来是马克思主义不变的真理。我们构建新时代的长效反腐合作机制，就要在汲取人类优秀文明成果的基础上，立足中国特色社会主义的伟大实践，提出能够解读时代、引领时代的理论和观点。生搬硬套西方腐败治理的模式或者刻意迎合某种所谓"先进"的理论，实质上都是与马克思主义背道而驰的立场。当前，构建中国特色的职务犯罪防控国际合作机制就是在继续坚持马克思主义思想指导地位的前提下，从新时代的实际出发，考虑中国历史与现实国情，本土的政治、经济、文化等背景因素，从基础、实体、程序、技术四个层面对反腐败国际合作提出体现中国风格、中国气派的完善建议，从而为推动构建人类命运共同体、国际反腐新秩序贡献中国方案、中国智慧。

---

① 《习近平在纪念马克思诞辰200周年大会上的讲话》，载《人民日报》2018年5月5日。

第一节　基础层面：优化合作战略及顶层设计

一、坚持中国共产党的领导和人民主体地位

1848年《共产党宣言》的出版，标志着马克思主义政党理论的诞生。《共产党宣言》对无产阶级政党的性质作了经典性的表述："他们没有任何同整个无产阶级的利益不同的利益。"[①] 共产党不是工人阶级的一般阶级组织，而是其最先进的组织，此乃马克思主义政党学说的一条重要原则。以马克思主义为精神指导的中国共产党人始终代表绝大多数劳动人民的利益，自成立之初就把"反腐倡廉"庄严地写在了自己的旗帜上，100多年的党建历史，既是一部带领全国人民解放和发展的历史，也是一部同腐败进行斗争的历史。因此，在治国理政的过程中，坚持党的领导和社会主义制度是一条根本原则。我国的职务犯罪防控国际合作运动是中国共产党带领广大人民群众在长期实践中开展和不断完善的，中国共产党人始终代表着整个运动的利益，党的领导是取得合作胜利、巩固合作成果的政治保证，因此这项工作必须始终坚持党的统一领导。

此外，人民群众是历史的创造者，也是推动反腐败运动的基本力量。党的十八大以来，习近平总书记发表的一系列重要讲话中包含了诸多蕴含人民主体地位的论述。随着新时代社会主要矛盾发生了深刻变化，人民群众对美好生活的向往体现为对公平正义、民主法治和物质文化生活的更高要求。腐败自古就是文明的对立面，新时代人民与各种贪腐行为仍然对立。我国开展的职务犯罪防控国际合作顺应了人民群众的利益需求，将腐败分子缉拿归案并依法惩治，把腐败分子盗窃人民的财产如数追回，每一项都反映人民意志、得到人民拥护。人民是新时代职务犯罪防控国际合作的重要参

[①] 《马克思恩格斯选集》（第1卷），人民出版社2012年版，第285页。

与者和最高裁判者，人民的评价是对我国职务犯罪防控国际合作成效的最终评判。中国特色职务犯罪防控国际合作就是要把以人民为中心的理念融入反腐败的伟大实践，时刻不忘人民的利益和诉求，创新扩大人民参与腐败治理的方式与途径，广泛听取各方面的意见、建议。在前期案件的办理过程中，中央追逃办和相关机关已经积累了丰富的经验，提升了驾驭相关问题的能力。我们有理由相信，在坚持中国共产党领导的前提下，依靠群众组织协调社会多方力量，今后各成员各单位一定会在中外法律对接、司法协助和执法合作深化以及国际舆论支持等方面更上一层楼。

二、营造国际舆论好氛围，引领国际反腐新秩序

长期以来，部分西方国家对我国的反腐败斗争和法治状况充满偏见，针对西方国家的种种偏见和诬蔑，我国利用各种外交机会对一些错误观点给予积极回应，并通过举办各种对话会、吹风会等活动来加强对外宣传。对一些高高在上的西方媒体和政客，让他们摆正心态、丢掉偏见，把更多的时间和精力放在全球腐败治理的合作中去。在追逃追赃的国际合作中，外逃腐败分子往往把自己伪装成所谓政治犯罪的受害者，向相关国家申请政治避难。对此，我们也要善于创新对外宣传的方式，针对世界形势出现的新变化掌握国际舆论的主动权。在目前形势下，就是充分运用中央媒体等舆论力量向世界揭露腐败分子的真面目，向国际社会充分展示我国追逃追赃的道义和法律依据，在国际舆论中发出中国声音、讲好中国故事。

由于西方国家一直在职务犯罪防控国际合作领域中掌握着主导权，在现有合作机制中的影响力显著大于广大发展中国家，双方在国际合作中的地位并不对等。随着发展中国家的政治、经济、文化话语权的不断增强，越来越多的国家主动参与到国际合作理论创新发展的世界大潮中。党的十八大以来，我国加强世界范围内的反腐败多边与双边合作，启动一系列专项行动将一大批外逃的腐败分子缉拿归案，还主动提出一系列职务犯罪防控国际合作的"中国方

案",致力于构建国际反腐新秩序。我国在职务犯罪防控国际合作领域中的艰苦努力和实际成果,充分彰显了党中央"加强国际合作,狠抓追逃追赃"的决心,得到了国际社会和世界各国人民的充分肯定。大道直行天地宽。中国近年来开展国际合作的成功经验,为世界各国开展国际合作贡献了"中国智慧""中国模式"。构建人类命运共同体,和各国人民一道参与全球治理符合世界人民的共同利益,也是马克思主义的国际合作观与时俱进并不断走向成熟的体现。当前,我国正在从国际反腐治理的参与者向新型反腐秩序的构建者转变,我们应当以推动建立全球反腐败新秩序为契机,以习近平新时代中国特色社会主义思想为指导,围绕人类命运共同体理念贯通国际和国内的联动治理,为全球腐败犯罪治理贡献更加清晰的中国方案。

三、科学界定各主体在反腐国际合作中的职能

2018年10月26日,《国际刑事司法协助法》正式出台且生效。该法规定了司法部替代最高人民检察院,作为我国开展刑事司法协助的对外联系机关(即中央机关),主管机关包括国家监察委员会、最高人民法院、最高人民检察院、公安部、国家安全部等部门。随着职务犯罪侦查权从检察机关转隶至监察机关,原检察机关作为职务犯罪国际追逃追赃主管机关的职能也自然转隶。新成立的国家监察机关加入到刑事司法协助的主管机关,与外国有关部门和机构开展职务犯罪防控国际合作和刑事司法协助。

中央机关作为各类司法协助的接受者和处理者,在国际合作中起着桥梁和纽带的作用。监察体制改革前后,监察机关都在反腐国际合作中发挥了不可替代的作用。从"国家预防腐败局"到"中央追逃办"再到"中央纪委国家监委国际合作局",监察机关经历了一系列职能定位的重组和角色转换的变迁。2018年3月《监察法》颁布实施以后,由国家监察委员会统筹和组织协调我国不同部门(最高人民法院、最高人民检察院、公安部、外交部和司法部)与

其他国家、地区、国际组织开展反腐国际交流、国际条约的实施、司法协助、国际追逃追赃等合作工作。自此，清晰地确立了国家监察委员会在反腐国际合作中的中央机关地位。在国家监察委员会的统筹协调下，各部门密切配合开展职务犯罪防控国际合作。其中对嫌疑人的量刑承诺由最高人民法院负责，境外追逃追赃程序中规范性文件的取证工作由最高人民检察院负责，境外工作的外交配合由外交部负责，与国际刑警组织联络协调、开展境外侦查等工作主要由公安部负责，向外国提出司法协助请求主要由司法部负责，反洗钱的调查和监管主要由人民银行负责。在中央追逃办的领导下，多个部门统一协调、密切配合，致力于建立统一高效的协调工作机制。在与地方各级监察委的关系上，根据相关法律，国家监察委员会领导和指挥地方各级监察委办理国际追逃追赃案件。如果监察机关意图对职务犯罪嫌疑人进行调查或者追缴其境外涉案财产，地方各级具体承办案件的监察机关应当向国家监察委员会提出刑事司法合作的请求。国家监察委员会对该请求进行审查后移交给司法部，由司法部作为对外联系机关向国外相关部门提出该协助请求。国家监察委员会根据职务犯罪调查的职能分工，审查办理由司法部转递的外国相关机关提出的刑事司法协助请求，省、市、区三级监察机关作为协助机关，负责执行国家监察委员会交办的外国关于反腐国际合作的具体事宜。

这样的法律制度设计，将会进一步厘清各部门在反腐工作中的职能定位，提升我国在国际反腐败合作中的效率和声望。

四、推动队伍能力现代化建设

新时代的国家治理现代化包括两个方面：治理能力的现代化和治理体系的现代化。其中，职务犯罪防控国际合作队伍的素质不高，无疑会限制我国腐败治理能力的现代化。在实践中，我国主管机关和办案机关的内部人员对警务和刑事司法合作程序及规则了解甚少，缺乏最基本的提出协助请求和准备材料的知识。用英文交流、做笔录，熟悉缔约国或合作国各方的法律、条约和协议内容是主管机关官员必备的技能，而目前可以达到这种合格标准的办案人员少之又少，执法主体素质不高的现象一定程度上制约了国际合作的开展。为确保国际合作的有效性，中央机关除了需要保证充足的财政和人力资源，还应注重加强国际合作主体的素质能力建设。主要包括：

一方面加强国际化反腐专业人才的培养与交流，重点培养一批适应新时代反腐要求的国际化人才。首先在队伍数量上，要保证足够数量的工作人员应对新时期日益增长的涉外腐败犯罪的案件数量；其次在合作意识上，要不断增强办案人员在司法执法合作领域的合作意识，以适应新形势下反腐败工作的新要求；最后在基本素能上，重点培养一批高素质的反腐人才，这些人员不仅要通晓外语、法律、侦查、情报方面的专业知识，而且能够在不受外界干扰的情况下独立开展工作。目前，既通晓外交政策、国际合作规则，又熟练掌握中外法律制度以及具体办案程序的专业人才在监察、司法、执法等职能部门中凤毛麟角。这种状况导致实践中我国向外国提出的诸多国际合作请求存在瑕疵，不符合被请求国的法律要求和程序，有时甚至连国内审查程序都没有通过，这种状况反过来又会进一步打击办案人员提起合作请求的主动性和积极性。此外，培养相关人员特别是一线办案人员独立处理业务的能力与水平也非常重要。如在与外国司法执法机关开展合作的过程中，能够独立用英语或者该国语言及时沟通、灵活处理各类问题，参与各类国际培训与交流等。又如在一些紧急情况或特殊情形下直接处理相关国际司法请求，当然这种处理是在遵守国际公约和国内法律规定的前提下。①

另一方面，充分发挥基层和地方监察委员会的作用，以省市两级机关办案人员为主，指导并支持地方办案机关开展侦查取证、出庭作证等工作。从工作机制看，我国目前主要是依靠国家监察委员会等中央主管部门处理国际合作案件，省以下地方各级监察机关办案主体

---

① OECD, *Overcoming International Co-operation Challenges in Corruption Cases*, 2016, p. 10-11.

的作用尚未得到最大限度的发挥。许多地方监察委员会对自身定位还不甚明确，由于基层监察委大部分人员都是从之前的地方检察院调度过来，这部分的职务犯罪侦查人力资源目前处于待利用状态。对此，国家监察委员会和地方监察委员会可以进行很好的分工合作，对于国家重大的职务犯罪案件，可以由国家监察委员会牵头，犯罪嫌疑人所在地的监察委配合侦查，集中行动、专项打击。而对于常规案件，鉴于取证、寻找证人等方面的天然地域优势，完全可以由地方监察委员会进行协调组织。充分锻炼其按照国际司法合作的要求收集与固定诉讼证据，进行国际调查取证，对外开展追踪、查询、查找和辨认外逃嫌犯和涉案财产，请求相关国家查封、扣押、冻结涉案财产，积极运用引渡、遣返或劝返等手段开展国际追逃，运用特别没收程序、民事诉讼或追缴等方式开展国际追赃等一系列业务能力。如此一来，适当分担国家监察委员会的办案压力，将普遍追逃追赃和特殊追逃追赃结合起来，构建长效的追逃追赃机制。

第二节　实体层面：国内相关立法与《联合国反腐败公约》的理念与制度耦合

理性思考和评估中国法治现状，法治目标还远未实现。习近平总书记特别强调了用法治思维和法治方式反腐的重要性，并对我国目前的反腐败国家立法工作作出了重要指示。我们不仅要注重党内法规和制度等"软法"的建设，也要加强国家法律等"硬法"建设。[①] 法律制度刚性运行的前提是完备严密的法律制度，完备严密的法律制度来源于科学的立法工作。法学本身就是一门具有较强意识形态功能的学科，主张什么样的法学理论，推行什么样的法学观念，将是建立什么样的社会制度的成败关键。我们自然可以在国际

---

① 中共中央国家机关工作委员会编：《学习习近平同志关于机关党建重要论述》，党建读物出版社2015年版，第111页。

公约和其他西方国家反腐败法律的参照点上，获取构建当代中国所需要的理论和思想资源，但绝不能因此否认马克思主义对于我国法学研究的指导地位。因此，坚持马克思主义的基本立场和方法论是构建中国特色反腐败法律体系的基础和前提。同时也要认识到，在有关腐败犯罪的立法规定方面，我国仍然存在很多缺陷和不足，不能很好地与《联合国反腐败公约》的内容、国际惯例相协调。为了更好履行《联合国反腐败公约》内容所规定的义务，发挥《联合国反腐败公约》对于我国在反腐国际合作方面的基础作用，我国还应在反腐国际合作的内向实践上作出不懈努力，立足中国国情不断对现有的立法进行完善和健全，构建与《联合国反腐败公约》契合，兼具中国特色的社会主义反腐败法治体系。

一、《刑法》中腐败犯罪相关规定的立法衔接

我国《刑法》腐败犯罪的规定与《联合国反腐败公约》相关规定既有契合也有差距。为了更好地协调《联合国反腐败公约》与我国腐败犯罪的规定，我国自 2005 年加入公约以来，先后通过刑法修正案的方式不断落实《联合国反腐败公约》的内容，对于腐败犯罪所涉及的罪名从构成要件到法定刑均作出了大幅度的修改和调整，进一步织密了我国的反腐法网。但参照域外其他国家对腐败犯罪的规定比较来看，我们在与《联合国反腐败公约》的立法衔接上，仍有继续作为的空间。

首先，完善相关罪名体系。因应社会经济形势的发展要求，对外国公职人员和国际公共组织官员行贿罪是我国在《中华人民共和国刑法修正案（八）》中增设的一项新的罪名，但是法律并未对其对象行为——外国公职人员和国际公共组织官员受贿罪予以规定，这一点与《联合国反腐败公约》的规定存在差异，也造成我国相关罪名体系的不完整。随着全球经济的不断发展，外国公职人员和国际公共组织官员受贿行为侵犯我国经济和社会利益的可能性越来越大，将其规定为犯罪，有利于打击日益严重的跨国商业贿

赂。在立法技术上，本书建议直接在《刑法》第 164 条后增加一款，将刑罚处罚方式与对外国公职人员和国际公共组织官员行贿罪保持一致。

其次，扩大贿赂犯罪的行为对象范围。贿赂犯罪的标的范围折射出贿赂犯罪的犯罪圈大小，直接影响着打击贿赂犯罪的力度以及具体行为罪与非罪的界定。在我国《刑法》中，贿赂罪的标的为"财物"，而在《联合国反腐败公约》中，贿赂犯罪的标的为"不正当好处"。"不正当好处"是指一切能够满足人的欲望的利益和需求，① 可见其外延不单指"财物"，而且涵盖了除财物之外的其他利益。纵观世界各国刑法中关于贿赂犯罪标的物的认定，大多都倾向于"利益说"。② 我国最高人民法院和最高人民检察院在 2016 年作出解释，将贿赂犯罪中的财物范围扩大解释为"物品和财产性利益"。司法解释对贿赂标的范围的扩大，说明我们对贪污贿赂范围的理解和掌握已经有了一定程度的突破，但与"不正当好处"相比，范围仍然过窄，并不能适应现实生活中复杂的贿赂行为。随着时代的发展，我国出现了越来越多能给人们带来效用的无体物或"变相贿赂"，这些新型贿赂行为的出现严重损害了国家和人民的利益，加剧了社会发展的不平衡。一直以来，扩充贿赂范围都是刑法理论界和实务界的共识，只是在扩充的具体程度上尚存争议。目前，全社会对腐败"零容忍"的文化尚未形成，若现在盲目照搬《联合国反腐败公约》，将贿赂的范围扩大为"不正当好处"，司法机关也没有能力对"不正当好处"作出明确的解释。本书认为，解决这一问题可以考虑实行"分步走"的战略：第一步，根据我国现阶段贪污贿赂犯罪的实际情况，通过司法解释的方式将贿赂的范围再进行一定扩大，例如可将"财物"在现有"财产性利益"的基础上扩大解释为能够满足人生理或心理需求的一切财产性利益和非财

---

① 卢建平、郭健：《中国贿赂犯罪立法之缺陷与完善——以适用〈联合国反腐败公约〉为视角》，载《河北法学》2006 年第 12 期。

② 张明楷编著：《外国刑法纲要》（第 2 版），清华大学出版社 2007 年版，第 737 页。

产性利益。下一步，待社会治理法治化和现代化程度达到一定阶段后，再通过修改立法的方式扩大贿赂犯罪的范围。

再次，拓展行贿罪的行为方式。无论是对本国、外国公职人员还是私营部门内的贿赂，《联合国反腐败公约》规定的贿赂行为方式均包括许诺给予、提议给予和实际给予三种情形，而我国《刑法》缺乏许诺给予和提议给予的明文规定，只规范了实际给予对方财物的行为。根据近年来中国司法裁判文书网公布的案例分析，司法实务中一般也仅对实际给予国家工作人员以财物的行贿行为提起公诉。可见我国刑法规定的行贿犯罪的行为要件，比《联合国反腐败公约》规定得更严格，入罪门槛也更高。有学者主张我国刑法对贿赂的行为方式按照《联合国反腐败公约》的规定进行修改。[①] 虽然这种提议体现了严厉打击腐败犯罪的决心，但也存在一定的缺陷。第一，"提议给予"与"许诺给予"都是实际上没有给予，"提议给予"仅仅只是一种暗示，"许诺给予"的行为在确定性和行为危害性上均与"提议给予"存在很大差别，若将二者并列入罪不免失之过严，有悖于我国宽严相济的刑事政策精神。第二，从司法实践方面考虑，"提议给予"的行为在实践中也很难证明。而且，从司法数据库收集的案例可以看出，实践中行贿罪的行为方式主要还是实际给予（当然我们也应客观理性对待收集数据的地域差异和所收集样本的有限性等因素）。不考虑国情与传统的立法变革是十分危险的，也是与马克思主义的基本立场相违背的。因此，在该问题上目前我国应采取选择性接纳的态度，在时机适当时将"许诺给予"行为入罪，对司法实践中一部分被放纵的犯罪行为进行打击。而对"提议给予"行为则应当持暂时保留态度，待法治土壤和社会反腐文化建设达到适当阶段时考虑在立法中引入。

复次，关于职务犯罪主体法律用语的修正。贪污贿赂犯罪作为

[①] 慕平、甄贞主编：《〈联合国反腐败公约〉与国内法协调机制研究》，法律出版社 2007 年版，第 39 页。

传统的职务犯罪,对行为主体具有特殊的身份要求。我国《刑法》第 93 条对"国家工作人员"的概念作了界定,根据法律和司法解释,我国界定这一概念的实质标准是"从事公务"。如前文所述,我国《刑法》中"国家工作人员"主体称谓的使用貌似符合以公有制为主体的中国国情,但究其本质来讲既不是一个法学概念,也不是一个犯罪学概念,刑法中关于腐败犯罪主体的范围界定与《联合国反腐败公约》中"公职人员"的界定相比是非常狭窄的,客观上缩小了腐败犯罪的打击范围,这在一定程度上反映了我国刑法立法的滞后性。我国长期实行以公有制为主体的基本经济制度,人们习惯将公权力等同于国家权力,这实际上缩小了它的范围。① 随着社会经济政治体制变革的不断深入,国家公权力并非唯一的公权力,社会公权力的地位也在不断提高。我们判断一种权力的性质应当从它的社会管理职能而并非仅仅从国家组织职能的角度进行衡量。

腐败治理的现代化需求催生了国家监察体制改革,我国的国家监察体制改革对新时代的腐败治理有着巨大而深远的意义。② 2018 年《监察法》首次在基本法律层面明确使用了"公职人员"的称谓,将监察对象表述为"所有行使公权力的公职人员",这与《联合国反腐败公约》中使用的法律术语是高度一致的,体现了我国反腐败立法对接国际的发展趋势。为有效提升国际追逃追赃的成功率,"在国内法中使用国际社会普遍认可和接受的规范用语,增加彼此对话的空间,也是需要特别关注之处。"③ 基于后法优于先法的原则,笔者认为,我国《刑法》也应顺应这一趋势,在参照《联合国反腐败公约》和《监察法》的基础上修正职务犯罪主体的法律用语,并对"国家工作人员"的认定范围适当扩大,使其与新法中的

---

① 姜明安:《公法学研究的几个基本问题》,载《法商研究》2005 年第 3 期。
② 陈卫东:《职务犯罪监察调查程序若干问题研究》,载《政治与法律》2018 年第 1 期,第 19-20 页。
③ 李海滢:《海外追逃、追赃背景下反腐败立法的协调与联动》,载《当代法学》2019 年第 3 期,第 139 页。

"公职人员"范围保持一致,与国际条约中的规定相对接,以适应新形势下的国际刑事司法合作需求。

最后,对既有刑罚制度的改造。这方面的完善建议主要有四个方面:

第一方面,强化对行贿罪的刑罚规制。现代化的贿赂犯罪治理策略,应该在基于贿赂犯罪的源流关系上对行贿与受贿这一对对合性犯罪加以考量和更新。现代国家的反腐立法对行贿与受贿犯罪普遍采取平行立法模式。因为二者的危害性相当,因此刑事立法上对二者的规制范围基本相当,犯罪追诉上也强调对二者的同等追诉。在我国,传统的贿赂犯罪刑事治理是以放任部分行贿犯罪为代价来换取对受贿犯罪的处罚,而贿赂犯罪治理的现代化理念要求我们摈弃这一相对滞后的做法,重视对贿赂犯罪的源头预防。如2012年的《匈牙利刑法典》对行贿人与受贿人均配置有特别自首制度,行为人上缴所有形式的非法利益并坦白、揭发犯罪的,可以无限制减刑甚至撤销案件。①《联合国反腐败公约》中也有类似的规定:"在任何犯罪的侦查或起诉中提供配合的被告人",即可能减轻处罚或者不予起诉。这里的"被告人"既包括行贿人也包括受贿人。行贿与受贿是"一对一"的对合关系,在定罪量刑方面不应厚此薄彼,加大对行贿犯罪行为的处罚可以在整体上有效预防贿赂犯罪的发生。而我国的贿赂犯罪立法存在着宽宥行贿、治理不对称的问题,②行贿人往往只要满足"被勒索"或者"没有获得不正当利益"就不会构成犯罪。且在司法实践中,行贿人如果向办案人员提供相关线索,往往会得到从宽处罚的结果。可见,这种"单边型"特别自首没有实现与《联合国反腐败公约》规定的对接,也无法充分体现对腐败犯罪"零容忍"的刑事政策,不利于对此类犯罪的源头治理和

---

① 钱小平:《"积极治理主义"与匈牙利贿赂犯罪刑法立法转型——兼论中国贿赂犯罪刑法立法改革之方向抉择》,载《首都师范大学学报(社会科学版)》2014年第6期。

② 钱小平:《惩治贿赂犯罪刑事政策之提倡》,载《中国刑事法杂志》2009年第12期。

预防。基于此,立法可考虑删除《刑法》中"索贿不追责"的规定,同时强化对行贿罪的刑法规制,使行贿罪与受贿罪真正做到同罪同罚。此外,针对实践中行贿人基于特别自首制度的存在而肆意行贿的情况,笔者建议修正我国刑法中的特别自首制度,取消行贿罪的特别自首制度,或者为受贿罪也设置特别自首制度。

第二,增设针对腐败犯罪的专属刑种。《联合国反腐败公约》中对贿赂犯罪的处罚是以资格刑为主的,而我国《刑法》仅在总则中规定了资格刑,之后修正案中新增的职业禁止类资格刑也并不具有独立适用的可能。我国《刑法》第57条规定了剥夺政治权利终身的附加刑,但是这种附加刑仅仅适用于被判处死刑和无期徒刑的犯罪分子。结合该规定,对应贪污贿赂犯罪,只有被判处死刑或无期徒刑的贪腐分子才会面临被剥夺政治权利的资格刑,而实践中多数贪腐分子并没有被判处这么重的刑罚,甚至很多人都适用了缓刑。这就意味着很大一部分贪腐分子服刑完毕后,仍有机会成为国家工作人员继续掌握公权力进行腐败犯罪,很大程度上削弱了刑法对腐败犯罪的积极治理功能。贪污贿赂犯罪的本质是权钱交易、以权谋私,对于这样的贪利型犯罪,有必要在刑法中适度降低容忍度标准,设置专门适用于公职人员的限制从业刑种。尤其是针对那些数额较小、情节较轻的犯罪分子可选择适用从业限制的处罚,防止其利用手中职权再次进行犯罪。

第三,完善单位刑事责任的理念与模式。单位行贿罪是比较特殊的行贿犯罪类型,其社会危害性并不亚于自然人行贿,但在刑罚配置上却远低于自然人行贿。实践中,行贿人往往利用这一点来减轻罪责,这种处罚上的不公会导致贿赂犯罪在社会危害性评价方面的不统一。因此,建议统一单位与自然人在腐败犯罪中的刑事责任,并进一步基于权力结构组织体理论规范单位贿赂行为。① 基于

---

① 钱小平:《"积极治理主义"与匈牙利贿赂犯罪刑法立法转型——兼论中国贿赂犯罪刑法立法改革之方向抉择》,载《首都师范大学学报(社会科学版)》2014年第6期。

这一理论，要求单位来承担对其内部成员的监督责任，如果因为怠于行使监管职能而放任腐败犯罪发生，单位应当承担相应的刑事责任。将腐败犯罪的防卫基点从行为环节向监管环节前移，符合现代刑法积极治理主义的理念，因此有必要考虑在我国刑法中设置单位不作为犯罪的类型。

第四，对财产刑进行结构优化。在很长一段时间内，我国刑法学者对追缴违法所得的规定几乎没有展开过深入研究，以至于我国刑法有关制度在法律上存在很多困惑。随着职务犯罪防控国际合作的深入进行，落后的财产刑观念给我国的境外追赃带来了重重障碍。值得注意的是，虽然域外也有国家将"没收财产"规定在刑罚之列，但其没收的财产仅限于犯罪所得和犯罪工具，并不涉及犯罪分子个人所有的其他合法财产。从世界范围来看，绝大多数国家只规定了罚金刑而没有所谓的没收财产刑这一刑罚种类，即便是罚金刑也有数额的限制。基于此，本书建议有必要摒弃我国落后的财产刑理念，对其进行结构上的调整和优化，即由罚金刑取代作为刑罚种类、承担惩罚功能的没收财产刑，实现罚没合一。

古人云：弊政之大，莫若贿赂行而征赋乱。探索新时代背景下腐败犯罪的治理路径，既是对党的十九大以来提出的惩治腐败零容忍态度的回应，也是将我国的反腐国际合作工作提升到一个新层次的需要。

二、《刑事诉讼法》中特别程序的完善

（一）违法所得没收程序的完善

根据前文的论述，特别没收程序存在一些不足，有待进一步改进和完善。下面先论述违法所得没收程序的完善。

首先，严格界定"违法所得及其他涉案财产"，对犯罪财产进行精细划分。根据《刑事诉讼法》第298条和第300条的表述，应

当追缴财产的范围为"违法所得"和"其他涉案财产"两种①，2018年新出台的《国际刑事司法协助法》中也将腐败资产表述为"违法所得及其他涉案财物"。体现出两法在这一问题上的高度一致。在以往的司法实践中，司法机关对于"违法所得"范围界定不清，特别是在违法所得部分或全部转化为其他财产或者与合法财产相混合的情况下，没有明确规定应当如何处理。例如，用受贿的现金购买房地产或者开设公司等，其增值部分或投资所产生的收益是否属于"违法所得或其他涉案财产"，对于这部分财产是否应当没收。违法所得是否应该包括利益收益，②是否应当包括混同收益，即犯罪所得已经与其有合法来源取得的其他财产相混合后，应当如何认定。针对上述问题，"两高"以国内调研和国外考察为基础，对当前办理特别没收程序案件的法律适用问题进行了系统分析研究后，于2017年对违法所得没收程序制订了较为详细的操作规范，即《最高人民法院 最高人民检察院关于适用犯罪嫌疑人、被告人逃匿、死亡案件违法所得没收程序若干问题的规定》（以下简称《追赃规定》）。③《追赃规定》明确了"违法所得"认定的三种情形，并对相关有争议的概念进行了界定，增强了这一程序在司法实践中的可操作性，也有利于推进职务犯罪防控国际合作向纵深开展。相比"违法所得"，立法中对"其他涉案财产"的规定语焉不详，不利于实践中特别没收程序的操作。根据相关法律和解释，"其他涉案财产"主要涉及"非法持有的违禁品"和"供犯罪所用的本人财物"，此类财产的本质特征是对其持有或者使用的行为违法。本书认为，为了便于明确违法所得、违禁品和供犯罪所用的本人财物三者之间的关系，在司法实践中，可按照一定的先后顺序逐

---

① 黄风：《刑事没收与资产追缴》，中国民主法制出版社2018年版，第57页。

② 所谓利益收益，即由违法所得转变或转化而成的财产，或者已经与犯罪所得相混合的财产所产生的收入或其他利益。

③ 《关于举办违法所得没收程序司法解释新闻发布会》，载中国法院网2017年1月5日。

个排除。先认定涉案财物是否属于非法所得,再进一步确认是否属于违禁品和供犯罪所用的本人财物。在判断供犯罪所用的本人财物时应注意,以犯罪嫌疑人、被告人的个人财物为限。① 值得注意的是,"违法所得"和"孳息"这二者的概念与性质并未在我国相关法律和规范性文件中得到精细化的区分,由此带来的弊端就是反腐败司法实践中对应没收财产范围的不当扩大或者缩小。在立法中对应当追缴的财产进行精细化分类是世界各国立法的必然趋势。参照域外实践,很多国家的立法例都对没收财产的范围和对象作出了详细列举。从长远来看,在立法层面精细地划分涉案财产的组成类别,尽早颁布犯罪收益追缴法,对独立没收问题作出更为科学、可行的规定是下一步工作的关键。

其次,完善证明标准。对于刑事特别没收程序所采取的证据标准,《刑事诉讼法》中并没有作出规定。但是按照最高人民法院的司法解释规定,"证据确实充分"是人民法院在该程序裁定中的具体标准,与对被告人定罪量刑的证据标准一致,这使得这一标准在司法实践中失之过严。一般情况下,职务犯罪案件尤其依赖犯罪嫌疑人、被告人的口供与其他物证、书证、证人证言等证据相互印证。而在特别没收程序中,由于犯罪嫌疑人、被告人要么逃逸、要么已经死亡而无法到案,缺乏口供与其他证据之间的相互充分印证,客观上是难以达到普通刑事诉讼的证据标准的。如果严格依据"证据确实充分"的普通刑事证据标准,那么绝大多数依据特别程序进行的追赃诉讼将无法进行,最后只能导致整个程序停滞不前。英美法系国家对非法证据或者瑕疵证据存在比较严格的排除规则,因此通常适用"有利于被告人"和"疑罪从无"的原则,大陆法系国家在刑事诉讼中的高度盖然性标准也要远远超过民事诉讼。无论是英美法系国家还是大陆法系国家,在民事诉讼中的举证方面往往都采用"优势证据"的证明标准,法官一般比较注重案件事实的或

---

① 黄风:《关于特别没收程序最新司法解释的几点解读》,载《人民法院报》2017年1月6日,第2版。

然性和可能性，都倾向于认为司法人员的主观认识与客观事实是存在一定差距的。① 在这种民事举证中，有关财产返还义务的确定是不以对被告的刑事定罪为前提的，原告只需证明自己对有关财产享有的合法权利或者证明被告财产来源的非法性等情形即可。违法所得没收程序在境外被称为不定罪没收程序或者民事没收程序（civil confiscation），目前，世界很多国家均已确立了该制度。如美国的民事没收是一种不以刑事定罪为前提的没收；澳大利亚对本国没收犯罪所得的程序作出的规定也是适用民事程序而非刑事诉讼中的证据规则；② 英国也在其国内法中明确规定，刑事特别没收程序中对犯罪获益的判断"应当在优势证据标准的基础上"③。由此可见，刑事特别没收程序本质上是一种针对物的特别程序，处理的是涉案财物的权利归属问题，具有民事诉讼的确权性质。考察国外相同或类似诉讼，也都是按照民事诉讼中所要求的证明标准，事实上已经有学者指出：在刑事特别没收程序中适用刑事诉讼排除合理怀疑的证明标准在实践中很难落实，给司法实践中的调查取证带来很大难度。

有鉴于此，本书认为，特别程序的证明标准适当低于刑事证明标准更为合理，在此基础上再进行下一步的划分。如在对涉嫌犯罪的证据审查上应当采取"有证据证明有犯罪事实"的标准，在认定违法所得及其他涉案财产的证明标准问题上采用"具有高度可能性"的标准。这种做法既在一定程度上借鉴了国外关于不定罪没收制度的"优势证据"证明标准，实际上又确立了一种全新的标准即"具有高度可能性"标准。这种标准高于民事证明标准而又略低于刑事证明中的定罪标准，既有效降低了司法取证中的难度，又实现了对公民正当权利的有限减损。"具有高度可能性"赋予了人民法院更大的自由裁量权，可能会有滋生司法不公的隐患。对此，可以

---

① 罗玉珍、高委主编：《民事证明制度与理论》，法律出版社2003年版，第619-654页。
② 澳大利亚《2002年犯罪收益追缴法》第315条第2款（b）项。
③ 英国《2002年犯罪收益追缴法》第6条第7款。

考虑通过在诉讼过程中充分保障当事人的参与权、辩护权和救济权,以降低对正当程序的减损限度。

(二) 两种特别程序适用困境的解决

在完善违法所得没收程序的基础上,本书进一步论述两种特别程序适用困境的解决。

腐败是侵害社会肌体的毒瘤。缺席审判程序和特别没收程序都是为了打击贪污贿赂等犯罪而设立的特殊刑事程序。两者的价值目标有所不同,但适用条件却高度相似,且在追缴腐败分子的涉案资产方面各有利弊,故两种程序如何选择,尤其是出现竞合时如何适用,是当前亟待解决的问题。关于这一问题,现行法律并没有给出答案,本书将就这一困境提出几点拙见:

首先,一般情况下,可以依据两种程序的法定适用范围和被追诉人的情况作出选择。一是依据案件类型,特别没收程序的适用案件类型要广于缺席审判程序,而缺席审判程序只能适用于特定的四类案件。二是从犯罪嫌疑人和被告人的层面进行选择。如果犯罪嫌疑人、被告人在境内,就只能适用特别没收程序。当犯罪嫌疑人、被告人在境外,特别没收程序只能在通缉一年后不能到案的情况下才可适用,而缺席审判则无此限制。

其次,如果案情同时满足两种程序的适用条件,这时就会出现特别没收程序和缺席审判程序的竞合。从价值性和权威性上分析,缺席审判程序兼具"追逃"和"追赃"两种功能,并且它所作出的"判决"在法律效力上强于"裁定"。因此,在国际司法合作实践中,本书建议这种情形下优先考虑适用缺席审判程序。

再次,当缺席审判程序遭遇证据难题和国际刑事司法合作困境的时候,可以退一步选择适用特别没收程序。如前所述,特别没收程序兼具一定民事属性,它的证明标准是"高度盖然性"标准,低于缺席审判程序的刑事诉讼标准。在一些贪污贿赂案件中,腐败分子逃匿境外,案件的证据较为匮乏,难以达到"案件事实清楚、证据确实充分"的程度,这种情况下适用较低的证明标准追缴腐败资产，有利于我国追赃工作的顺利进行。此外，域外有代表性的国家的缺席审判制度大多是针对轻罪适用，且有严格的条件限制。我国的缺席审判针对的是贪污贿赂、危害国家安全等重罪，那么我国法院依据缺席审判所作出的判决很可能被其他国家以侵犯人权为由拒绝承认执行。因此，在缺席审判程序不能适用的情况下，适用特别没收程序"追赃"也不失为一种避免尴尬的选择。

（三）增设"涉外刑事诉讼程序"

在特别程序中增设"涉外刑事诉讼程序"，也是完善我国特别程序不可或缺的步骤。

在我国，国际民事司法协助问题在《民事诉讼法》中一直存在专门且系统性的规定。而关于国际刑事司法合作的法律规定仅仅出现在《引渡法》《国际刑事司法协助法》这些具体的程序性法律之中，作为国家公法的《刑事诉讼法》中却没有关于国际刑事司法合作程序的任何规定。鉴于这一情况，本书建议在《刑事诉讼法》"特别程序"一编增设"涉外刑事诉讼程序"一章，作为宏观性的法律规定，就国际刑事司法协助的原则、范围、职能机关等作出概括性的规定，以保证我国职务犯罪防控国际合作法律体系的严密性和完整性。

三、《引渡法》中相关原则的与时俱进

《国际刑事司法协助法》的出台填补了我国在取证送达、诉讼管辖、人员移管等方面的空白，但同时也更加凸显出《引渡法》与新法之间的协调与联动的问题。我国引渡制度起步较晚，受"死刑不引渡"等引渡原则的限制，以及"政治犯罪""酷刑"等国际社会对我国的误解的困扰，我国与绝大多数国家仍然未能达成双边引渡条约。为了构建长效的职务犯罪防控国际合作机制，有必要对滞后于时代发展的《引渡法》进行完善。

首先，关于双重可罚性原则的完善。如前所述，《联合国反腐

败公约》在条文中规定了双重可罚性原则的例外，这种变通做法兼顾了各个成员国的利益，避免了某些缔约国国内法的缺陷导致引渡合作的失败，在最大限度上增强了全球打击腐败犯罪的合力。鉴于此种情况，我国《引渡法》可尝试修改相关条文，针对腐败犯罪的引渡规定双重可罚性原则的例外。腐败犯罪是危害全人类的犯罪，与之进行斗争是国际社会的共同任务，与普通刑事犯罪的引渡条件相比，对腐败犯罪的引渡规定更为宽松的条件是值得推崇的。以我国的大陆与台湾地区的《海峡两岸共同打击犯罪及司法互助协议》为例，该协议第4条第3款规定了个案协助中双重犯罪原则的例外情况。该协议本身蕴含着两层意思：首先，我国海峡两岸的司法互助，原则上要以被请求协助人的行为在两地都构成犯罪为前提。其次，在个案基础上，双重犯罪原则在适用时存在着例外情况，即如若被请求协助人的腐败行为在请求方或被请求方任何一方法律中不构成犯罪的，只要一方承认该行为具有严重的社会危害性，即可突破双重犯罪的原则，在个案的基础上就司法协助事宜进行协商，相互合作。如此宽松的协助标准，既是对本地区利益的维护，也是对腐败行为加强打击力度的现实表现。笔者认为，这种相对开放式的司法协助做法是值得我们借鉴的。因此，可以尝试在《引渡法》第7条中直接加入一款：在特殊情况下（如双方同意时），在任何一方的国内法不认为是犯罪时，亦可以在相互协商的基础上进行有条件的引渡。这样一来既可以实现国内法与国际公约的有效衔接，又可以保障对某些犯罪的打击。

其次，关于本国国民不引渡原则的完善。一定程度地让渡主权，弱化本国国民不引渡原则成为当代国际法发展趋势之一。[①] 如果我国能在本国国民不引渡的问题上适当放宽，对今后签订双边引渡条约或开展互惠合作都是非常有利的。如前文所述，在欧盟公约和欧洲逮捕令中都有关于本国国民不引渡原则的例外规定。即对于

---

① 苏彩霞：《中国刑法国际化研究》，北京大学出版社2006年版，第150页。

本国国民不引渡原则，欧盟成员国之间有变通的方式即"先引渡后移管"，这种被称为"被判刑人的移管"的司法合作手段已经成为晚近颇具发展前景的一项刑事司法合作制度。其理论依据在于"罪犯在审判后回国服刑，最有利于罪犯将来回归社会"以及"审判、处罚和改造罪犯最合适的国家是罪犯本国"。在我国与土耳其、乌克兰等国签订的司法协助条约中，也有关于刑事诉讼转移的专门规定，以作为不引渡本国国民的一种替代措施。① 我国《引渡法》为避免行为人利用该原则逃脱法律制裁，并没有例外情形的规定。这样的做法不仅与《联合国反腐败公约》的规定相违背，也不利于新时代国际合作的开展。为了弥补国内立法上的不足，在相互包容、妥协和让步的基础上实现国际合作，本书建议，现阶段不可贸然地全盘否定本国国民不引渡原则，但可以先确立该原则在特殊情况下的适用例外。② 如双方系人员交往密切的邻国，相互引渡在对方境内实施了犯罪的被请求方的国民有助于维护两国的社会秩序；或者长期居住在请求国的中国公民，在请求国接受审判或服刑有利于其正当权益得到实现和维护等情形。当然，这些例外情况实施的前提是在我国《引渡法》立法中明确"或引渡或起诉"原则。

再次，关于政治犯不引渡原则的完善。政治犯罪不引渡原则的确立本是基于政治犯罪比普通犯罪更容易成为不公正审判或侵犯人权行为的牺牲品。但是实践中，一些国家在很大程度上受历史成见或意识形态的引导，在与我国开展引渡合作时利用该原则作出不中立、不公平甚至带有偏见的决策，导致实践中存在很多利用"政治犯罪"逃避法律制裁的外逃人员。他们会认为其他国家对腐败犯罪的惩罚是政治派别的斗争或是对政见不同者进行镇压、打击，从而拒绝进行引渡合作。基于此种情况，国际社会在界定政治犯时，通

---

① 李瑛：《国际刑事司法协助与引渡问题探析》，载《政法学刊》2007年第5期。

② 事实上，我国签订的引渡条约和公约中出现了和《引渡法》内容矛盾的地方。如中国和泰国签订的引渡条约中将"本国国民不引渡"作为可以拒绝引渡的理由之一。

过双边或多边条约对一些特定犯罪进行了排除，如战争犯罪、反人类罪、劫持飞机和人质犯罪以及一些政府滥用权力、侵犯人类基本权利的犯罪等。可见，国际社会对政治犯罪的界定方法是"原则＋例外"的务实做法，《联合国反腐败公约》中也认可了这一做法。有鉴于此，本书建议直接在我国《引渡法》第8条保持不变的基础之上，加上但书的例外规定。即一般情形下政治犯罪应当拒绝引渡，但是基于我国缔结或参加的国际条约不认为是政治犯罪的除外。这样不仅把那些妄图借助政治庇护逃避法律制裁的人员排除在外，又可以有效实现我国《引渡法》与《联合国反腐败公约》的衔接。意识形态因素在当代国际合作的考量中虽然有所减弱，但是在相当长的一段时间内并不会消失，仍然会成为我国反腐国际合作中的一大障碍。西方资本主义国家从未停止过对我国进行意识形态渗透，国家间意识形态差异等政治因素是中国与外国开展反腐国际合作中绕不开的问题。在这一问题上，我们既要警惕种种阴谋干涉中国内政的情况，又要通过一定的变通方式规避意识形态因素对职务犯罪防控国际合作的影响。

复次，关于死刑不引渡原则的完善以及死刑的逐步废除。我国《引渡法》对死刑不引渡并没有持明确否定态度甚至在法律中并未提及这一问题。这一严重缺失，使不少国家尤其是已经废除死刑的国家在与我国开展合作时颇有顾虑。但是近年来，我国与其他国家签署的引渡条约或多或少地突破了这一原则。例如我国在《中华人民共和国和西班牙王国引渡条约》《中华人民共和国和法兰西共和国引渡条约》《中华人民共和国和澳大利亚引渡条约》中，均加入了死刑不引渡的例外情形。这种立法技术上的例外和变通规定将为我国与西方国家缔结双边引渡条约提供有价值的参考模式。就短期而言，这种重视不适用死刑的承诺或许能为我们与更多的西方国家缔结引渡条约提供有效的法律模式，但从深化职务犯罪防控国际合作的长远需求来看，确有必要逐步改变现状，限缩死刑的适用范围。尤其是那些对他人基本权利和国家政权稳定不具有直接危害的经济犯罪，应当顺应国际社会的大趋势，考虑尽早从刑法中废除死刑。值得欣慰的是，《中华人民共和国刑法修正案（九）》对贪腐犯罪增设了死刑的替代刑种，一定程度上有利于我国引渡等国际司法合作工作的开展。早在约三百年前，著名刑法学家贝卡利亚就说过："对人类心灵发生较大影响的，不是刑罚的强烈性，而是刑罚的延续性，刑罚的目的在于其及时性和不可避免性，而不在于其严厉性甚至残酷性。"① 贝卡利亚的观点对刑罚的人道化具有极其重要的启迪意义，废除非暴力经济犯罪的死刑直至全面废除死刑，将会是未来我国死刑制度改革的必然趋势。

最后，与新颁布法律的衔接完善。在国家监察体制改革的大背景下，根据《监察法》和《国际刑事司法协助法》的规定，国家监察委员会是我国开展国际合作的主管机关，监察调查措施也属于国际刑事司法协助的新增形式。② 随着国家监察体制改革的推进，这两部法律对后期修订完善《引渡法》也必将具有指导意义。后续《引渡法》的完善应当注意与前面两部新法之间的衔接和配套，重新调整引渡的职能机关范畴及具体职责，并对相关具体程序和内容作进一步的修改。这不仅是迎合当前国家机构改革的需要，也是推进新时代反腐国际合作纵深发展的迫切要求。对此，我们除了修改完善现行《引渡法》的相关原则外，还应结合《监察法》和《国际刑事司法协助法》的规定，对以下两个方面作出调整。一方面扩大《引渡法》规范的刑事司法协助范围，进一步修改和增加《引渡法》中关于程序及其内容的规定，切实履行我国签订的国际公约以及条约项下的国际义务。另一方面相应地增加关于监察委员会在引渡中的地位和职能的规定，保持法法衔接。

四、健全预防腐败的法律体系

腐败根源于人类对利益的原始追求，因此抑制欲望是深化腐败

---

① [意]切萨雷·贝卡利亚：《论犯罪与刑罚》，黄风译，中国法制出版社2005年版，第58页。

② 《中华人民共和国国际刑事司法协助法》第6条。

治理的关键。预防犯罪比惩罚犯罪更高明。在预防犯罪方面，古典学派的法学家们提出了报应论和预防论的综合刑罚理论。黑格尔首次在刑法中关注了人性问题，为防止在"人性本恶"驱使下产生的消极后果，刑法就需要在利益冲突阶段及时介入，加强预防效果。从刑法的积极主义一般预防论上讲，就是利用人的自律能力，通过刑罚的预告强化其规范意识，进而将其行为维持在法律的轨道之内。基于此，构建预防性反腐败法律是现代化腐败治理的重要路径。

（一）完善反洗钱法律制度

反洗钱合作是职务犯罪防控国际合作十分重要而且非常有效的法律和技术手段。目前，在借鉴国际法律原则的基础上，我国在反洗钱法律法规建设上取得了一些成效。如客户身份识别制度、大额交易和可疑交易报告制度、客户身份资料和交易信息保存制度等初步设立，在监测可疑资金、发现腐败犯罪线索以及预防腐败犯罪方面作出了重大贡献。在机构设置上，国家也已经设立了反洗钱监测分析中心。但是鉴于2006年施行的《反洗钱法》中部分条款已经明显滞后于实践需要，下一阶段，为了更好地贯通国际与国内反洗钱工作的深度融合，打造数据化的反腐铁笼，可从三个方面考虑完善我国的反洗钱法律制度：

首先，从立法上进一步扩大洗钱罪上游犯罪的范围。洗钱主要涉及上游犯罪、中间违法和下游犯罪等环节的多个事实，通常具有完整复杂的犯罪链条。我国1997年《刑法》中关于洗钱上游犯罪的范围规定得比较狭窄，鉴于《联合国反腐败公约》第23条要求对洗钱行为规定最大限度的上游犯罪，《中华人民共和国刑法修正案（六）》将洗钱罪的上游犯罪从之前的四种增加至七种。但遗憾的是，仍有一些与洗钱紧密相关且被国际社会普遍规范的上游犯罪行为没有被纳入规范视野，这和世界其他国家特别是腐败分子外逃的主要目的国的规定有很大差异。例如美国列举了130种犯罪作为洗钱的上游犯罪，加拿大列举了45种犯罪，瑞士是法定最低刑高于 1 年的所有犯罪均可以作为洗钱的上游犯罪。至于澳大利亚和英国，则是所有犯罪都可以作为洗钱罪的上游犯罪。对此，作者支持相关学者提出的"空白罪状说"，①摒弃现有的列举式立法模式，不具体指定洗钱的上游犯罪，通过"违反反洗钱法的规定"进行表述，使之与《刑法》中的广义洗钱犯罪相匹配。②

其次，扩展反洗钱义务主体范围。多年来，我国一直将反洗钱的工作重心放在银行等金融机构上。随着金融行业反洗钱制度的不断完善，更多的职务犯罪分子将目光投向了非金融行业。因此，将反洗钱纳入企业治理范围体现了其作为独立经济实体对社会责任的承担。目前我国反洗钱法中规定的特定非金融机构范围过窄，甚至最为常见的律师事务所、信托机构等类型均未纳入。所以，应当参考中国人民银行颁布的一系列文件精神，清晰界定特定非金融机构的种类和范围，明确特定非金融机构和非银行支付机构的涵盖范围及其应当履行的反洗钱义务。2012 年，反洗钱金融行动特别工作组（FATF）在旧的"40 项建议"基础上形成了"新 40 项建议"，对反洗钱工作的理念、内容和要求等方面都作了大幅度调整，成为指导各国国内立法的标杆。欧美国家据此相继修订了本国的反洗钱制度，抬高了监管标准。我国作为 FATF 的成员国，理应适应国际环境的变化进行对标完善。

再次，积极加入国际反洗钱组织和公约。目前在世界范围内比较有影响的反洗钱国际组织主要有埃格蒙特集团、反洗钱金融行动特别工作组、亚太反洗钱组织等，世界大多数国家与这些国际反洗钱组织之间都有展开信息合作与交流。我国虽然与联合国、国际刑警组织等一直保持着反洗钱领域的合作，但是目前一直未加入埃格蒙特集团这一全球最大的金融情报组织。很多跨国腐败案件的调查中，需要犯罪地与犯罪所得清洗地之间互相分享金融情报信息，以

---

① 阴建峰：《论洗钱罪上游犯罪之再扩容》，载《法学》2010 年第 12 期。
② 目前，我国刑法中广义上的洗钱罪的罪名体系包括洗钱罪（第 191 条）、掩饰、隐瞒犯罪所得、犯罪所得收益罪（第 312 条）窝藏、转移、隐瞒毒品、毒赃罪（第 349 条）。

弥补一国数据库内信息的不足。鉴于打击洗钱犯罪国际合作的需要，我国应本着提升反洗钱能力与水平的宗旨，积极加入重要的反洗钱国际组织及公约，使我国的反洗钱水平尽快接轨国际标准。

（二）构建打击跨国商业贿赂的法律制度

全球化时代，商业贿赂作为一种跨国腐败现象，破坏了国内市场经济的公平竞争机制，滋生了腐败犯罪，破坏了一国的国际形象。在《联合国反腐败公约》中，商业贿赂犯罪规定在第21条"私营部门内的贿赂"中，国际组织方面有国际标准化组织ISO 37001：2016《反贿赂管理体系 要求及实施指南》、ISO 19600《合规管理体系指南》等一系列指南为企业提供反贿赂指导。一些国家也积极立法，严厉惩处，构筑惩治跨国商业贿赂的法律防线。最为典型的法律是美国的《反海外腐败法》（简称 FCPA）和英国的《2010年反贿赂法》（Bribery Act 2010）。

颁布于1977年的美国《反海外腐败法》历经三次修订，目前在法律框架和内部条款方面已经趋于稳定。该法律主要由两部分组成，其中第二部分禁止贿赂外国公务员的规定与《联合国反腐败公约》基本相吻合。在行为主体方面，不对行为人的身份和职务进行特殊限制；在行为方式方面，"给予、赠与或同意赠与"都可能构成商业贿赂行为；在犯罪的标的物方面，任何有价值的事物都可以成为商业贿赂的标的物，没有数额上的限制；在管辖范围方面，该法规定美国公司、美国公民抑或非美国公司、非美国公民，无论行为发生地在美国境内或境外，只要向外国官员、政党官员或者任何外国政府职位候选人实施了商业贿赂行为，都要受到该法管辖。这一"长臂管辖"原则使近年来美国《反海外腐败法》的执法数量不断升高。虽然有人批评该法会导致企业成本增加，但是世界上越来越多的国家制定了打击跨国商业贿赂的规则，证实了美国在《反海外腐败法》中确立的贿赂外国公职人员或国际公共组织官员罪顺应了全球反腐趋势。

英国是世界上第一个制定反腐败法律的国家,① 对腐败犯罪的治理也是源远流长。英国《2010年反贿赂法》第6条也规定了贿赂外国公职人员罪。与美国《反海外腐败法》有所不同,英国将给予疏通费的行为纳入了犯罪规制,而在美国,跨国商业活动中的小额疏通费用并不违法,并且可以作为免责抗辩事由。此外,为了预防企业犯罪,英国还首创了商业组织预防贿赂失职罪。该罪是指关联商业组织人员如果违反了监督该组织或该组织中的个人保持企业廉洁合规的义务,除非有证据证明义务的履行,否则该商业组织犯罪成立。② 该罪名实现了立法防卫基点由行为环节向预防监督环节的前移,保障了对腐败犯罪的预防性治理。因此英国《2010年反贿赂法》被公认为世界上最严厉的反贿赂法之一。

随着近年来一系列跨国公司在华行贿事件浮出水面,如何有效监管跨国公司商业贿赂行为、规范市场秩序、完善相关法律制度成为新的热点问题。跨国公司在中国行贿并非是孤立的现象,而是跨国公司在全球行贿策略的一个部分。在贿赂外国公职人员和国际公共组织官员这种行为的认定上,英国和美国均采用了入罪化原则。我国在《中华人民共和国刑法修正案(八)》中增设了对外国公职人员和国际公共组织官员行贿罪,但其对象行为——外国公职人员和国际公共组织官员受贿行为仍属于法律空白,这一点与国际公约和域外相关国家的法律规定仍然存在差异。随着经济全球化程度的不断加深,外国公职人员和国际公共组织官员受贿行为侵犯我国利益的可能性越来越大。因而,将其规定为犯罪,有利于对跨国腐败的打击治理。此外,为了督促企业进行有效自我监督管理,增强其在跨国商业活动中打击腐败行为的积极性,建议在法律中增设"拒不履行合规义务罪"。虽然域外已经有很多在刑事领域考量合规建设的立法和实践,但由于国情和法律传统的差异,这些经验并不适

---

① 钱小平:《英国〈贿赂法〉立法创新及其评价》,载赵秉志主编:《刑法论丛》(2012年第2卷),法律出版社2012年版。

② 魏昌东:《英国贿赂犯罪刑法治理:立法发展与制度创新》,载《学习与探索》2013年第2期,第75-79页。

合直接照搬纳入我国的立法框架。在汲取外来文化的态度上，习近平总书记强调，"只有扎根本国土壤、汲取充沛养分的制度，才最可靠、也最管用。"① 法律是文化不可或缺的组成部分，是文化据以表达其秩序观念的具体方式。② 企业合规建设的法律构建没有"飞来峰"，只有在立足国情的基础上经历渐进渐改的内生性演化，才是符合国情的法律文化。在预防境外商业贿赂、构建我国企业合规制度方面，应当充分考虑中国的国情，尤其是我国企业内部控制制度、金融机构反洗钱和反恐融资制度方面的经验。

第三节　程序层面：司法执法中相关合作程序和制度的完善

一、积极签订引渡条约

首先，中外缔结引渡条约的前景广阔。在各种国际合作方式中，引渡作为最为古老的刑事司法协助方式，本应是最主要、最正当的一种追逃途径，但从我国目前的境外追逃实践来看，通过适用引渡条约归案的人数并不多。其中最主要的原因在于，引渡通常需要以请求国与被请求国之间签订了引渡条约或协议为前提，而我国与其他国家签订的引渡条约数量少且分布多集中于发展中国家，这就给我国的境外追逃造成了巨大障碍，很多情况下只能避开引渡途径，通过其他方式在互惠互利的基础上进行合作。基于此，我国应积极开展国际合作，特别是对于腐败分子逃往的主要发达国家如美国、加拿大等国，有针对性地进行交流、磋商，尽早签订双边引渡条约。从前期的"猎狐"行动、"天网"行动中可以看出中美反腐国际合作正在提速。据统计，美国在中国的逃犯，数量上并不少于

---

① 习近平：《坚定对中国特色社会主义政治制度的自信》（2014年9月5日），载《习近平著作选读》（第一卷），人民出版社2023年版。

② ［美］罗森：《法律与文化》，彭艳崇译，法律出版社2011年版。

中国在美国的逃犯。因此中美之间存在国际刑事司法合作的需求和巨大前景，同时也符合两国人民的共同利益。近年来，美国向中方提出的司法协助请求和执法合作请求也都在数量上超出了中方。从2004年4月的在中美执法合作联合联络小组（JLG）合作平台机制下，中国银行广东开平支行原行长余振东被美方驱逐出境并押送至中国，到2014年12月，潜逃美国两年多的辽宁省凤城市原市委书记王国强从美国回国，向纪检监察机关投案自首（此案系中国"猎狐"行动督办案件，也是中美追逃追赃合作的重点案件），双方在处理潜逃境外的犯罪嫌疑人方面一直合作不断。早在1998年，中美就成立了JLG这一合作机构，并于2000年签署了《中美刑事司法协助协定》。2014年11月，APEC北京会议发表《北京反腐败宣言》，美国等与中国没有签署引渡条约的国家也签署了该宣言。2015年，中美两国在菲律宾举行的APEC反腐败工作组会议上，再次重申两国进一步创新合作方式的共同愿望。从上述案例与成果来看，中美双方在刑事司法协助和国际合作领域存在一定的基础，但由于两国在政治和司法体制上的巨大差异，两国在开展追逃追赃国际合作领域仍然面临诸多挑战。但我们不能因为存在困难障碍就选择退缩，而是应该继续加强与包括美国、加拿大等在内的世界各国在反腐败司法领域的合作，加快引渡双边多边条约的签署。

其次，积极利用国际合作中的互惠原则。反腐败追逃追赃国际合作是我国新型外交关系的重要组成部分，是新时期外交工作的一项重要内容。党的十九大报告中也强调了把反腐败追逃追赃上升到国家政治和外交层面，因此将腐败分子缉拿归案，既是国际司法合作的需要，也是国家责任的体现。在国际合作问题上需要增强互惠共赢的意识，以互惠促合作，以合作促互信。鉴于之前学者关于红通人员数据的分析研究大多限于已经归案的人员，笔者关于该问题的统计分析则主要基于尚未归案的人员。从图6-1整理的数据中进行分析，尚未归案的"百名红通人员"大多集中在美国、加拿大、新西兰等发达国家，这些案例都是我国国际合作中难啃的"硬骨头"（归案人员情况可参考表6-1）。依靠过去的传统追逃追赃手段恐怕很难啃下，特别是他们的藏身地都是法制健全、证据制度严密的国家。短期内，我国可利用政治外交手段与这些国家开展大国外交、进行互惠合作，在腐败犯罪资产的分享和返还、被判刑人的移管等方面积累一定的先期经验，为下一步签署正式的引渡条约奠定基础。长远来看，引渡措施始终不应被忽略，引渡在我国对外司法协助中的地位和作用是毋庸置疑的。我国应在深入开展合作的进程中加强与包括美国、加拿大等国在内的相关国家的谈判，力争与更多的发达国家缔结双边引渡条约，让这些国家不再成为腐败分子的"避罪天堂"。

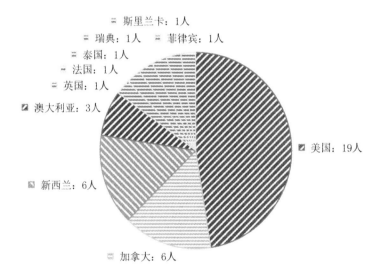

图 6-1　40 名未归案"百名红通人员"可能逃往的国家分布

数据来源：本图系根据中央纪委国家监委官方网站公布数据整理所得，数据截至 2019 年 12 月 31 日。

表 6-1　60 名"百名红通人员"归案分类

年份 \ 方式	劝返或者主动投案	遣返	缉捕	死亡	总计
2015 年	7	2	7	2	18
2016 年	15	0	4	0	19
2017 年	13	0	1	0	14

续表

方式 年份	劝返或者 主动投案	遣返	缉捕	死亡	总计
2018 年	5	0	0	0	5
2019 年	4	0	0	0	4
总计	44	2	12	2	60

数据来源：本表系根据中央纪委国家监委官方网站公布的数据整理所得，数据截至 2019 年 12 月 31 日。

二、大力发展多元化的替代措施

引渡可能会面对各种司法问题，在不能采用引渡措施的背景下不如从引渡之外的措施入手，寻找更加高效的司法合作手段。实践中我国积极探索和拓展了多种引渡的替代性措施，但与此同时，我们也需要对其加以完善。

（一）劝返的规范化

劝返不是一个法律用语，而是一项具有中国特色的良好的引渡替代措施。通过发挥我国政策的感召力，敦促外逃职务犯罪嫌疑人主动回国接受我国的刑事司法审判。截至 2023 年 6 月，有 62 名"百名红通人员"归案接受法律制裁，其中有 44 人就是通过劝返回国的。可见，劝返在我国境外追逃实践中发挥的作用是巨大的。

在司法实践中，由于劝返的不规范引发的外交问题屡见报端。例如，美国曾在 2015 年的《纽约时报》上刊载过一篇文章，指责中国劝返人员"秘密"入境美国并从事相关"秘密活动"。澳大利亚政府也曾经就类似事件向我国政府发出照会，称在澳大利亚警方和外交贸易部没有接到任何通知的情况下，中国山东警方曾"悄悄"进入澳大利亚境内与劝返对象谈判。笔者认为，境外追逃中某些机会稍纵即逝，为了提高劝返的成功率，持旅游、商务护照"秘密"入境也无可厚非，但相关国家提出的警告确实值得我们警醒。

在时间允许、条件允许的情况下，劝返还是应当通过跨境警务合作和跨境司法协助来进行。具体要注意以下两个方面：

一方面，应当注意在法治轨道内依法依约劝返。本书已在前文介绍过我国的劝返程序和欧盟的简易引渡程序，二者对比情况见表6-2。目前，我国与美国、澳大利亚、加拿大、新西兰四国都已经签订了刑事司法互助条约，而且这些国家都是《联合国反腐败公约》的缔约国。在这种情况下，可以考虑依照《联合国反腐败公约》申请司法协助，尽量避免"秘密"入境。以美国为例，中美执法合作联合联络小组（JLG）成立于1998年，是两国间最重要的反腐败合作机构并且在执法合作方面运行良好。2000年的《中美刑事司法协助协定》签订后，两国在司法执法领域的合作更是取得了丰硕的成果。基于此，中美之间关于人员的劝返完全可以通过国家间的合作机制依规展开。如先与所在国的驻外使领馆和相关机构取得联系，征得理解和同意之后，在当地机关的配合下开展劝返活动。总之，在国际反腐合作深入发展的形势下，劝返工作要实现可持续发展，必须在遵守国际惯例和他国法律的基础上走法治化、规范化的道路。

表6-2 欧盟简易引渡和中国劝返对比

	简易引渡	劝返
法律依据	《欧盟成员国间简易引渡程序公约》	无
对象	临时逮捕人员	外逃人员
程序	无需提交引渡文件	无需提交引渡文件
执行机关	司法机关	司法机关
当事人意愿	自愿被引渡	自愿回国

另一方面，关于"劝返承诺"的规范。与"劝返承诺"概念相近的一个概念是"量刑承诺"，但二者是存在较大区别的。从承诺的主体来看，"量刑承诺"是在引渡、遣返等刑事司法合作中，请求国向被请求国作出的关于对被请求引渡人、被请求遣返人在回国受审后予以减轻处罚的承诺，一般承诺内容包括不判处死刑或者不

执行死刑。而"劝返承诺"是指请求国的司法机关或行政机关考虑到被劝返人主动回国投案的情节，可能给予某些方便条件或予以宽大处理。因此，前者是国与国之间的承诺，而后者是国家与个人之间的承诺。从承诺的事项上来看，"量刑承诺"的事项主要是不判处死刑或者不执行死刑，而"劝返承诺"的事项较为多样，既包括量刑方面的承诺，也包括其他与劝返相关的内容，如能否与家人见面、回国的时间与方式等。从承诺的效力来看，"量刑承诺"有法律依据，而"劝返承诺"则没有。根据《引渡法》第50条的规定，在对被引渡人追究刑事责任的时候，司法机关应当受所作出的量刑承诺的约束。而劝返承诺并不属于该条的适用范围，无法在判决书中阐明。在劝返过程中，办案人员的承诺对于推动境外在逃人员的心理变化，促使其主动回国接受审判，具有重要作用。但是通过上述比较我们可以发现，办案人员的这种承诺在现有法律框架下是没有明确法律依据和法律约束力的。如前所述，《欧盟成员国间简易引渡程序公约》中将简易引渡程序作为一项法律制度予以明确规定，既节约了引渡的时间，又提高了刑事诉讼的效率。具有中国特色的劝返措施在简化司法程序方面具有异曲同工之妙（详见表6-2中对比），但是我国目前还没有将其作为一项基本制度长期固定下来，为将来的境外追逃工作提供法律支撑。欧洲简易引渡制度在前文已经做过详细介绍，笔者将在对欧洲简易引渡程序分析考察的基础上，就我国的劝返措施完善与规范化略述己见，使这一制度具有法律约束力。

首先，对劝返承诺的作出主体进行规范。根据我国《引渡法》第50条的规定，量刑承诺的作出主体是最高人民法院，同时在追诉被引渡人的刑事责任时，司法机关应当受量刑承诺的约束。那么劝返中的承诺可以参考这一规定比照适用。即办案人员在对潜逃境外的腐败分子劝返过程中，需要作出有关量刑的劝返承诺时，应当先经过最高人民法院的批准，而且承诺一旦作出，人民法院在审判过程中必须受其约束。由于劝返承诺的范围比量刑承诺广，对于量刑承诺以外的劝返承诺，就不必报请最高人民法院批准，这样可有效减轻最高人民法院的工作量,办案人员只需向本单位或有关部门报告即可。

其次,对劝返承诺效力的限制。实践中的劝返案例千差万别,对于办案人员在劝返中所做的量刑承诺,我们可以根据具体情况进行分类规范和限制。我国《刑法》原则上对自首犯采取相对从宽处罚原则,在个别情况下也可以不予从宽处理。[①] 因此,不能将自首是否成立的定性问题与自首能否从宽处罚的量刑问题混为一谈。境外在逃人员通过劝返主动回国接受审判,成立我国刑法中的"自首或者立功情节",可以从宽处罚,但是也不意味着一定会从宽处罚。倘若不加区分实行"一刀切",后期很可能会导致部分腐败分子通过外逃来规避处罚。因此,针对不同的劝返案例和承诺,后续确有必要根据《最高人民法院关于常见犯罪的量刑指导意见》,在宽严相济的刑事政策指导下构建更加细化的量刑方案。

(二)遣返的完善

如前文所述,遣返主要包括两种情形:一种是通过启动非法移民遣返程序强制遣返,因此又被称为行政遣返;另一种是犯罪嫌疑人在逃往国被定罪量刑并服刑后被遣返回国,因此又被称为刑事遣返。在司法合作实践中,需要区分不同的情形进行研究:

首先,关于刑事遣返的完善。在采取刑事遣返方式实施追逃合作时,对被追逃人的去向问题要特别关注。以美国为例,根据美国移民法的规定,五年内犯有轻罪的外国人或者任何情况下犯有重罪的外国人,都将面临被法律驱逐出境的结果[②]。但美国法律同时也规定,被驱逐出境人有一次自由选择去向国的机会,如果其选择的去向国在 3 个月内答复美国愿意接纳其到该国,那就仍然达不到对其刑事遣返的目的。此时,需要密切关注被遣返人的活动,及时掌

---

① 张明楷、黎宏、周光权:《刑法新问题探究》,清华大学出版社 2003 年版,第 135 页。

② 黄风、凌岩、王秀梅:《国际刑法学》,中国人民大学出版社 2007 年版,第 214 页。

握其相关信息，通过外交途径与准备接纳国取得联系，防止其继续逃窜到其他国家。

其次，关于行政遣返的完善。在适用行政遣返措施实施追逃合作时，我国应该特别注意一些问题。遣返措施实施的主要法律依据是逃犯藏匿国的国内法，因此熟悉外逃国家的遣返非法移民程序和证据要求就显得十分重要。我国之前就出现过因为不熟悉对方国家的证据材料要求，严重耽误了追逃进度的情形。基于此种情况，需要在启动遣返措施前，对相关国家的移民法以及具体程序、证据材料的要求进行充分的研究，严格按照被请求国的法律规定提交相关证据材料。

（三）境外缉捕措施的完善

如前文所述，目前境外缉捕措施多适用于和我国有良好外交和司法合作关系并且自身法治建设也比较落后的国家，从实践中来看，这些国家与我国并未签订刑事司法协助条约或者引渡条约，大多是根据互惠原则，结合具体个案灵活展开国际合作，因此双方合作的内容并不具体，手段程序也并不规范。

以法治思维和法治方式反腐，运用国际规则开展职务犯罪防控国际合作，是习近平新时代中国特色反腐败理论的重要内容。在关于反腐败国际合作的系列论述中，无不体现法治理念的精髓。在法治轨道上开展合作是新形势下国际反腐败合作的大势所趋，人心所向。中国是一个法治国家，国内反腐和国际反腐都应遵循法律规则，坚持以事实为依据，以法律为准绳。为顺应法治反腐的大趋势，实现更广泛和互惠互利的司法合作，今后我国应在现有良好合作经验的基础之上，将与广大发展中国家的职务犯罪防控国际合作纳入法治化的轨道，推动与亚非国家签订更多的双边司法协助条约、引渡条约等国际司法合作文件，把双方前期积累的宝贵经验通过文本的形式固定下来，确保双方的合作在规范化、法治化的轨道运行。

三、深化开展国际执法合作

在前期合作基础上继续深化国际反腐执法合作是十八届中央纪委在党的十九大报告中特别强调的内容之一。当前，我国职务犯罪防控国际合作机制实质上还是侧重于惩治，是一种事后的补救措施。就完善我国职务犯罪防控国际合作的体系而言，现有的预防腐败国际合作的确是目前的一个短板。当前，我国跨境追逃追赃取得的成就有目共睹，下一步，构建防范公职人员外逃和腐败资金外逃的国际合作机制应当被提上日程。从中央追逃办启动的"天网"系列行动可以看出我国的海外反腐败战略正在发生转变。如果说之前的"天网"行动强调追逃与追赃并重，那么2019"天网"行动则指出，要有力削减外逃存量、有效遏制外逃增量。这是近年来中央对职务犯罪防控国际合作作出的一种新表述，显示出国家开始把做好防范人员和资金外逃的预防工作上升到国际合作的层面。

首先，持续依托国际刑警组织积极开展执法国际合作。国际刑警组织在反腐国际合作领域具有非常重要的作用，其构建了一个协作体系，在这个体系之中各国警察机构各尽其责。我国自1984年正式成为国际刑警组织的成员国以来，一直与其保持着密切的合作。例如交流我国与其他国家各自掌握的犯罪嫌疑人照片、数据等信息；对于已经确定的犯罪嫌疑人，利用国际刑警组织平台发布国际通报；参与协查和收集证据工作，与成员国家共同侦查腐败犯罪案件等。今后，在打击跨国腐败犯罪的过程中，我国将继续深入推进与国际刑警组织的沟通合作，拓展合作方式。

其次，深入开展边境区域执法合作。我国是一个陆海兼备的大国，其中陆地国界线长约22000多公里，由北至南共与14个国家毗邻，沿边共有9个省、自治区。一般来说，地方公安机关与外国警务机关开展合作时，要通过中央机关进行合作。但是，根据我国相关法律规定，[①]边境地区设区的市、县级公安机关在遵守国际条

---

① 《公安机关办理刑事案件程序规定》第336条。

约和本国法律的前提下，可以与邻国的警察机关开展执法会晤、人员往来、边境管控、情报信息交流等双边合作。这一做法使我国的警务合作从国家层面下沉至地方层面，给予地方执法机关以更多的自主权。目前，我国边境省份与相邻国家的警察机关按照惯例相互开展警务合作，初步显示出这种合作方式在缉捕外逃犯罪嫌疑人方面所具有的便捷、快速、灵活等优势。实践中，可以看到我国边境省份积极发挥地缘优势，充分利用与邻国执法部门签署的条约、协议和会晤纪要，努力开创国际追逃追赃、取证工作的新渠道，在边境地区执法合作实践中取得了明显的成效。如在中越两国执法安全合作的框架下，我国广西、云南公安机关与越南警方长期保持着良好的执法合作传统，在打击边境各种犯罪活动方面都取得了明显成效。在中俄两国边境合作机制下，黑龙江省公安厅和俄罗斯联邦滨海边疆区、俄罗斯远东联邦管区分别签署了执法合作协议以及建立了互派联络官制度。① 此外，我国新疆塔城地区与哈萨克斯坦共和国东哈萨克斯坦州内务总局针对建立警务会谈会晤长效制度、相互交流情报信息与业务合作制度、设置日常联络机构等问题进行了多次磋商，并最终签署了警务合作协议，② 为维护两地社会治安秩序、促进边境口岸经济发展、共同开展追逃追赃行动奠定了基础。

但是，在我国边境警务执法合作中，仍然有一些问题客观存在，如统一的警务情报信息系统尚未建立、我方不能给对方提供准确的我国在逃人员藏匿信息、法律差异较大给双方合作带来障碍、警务人员素质有待提高等。对此，我们可以借鉴欧盟国家警务与刑事司法一体化的相关做法，加快加深双边警务合作的进程：第一，建立协调机构，设置边境地区对外警务合作的部门和直接联络机构，进行归口管理；第二，引进欧洲侦查令、简易引渡的做法，简化边境地区办理案件、追逃追赃的程序；第三，整合我国与邻国情报数

---

① 鄂立志：《中俄边境警务情报信息交流与合作存在问题及对策》，载《云南警官学院学报》2016年第1期。

② 卫嫣然：《我区与东哈州签订警务合作会谈纪要》，载《塔城日报》2014年10月18日，第1版。

据，如在逃人员和犯罪人员黑名单，设置边境地区的省市级情报部门；第四，加强人才的培养，互相派员学习交流以熟悉对方国家的语言、法律以及司法程序等，为边境执法合作创造更好的环境。

最后，通过腐败个案积极探索跨境执法合作的新模式。跨境执法合作不同于边境执法合作，边境执法的范围是以边界或以边界线为依托的特定区域。实践中，跨境潜逃的区域并不只是局限于边境地区，还包括内地海关、机场、出入境口岸等。因此，跨境执法合作的实质是各国海关等出入境执法部门密切合作，从人和事两方面进行查证，对有可能潜逃的腐败分子拒绝出境或者入境的情形。2017年以来，美国等西方国家越来越多地与外国开展联合执法行动，调集全球资源共同打击海外腐败行为。并与提供协助的外国执法机构分享罚金，以达到迅速查处海外贿赂案件的目的。近年来我国也在加强国际执法合作领域不断探索。在吉林通化金马药业有限公司原董事长闫永明案件中，中国警方和澳大利亚、新西兰警方通力合作，经过历时7年的工作，闫永明同意退还赃款、缴纳罚金并回国投案自首。该案追缴赃款超过2亿元人民币，实现了"人赃俱获、罪罚兼备"。此外，与欧盟合作经验相似的是，我国的驻外警务联络机构在推动国际执法合作方面也作出了卓越贡献。截止到2017年9月，公安部已在全球31个国家的37个驻外使领馆设有驻外警务联络官编制64人。[①] 驻外警务联络机构不断提高打击跨国犯罪的合作水平，成为境外追捕腐败分子的一把利剑。"猎狐2014"专项行动启动以来，我国驻美国、加拿大、意大利以及东南亚各国的警务联络官深度配合国内近30个批次的办案小组，成功促使200余名境外逃犯归案，有力地配合了中央的反腐败工作。今后对于一些追逃追赃的重点国家，应当充分利用已有的执法合作机制，尝试在这些国家设立驻外警务联络官、派驻检察官或法务参赞等。

---

① 丁小溪：《我国已向全球31个国家派驻64名驻外警务联络官》，载新华网2017年9月24日，http://www.xinhuanet.com/2017-09/24/c-1121716053.htm。

在开展跨境执法合作方面，我国可以在个案合作的基础上，探索构建国家间的执法合作制度。下面本书就该方面问题从四个角度提出完善思路：

第一，建立国家间出入境人员信息共享制度。通过国家间开展有效的犯罪人员信息共享，各国才能够成功阻止犯罪人员的跨境流动，有效惩治腐败犯罪。

第二，与重要国家建立出入境情报通告制度。一般情况下，一国可以基于维护国家安全、公共安全、公共政策等因素考虑拒绝腐败犯罪分子入境本国。这是一种非常理想的预防腐败犯罪分子外逃的国际执法合作模式。基于此，我们需要认真研究重点国家的出入境管理法、移民法和相关政策，吃透各国拒绝入境的条件，建立重点对象出入境身份信息通报制度。一旦边境口岸执法部门发现和确认了腐败犯罪分子，可以迅速向我国执法部门进行通报延迟其入境直至被就地遣返回国。这方面美国和加拿大之间的边境执法合作给世界各国展开合作提供了有益借鉴，由于后续技术层面的完善建议中会有介绍，在此不再赘述。

第三，可以考虑与海关等部门建立边境口岸的联合监管制度。一般情况下，边境口岸开放期间，海关、检验检疫等边境执法部门根据本国法律规定对出入境人员、货物和运输工具进行检查和查验。如果两国海关建立了联合执法安全合作制度，那么入境国家执法机构可以把进出境到本国人员的情报及时传递给对方国家，对预防和控制腐败犯罪有重要价值。

第四，建立国家间金融账户信息分享制度。腐败分子及其境外特定关系人财产状况的变化是掌握其资金状况的一个重大突破口。如果外国执法机构能够向我们通报我国腐败人员和特定关系人在其境内的财产状况，就有利于我国尽早发现腐败线索，从而采取有效措施预防其潜逃。这方面值得推崇的当属经济合作与发展组织（OECD）制定的"共同申报准则"（Common Reporting Standard，CRS）。该准则旨在通过彼此交换在对方国家居住的本国人纳税账户人的信息，加强全球税收合作和提高税收透明度。反腐败职能机构可以充分利用这一平台,掌握国内一些公职人员及关系人的境外财产收入情况,从中甄别筛选发现执法线索。2014年中美两国曾经就互换彼此海外公民的账户信息达成一项初步协议,这项协议约定在互惠条件下彼此提供本国境内的账户持有人的姓名、纳税识别号、储蓄账户及其他收入总额,对防范和打击腐败犯罪、洗钱犯罪都有重要价值。中美之间的这项合作协议为我国与世界其他国家、区域内国家之间开展反腐败执法合作提供了有益的思路。

值得欣慰的是,2018年12月,新成立的国家监察委员会与澳大利亚警方签署了一项反腐败执法合作谅解备忘录,这是国家监察委员会成立后首次同西方国家签署反腐败执法合作文件,对两国深化反腐败合作具有重要意义。相信今后我国会同世界更多国家在反腐执法合作领域建立更多的合作关系,构筑预防腐败的国际合作平台。

四、构建科学合理的资产返还与分享机制

2017年,美国、新加坡、巴西联合调查了淡马锡旗下的吉宝公司,该公司因涉嫌贿赂巴西石油公司等国有企业官员被处以巨额商业贿赂罚款。类似的案件还有2018年的巴西石油公司海外行贿案,美国在该案的调查中会同多国执法部门启动了联合调查。可见,在追缴腐败资产的司法实践中,越来越多的国家间通过开展联合执法行动,调集全球资源共同打击海外腐败行为,并与提供协助的外国执法机构分享罚金,以达到迅速查处海外贿赂案件的目的。目前我国在腐败资产的分享机制方面尚处于起步阶段,仅有的一项与加拿大签订的《中华人民共和国政府和加拿大政府关于分享和返还被追缴资产的协定》属于临时个案模式,而且尚未在实践中发挥作用。《国际刑事司法协助法》中虽然规定了资产分享问题,但仅仅作了概括性规定,关于分享的具体事项仍属于法律空白。基于此,本书将尝试从四个方面对我国的资产分享制度作出具体规划建议。

第一,修改相关法律。我国《刑法》对资产分享持明确否定的

态度。根据我国《刑法》规定，没收的财物和罚金，必须一律上缴国库，不得挪用和自行处理，①自然不得分割给其他国家和地区。2018年我国出台的《国际刑事司法协助法》填补了关于资产分享制度的空白，该法第49条规定了我国可以与外国就违法所得和涉案财物展开资产分享工作，数额或者比例应当由两国相关部门进行协商。同样，该法第54条规定了我国作为资产分享提出国的情形，明确了提出分享请求的机关以及根据对等原则协商分享的数额和比例。但是，这两条仅仅是在国内法中明确了资产分享的可能性，关于分享的可行性并未过多提及。可见，我国的资产分享制度借鉴了美国等国家的做法，但在实际操作中由于缺少明确的比例档次和操作标准，相关部门难免会无所适从。将来在补充完善《国际刑事司法协助法》时，可以考虑加入分享比例和分享程序等方面的内容。至于《刑法》与《国际刑事司法协助法》的衔接问题，为了扫清构建我国资产分享机制的法律障碍，保持法律之间的衔接顺畅，本书建议将《刑法》第64条的后半段删除，或者修改为"没收的财物和罚金，一律上缴国库，不得挪用和自行处理。国家另有规定的除外。"

第二，设立专门的追缴资产专用账户。很多西方国家对追缴的资产会设立专门的基金或是账户统一进行管理，将上缴资产与罚没资产区别开来。如美国的"财产罚没基金"以及澳大利亚联邦政府设立的"被罚没财产账户"②。开设专门的追缴资产账户有利于追缴资产的统一管理，便于与其他国家之间进行分享资产的分配。我国可以借鉴这一做法，对于分享后的资产收归国有，建立严格的管理和使用程序，例如将此财产作为查办跨国腐败犯罪案件的经费或者开展有关培训活动。

第三，合理确定分享范围和比例。根据上文阐述，资产分享的

---

① 《中华人民共和国刑法》第64条。
② 张静、刘炯：《试论被没收犯罪收益分享机制》，载黄风、赵林娜主编：《国际刑事司法合作：研究与文献》，中国政法大学出版社2009年版，第155页。

范围一般是扣除案件办理环节各项合理费用,以及返还原合法所有人、赔偿被害人、扣除善意第三人合法财产之后的剩余资产。此外,被分享的资产通常为那些无合法所有人的犯罪收益,如产生于贩毒、洗钱、受贿等无直接财产被害人的犯罪的收益。比例的确定也是分享的关键。影响分享比例的因素有很多,有协助者提供证据材料的分量、参与调查的程度、犯罪行为的性质、受害人和犯罪分子的国籍等,最重要的是参与合作的国家所作的贡献。以美国为例,美国将分享比例划分为三个层次:重大协助,分享比例为50%—80%;较大协助,分享比例为40%—50%;提供便利,分享比例为40%以下。[①] 至于资产分享的范围,欧盟一般规定将没收总额的50%交给协助国。关于我国的资产分享比例和范围,可在借鉴国外先进经验的基础上,结合我国的具体国情,从提供证据、协助调查、帮助收集证据中所起的作用以及所提供信息的重要性程度等方面综合确定。

第四,理顺资产分享的具体程序。资产分享的程序大致可以划分为三个阶段,即分享请求的提出、审查、执行和监督。提出的方式以正式的书面方式为宜。审查应有一定的期限,通过对请求国提供的相关材料和证据进行审查,确定是否分享以及分享的比例。具体执行方面,扣除资产分享后的剩余金额应当返还给相应的合法所有人,比如国家或者特定的被害人。此外,还要设立专门的资产分享监督机关对分享事宜进行具体审查,如事后发现返还有误,则要通过一定的救济措施进行补救。根据国际惯例,对于分享资产的使用一般不予特别规定,只要用于合法用途即可。

除了上述四个方面之外,构建资产分享机制还涉及其他方面的配套制度,如完善善意第三人的财产权利保护制度。我国对被害人财产返还的法律规定比较简单,因此在开展返还程序时,还需要设置一定的通知程序和救济程序来保障第三人的经济利益。由于各国

---

① 黄风:《关于追缴犯罪所得的国际司法合作问题研究》,载《政治与法律》2002年第5期。

国情和发展程度不同,开展反腐追赃合作的需求、重点和主张也不尽相同。对此,国际社会应在平等互惠、求同存异、合作共赢的原则下,尊重彼此的法律制度和核心利益,突破障碍和分歧,找到彼此合作的最大公约数。在《联合国反腐败公约》搭建的合作框架下,进一步明确双方反腐败追赃合作的目标、措施和路径,通过与有关国家缔结资产分享的双边条约,建立长效务实的资产分享机制。

五、确立承认和执行外国刑事裁判的制度

从各国的司法实践和国际合作情况来看,承认和执行外国刑事裁判已经逐渐成为一种趋势。例如美国与一些国家签署了专门的"合作执行刑事判决的条约",德国2013年《刑事案件司法协助法》第四编的整编内容都是关于"执行外国判决的司法协助"的规定。反观我国,新修正的《刑事诉讼法》虽然增设了特别没收程序和缺席审判程序,但并不代表我国作出的腐败资产没收裁决或者对腐败犯罪的刑事判决必然会获得相关国家的承认与执行。在社会矛盾变化和职务犯罪防控国际合作进入攻坚期的时代背景下,顺应人民群众对我国腐败治理的新要求,将外逃腐败分子盗窃人民的财产如数追回,建立外国刑事裁判的承认与执行制度显得不容回避。外国刑事裁判的承认与执行应当以国际条约为依据,以互惠原则为基础。在构建我国对外国刑事罚没裁决机制时,本书主要从以下三个方面考虑:

第一,关于立法模式的选择。承认和执行外国刑事判决制度的立法模式,我国刑法理论界归纳出四种模式:"积极承认说""事实承认说""完全否定说"和"附条件承认说",其中"附条件承认说"最具有合理性,值得我国借鉴。该说的主要观点是在法律层面上承认外国刑事裁决的效力,但在某些情况下可以拒绝承认和执行外国的刑事裁决。这种"原则+例外"的立法模式比较符合我国当前的实践需要,又避免了完全承认与执行外国刑事裁决对我国立法和司

法所带来的冲击。目前，我国新出台的《国际刑事司法协助法》第八章第 55 条至第 66 条规定了"移管被判刑人"的具体内容，对向外国移管被判刑人和向中华人民共和国移管被判刑人的条件、程序等作出了比较细化的安排。但是，仍然没有涉及对外国刑事司法裁决在我国的直接承认与执行。为推动这一制度的建立以及深化在追缴犯罪所得领域的国际司法合作，本书建议创设一种类似承认与执行外国民事裁决的，但实际是针对外国刑事罚没裁决承认与执行的司法审查制度。这样就巧妙地在不增加过多立法成本的基础上，实现了维护国家主权和促进追赃的双赢。在具体的法条规定上，建议取消《刑法》第 10 条中关于对外国刑事判决消极承认的规定。在我国《刑事诉讼法》"绝对不起诉"中增加一项，即行为人已在国外接受审判的，该判决结果能够为我国承认与执行。

第二，关于承认的一般条件和特殊条件。承认与执行外国司法裁决的一般条件包括：首先，请求国司法机关已经作出关于扣押和罚没的刑事生效裁决，且不损害我国的主权、安全、公共秩序或者国家的其他重大利益；其次，请求国的有关司法审判活动充分尊重并保障了当事人的各项诉讼权利；再次，罚没裁决所针对的人已在有关的刑事诉讼中被加以定罪，并且该犯罪行为在被请求国将构成一定严重程度的犯罪；最后，与被罚没的财产有利益关系的人员收到了诉讼主管机关的通知。

但是，在一些特殊情形下，被请求国主管机关认为存在下列情形，则有权拒绝有关的承认请求。这些特殊情形通常是有损被请求国的主权、安全和国家利益、公共利益或者违背国际惯例、公序良俗等，也有可能是请求国法院缺乏管辖权或者损害程序正义等。

第三，关于司法审查的程序问题。国际打击腐败等共同犯罪的需要，催生了承认和执行外国刑事判决这一国际司法合作形式。这一合作形式相比其他方式更深层次地触及了一国国家主权的让渡问题，因此，对外国刑事判决的审查程序问题成为一个非常重要的问题。如在职务犯罪防控国际合作实践中，需要被承认或执行的有关财产方面的外国判决一般有两类：一类是有关协助扣押和没收的决定均由被请求国的法院作出,另外一类是由请求国的法院作出的有关财产方面的判决。有些国家的法律规定,可以通过直接采用判决的形式决定是否承认和执行外国的司法裁决,并将此决定付诸实施。有些国家则相对比较宽松,采用判决登记的程序即可。鉴于国际规则和目前我国法治发展的现状,我国可以考虑在依据互惠原则的前提下决定采取何种形式。具体来说,如果两国具有相似的法律传统或者良好的外交关系,可以在对等原则下确认彼此相互承认和执行对方国家的法院判决,并将这种制度以国内法和缔结双边国际条约的形式固化。此外,由于这种司法审查对司法者的政策水平和法律专业素质要求比较高,因此,我国对刑事罚没裁决的司法审查可以参照我国《引渡法》中的相关规定,将对外国刑事判决的审核承认权放在高级人民法院,并由最高人民法院对高级人民法院作出的裁决再次复核。现阶段全面承认外国刑事裁判的做法也并不可取,本书建议应当先行放开承认对外国司法机关作出的有关财产罚没方面的裁决,提出的途径方式可以是通过国际条约,也可以是通过外交手段。

第四节　技术层面:加大国际国内监管力度,构建防逃体系

根据十八届中央纪委向中国共产党第十九次代表大会报告中披露的信息,我国新增外逃人员正在逐年大幅度递减,从 2014 年的 101 人降至 2015 年的 31 人、2016 年的 19 人,2017 年 1 月至 9 月为 4 人。① 外逃势头持续得到有效遏制。据报道,一些省已经在省、市、县建立追逃三级全覆盖,同时加强证照管理、干部监督、资金监管,做好外逃风险评估和防逃预案。在预防和打击腐败分子的外逃问题上,习近平总书记旗帜鲜明地指出,要"让已经潜逃的无处

---

① 王雅婧:《决不让腐败分子躲进避罪天堂》,载《中国纪检监察报》,2017 年 11 月 7 日,第 4 版。

藏身，让企图外逃的丢掉幻想"。① 境外追逃是事后补救行为，应当从源头上做好防控才是治本之策。全面加强防逃工作，筑牢防逃堤坝，切断腐败分子后路是新时期防逃工作的总体要求。通过定期开展裸官清理、核查个人有关事项报告情况、落实外逃人员所在党组织追逃责任以及开展打击利用"地下钱庄"和离岸公司转移赃款的专项行动，可以有力地遏制人员外逃和赃款外流，构建起不敢逃、不能逃的有效机制。

一、建立国家外逃信息大数据共享平台

外逃腐败犯罪分子的信息情报记录不清是我国目前开展职务犯罪防控国际合作的基础性障碍。造成信息不清、数据不详的原因比较复杂，概括起来主要有：第一，出逃后变更身份、相貌等信息造成追踪困难。比如，温州市原副市长杨秀珠自2003年出逃至2016年投案自首，其间辗转于新加坡、法国、荷兰、意大利、美国等多个国家和我国的香港特别行政区，给追逃工作带来极大的困难。有些腐败分子同时拥有多个不同名字的身份证及其他出入境证件，出境后根本无法掌握其行踪。还有的甚至接受整容手术使自己的相貌发生彻底改变，让办案人员无从查起，如广东中山市实业发展总公司原经理陈满雄。第二，出逃时间久远、统计困难。我国的腐败犯罪分子外逃现象大部分发生于2000年以前，距今潜逃时间最长的已有二十多年，那时官方统计信息制度并不完善，许多案件的原承办人已经调离原岗位，现在再去查证难度很大。第三，各机构统计口径不一致，信息共享不及时。我国对境外追逃追赃有管辖权的机构众多，一方面，各个机构都有自己的统计口径和统计数据，因此大量数据的来源出入很大，导致媒体上的不实报道也很多。如将经济犯罪嫌疑人与贪腐犯罪嫌疑人混为一谈，将境内外逃与跨境外逃混为一谈等。另一方面，各有权机关获得的信息没有得到及时共

---

① 《习近平在十八届中央纪委六次全会上的讲话》，2016年1月12日。

享，因此目前官方也没有掌握清晰准确的外逃贪官数据。

鉴于此种情况，对于已经潜逃出境的腐败犯罪嫌疑人，由公安机关、检察院、法院、纪委等各个条线的中央机构逐级向下摸查，经过汇总、核实、比对数据后，建立由监察委员会主管、各条线共享的统一外逃信息数据库，详细记录每个外逃腐败分子的案件情况。实践中腐败犯罪嫌疑人在携款外逃时，一般都会严密筹划、准备证件、伪造身份。因此，对于现有的公职人员队伍监管，一方面要依法将新增监察对象纳入防逃体系，探索将"八小时以外"活动纳入考核机制，建立公职人员数据信息库与动态更新制度；另一方面要完善公职人员及其配偶、子女个人身份和证件管理，开展大数据排查，加强对重点人员的风险评估。同时，督促责任人员及时更新信息并整理报告。

二、建立外逃信息公开与举报制度

人民群众是反腐败重要的动力来源。新时代是属于大家的，每一个人都是历史合力的实践者。党的十八大以来，党和国家深入贯彻以人民为中心的发展思想，强调保证全体人民在共建共享发展中有更多获得感，增强人民群众对社会治理共同体的认同感，不断促进人的全面发展。人民群众的获得感不仅停留在物质层面，精神层面的获得感同样重要。在共建新时代社会主义法治社会的目标下，让人民群众充分参与到共同治理腐败犯罪的过程中去，切实让人民行使监督权，才能最终使人民享有更多的获得感。现阶段的腐败治理问题，除了制度保障的国家行为之外，广大人民群众的监督和参与也是题中应有之义。

相比之下，在腐败治理过程中我国的公众参与程度并不高，法律对举报制度也缺乏明确的定位和详细的举报规则。出于保密和侦查的需要，现有的具体数据和信息原则上也不向社会公开。信息的不透明，容易使民众被媒体的不实报道所误导，夸大我国目前的腐败和外逃程度。一般来说，衡量腐败的指标有主观和客观两种，其中主观指标就是基于人们对腐败的看法。实践中人们的看法极易受到媒体报道的影响，因此有必要改变目前外逃信息和数据不透明的状态，淡化腐败案件的政治色彩，将外逃的腐败犯罪嫌疑人信息向海内外开放。海外众多的华人组织、留学生团体都可以成为基础信息情报来源，在确立监察机关职务犯罪防控国际合作工作主体地位的机制下，本书建议在国家监察委员会开辟举报平台，对举报外逃涉腐案件线索和信息的人员予以物质奖励。

三、建立边境联合管理、跨境执法合作机制

欧盟已经建立了非常完善的边境联合管理制度，成立了专门的边境管理机构和边境执法力量，借助于先进科技促进犯罪情报数据库的链接，建立了签证信息系统和边境监控系统，有效防止了腐败分子跨境流窜。总部设在海牙的欧洲警察署拥有庞大的中心信息存储系统，其中的"毒品走私、有组织犯罪数据库"和"非法移民数据库"在打击腐败分子跨境流窜方面贡献显著。此外，美国和加拿大建立的跨境执法合作机制通过共享两国的出入境人员情报，能够有效地监控各类犯罪分子的出入境动态。这些国家的边境联合管控制度不仅有效实现了防逃信息的共享和预警，而且解决了国家间在开展合作时的主权独立、隐私权保护以及法律冲突等疑难问题。

就我国预防腐败人员外逃来说，我国有必要与腐败人员外逃地国家建立边境联合管控、执法合作机制，在相互通报腐败犯罪线索和人员身份的基础上，强化重要犯罪嫌疑人生物技术身份的识别合作。如考虑建立统一的信息共享系统用来存储正在进行的或未来可能的犯罪人员的个人信息，包括照片、指纹、DNA 图谱等。各成员国警察机关和边境执法人员在例行检查时可以无障碍查看相关出入境人员的信息。

四、加强金融监管技术建设

在治理腐败方面，数据是最新式的反腐利器。加大对涉腐洗钱

犯罪的惩治力度，研究解决境内交易与境外套现交织问题，努力将赃款遏制在境内，力争实现境外赃款的发现和追回，切实把腐败分子盗窃人民的财产如数追回、还给人民是摆在我们面前的艰巨任务。运用数据分析技术，可有效识别境内外交易的关联方，为金融反腐提供重要信息。

根据 2023 年 1 月 30 日央行发布的《2021 年中国反洗钱报告》，截至 2021 年底，已与 60 家境外金融情报机构正式确立情报交流合作关系，基本包括主要的外逃目的地国。在防范犯罪资金外流方面，世界很多发达国家有着非常成熟完善的技术手段，这对于完善我国的反洗钱情报和调查，建立国际预防和监测洗钱犯罪合作机制具有重要的借鉴价值。我们应当与腐败资产主要流入国密切开展反洗钱信息交流、情报互换和调查工作，并在此基础上建立海外公民账户信息监管合作制度，该项措施在上文已有详述。《联合国反腐败公约》第 52 条第 1 款规定了"对正在或者曾经担任重要公职的个人及其家庭成员和与其关系密切的人或者这些人的代理人所要求开立或者保持的账户进行强化审查"。本书认为，可以吸收《联合国反腐败公约》的这一有益做法，建立监测可疑交易制度和信息预警机制，在完善金融实名制的基础上对大额资金流动实施密切监管。腐败分子外逃前，大多会将财产转移至境外。因此，还应进一步推动与全球性的银行签署条约和建立信息交换机制，实现对本国公民尤其是特定公职人员海外账户的监管，及时发现可疑信息，抑制赃款外流。

五、境外没收财产的评估和认定

习近平总书记在谈到推进国家治理体系和治理能力现代化建设时，多次强调"信息是国家治理的重要依据""要运用大数据提升国家治理现代化水平"[①]。在境外追逃实践工作中，司法机关在认定

[①] 《习近平在十九届中共中央政治局第二次集体学习时的讲话》，2017 年 12 月 8 日。

应没收财产的范围时,往往面临着无法查清财产流向或是不能准确测算混合所得中违法所得及其收益部分等难题。在对腐败资产的认定方面,仅凭政府物价部门的评估或是监察、检察机关司法鉴定部门的工作是无法科学全面反映案件的实际情况的。为了更准确地对犯罪嫌疑人的财产作出精确估算,保证犯罪嫌疑人的合法私有财产不受侵犯,可以交由第三方评估机构(如具有资质的会计师事务所)进行评估,用大数据辅助科学决策,以便更有效地确定应当没收财产的范围。随着大数据和人工智能的计算方法在会计和资产评估领域的广泛应用,我们没有理由在司法鉴定等工作中对日新月异的科学技术关上大门。

结语 | Conclusion

　　腐败与中国共产党为人民谋福利、为中华民族谋复兴的初心和历史使命水火不容。当前，反腐败斗争形势依然严峻复杂。如果将一国国内腐败治理机制完善比作抵抗腐败顽疾之"内服"疗法，那么开展职务犯罪防控国际合作则更类似于遏制腐败犯罪外向型趋势的"外敷"式疗法。随着全球化的深入发展和腐败犯罪跨国化的特征日益明显，"外敷"式疗法日益显示出在治理腐败犯罪方面的重要性。当前，运用法治思维和法治方式反腐是世界反腐败的主流，也是我国预防惩治职务犯罪、建设廉洁政治的根本方向。在社会主要矛盾发生转变以及国内腐败治理取得突破性进展的形势下，顺应广大人民的要求继续深化反腐败斗争，和国际社会积极携手开展职务犯罪防控的国际合作是下一阶段的重要任务。

　　党的十八大以来，腐败治理被提升至政治和外交层面，本书始终基于马克思历史唯物主义和辩证唯物主义的基本立场，在对腐败以及职务犯罪防控国际合作的内涵进行界定的基础上，从马克思主义的视角出发引出对新时代职务犯罪防控国际合作理论依据的阐述。习近平总书记关于职务犯罪防控国际合作的重要论述产生于新时代，与马克思主义在政治立场、哲学观点和基本方法上具有高度的一致性。本书在阐述马克思反腐败思想和国际合作思想精髓的同时，指出新时代开展的职务犯罪防控国际合作是在习近平新时代中国特色社会主义思想的指导下，运用马克思主义的立场、观点和方法与世界各国开展反腐败合作工作。习近平总书记提出的关于反腐败、开展职务犯罪防控国际合作的精辟论述是新时代马克思主义中国化的最新成果。

腐败是各国政治之癌，严重损害了社会公平正义和民主法治。特别是近年来一些职务犯罪嫌疑人以非法途径出逃海外或将犯罪资产转移境外，严重败坏了国家形象，造成国有财产的巨大损失。职务犯罪防控国际合作研究的起点是当代中国，在社会矛盾发生转变的前提下，新的社会历史实践对腐败治理提出了更高更新的要求。为保障人民利益和维护国家财产权益，以法治思维和法治方式开展国际合作是实现腐败治理现代化的必然要求。反腐倡廉之路任重而道远，面对国际合作中不断出现的新情况、新问题，我国通过与世界各国开展国际合作，向外逃的职务犯罪分子发出"有逃必追，一追到底"的正义宣言；在与他国开展执法司法合作的过程中，向世界宣传近年来中国刑事法治和人权保障事业的伟大进展，以实际行动诠释着构建人类命运共同体的核心要义。随着职务犯罪案件中涉外因素和复杂因素的增多，我国在该领域的防控合作已经进入深水区和新阶段。与此同时，司法体制改革和监察体制改革又为其注入了新生力量，相信我国必然会在未来国际反腐败斗争中承担更多的责任，在以习近平同志为核心的党中央的坚强领导下，与世界各国人民一道促进反腐败全球治理，推动建设合作共赢的新型国际关系。

参考文献 | References

中文参考文献

[1] 马克思, 恩格斯.《马克思恩格斯选集》(第 1 卷) [M]. 人民出版社, 2012.

[2] 马克思, 恩格斯.《马克思恩格斯选集》(第 3 卷) [M]. 人民出版社, 2012.

[3] 马克思, 恩格斯.《马克思恩格斯选集》(第 4 卷) [M]. 人民出版社, 2012.

[4] 马克思, 恩格斯.《马克思恩格斯全集》(第 21 卷) [M]. 人民出版社, 2003.

[5] 马克思, 恩格斯.《马克思恩格斯全集》(第 31 卷) [M]. 人民出版社, 1998.

[6] 马克思, 恩格斯.《马克思恩格斯全集》(第 35 卷) [M]. 人民出版社, 2009.

[7] 列宁.《列宁选集》(第 4 卷) [M]. 人民出版社, 2012.

[8] 习近平.《习近平关于党风廉政建设和反腐败斗争论述摘编》[M]. 中国方正出版社, 2015.

[9] 习近平.《在中国共产党第十八届中央纪委二次全会上的讲话》, 2013 年 1 月 23 日.

[10] 习近平.《在十九届中央政治局第二次集体学习时的讲话》, 2017 年 12 月 8 日.

[11] 习近平.《在纪念马克思诞辰 200 周年大会上的讲话》，2018 年 5 月 5 日.

[12] 中国共产党第十八届中央纪律检查委员会第七次全体会议公报，2017 年 1 月 8 日.

[13] 习近平.《决胜全面建成小康社会 夺取新时代中国特色社会主义伟大胜利——在中国共产党第十九次全国代表大会上的报告》，2017 年 11 月 28 日.

[14]《十八大以来重要文献选编》[M]. 北京：中央文献出版社，2016.

[15] 中共中央国家机关工作委员会编著.《学习习近平同志关于机关党建重要论述》[M]. 党建读物出版社，2015.

[16] 李秀娟.《中国反腐败立法构建：以〈联合国反腐败公约〉》为视角》[M]. 中国方正出版社，2007.

[17] 陈光中.《〈联合国反腐败公约〉与我国刑事诉讼法再修改》[M]. 中国人民公安大学出版社，2006.

[18] 陈雷.《反腐败国际公约视野下我国反腐败刑事立法及其完善》[M]. 中国人民公安大学出版社，2008.

[19] 高波.《廉洁拐点：世界难题与中国答案》[M]. 中信出版集团，2017.

[20] [美] 亨廷顿.《变革社会中的政治秩序》[M]. 李盛平，杨玉生译，华夏出版社，1988.

[21] 黄风.《或引渡或起诉》[M]. 中国政法大学出版社，2013.

[22] 郑玉波.《法谚（二）》[M]. 法律出版社，2007.

[23] 陈雷.《特别没收程序与国际追赃工作实务》[M]. 中国方正出版社，2018.

[24] 张磊.《反腐败零容忍与境外追逃》[M]. 法律出版社，2017.

[25] 陈雷.《反腐败国际合作理论与实务》[M]. 中国检察出版社，2012.

[26] 黄风.《国际刑事司法合作的规则与实践》[M]. 北京大学出版社, 2008.

[27] [韩] 李万熙.《引渡与国际法》[M]. 马相哲译, 法律出版社, 2002.

[28] 张明楷.《外国刑法纲要》(第2版) [M]. 清华大学出版社, 2007.

[29] 甄贞等.《联合国反腐败公约与国内法协调机制研究》[M]. 法律出版社, 2007.

[30] 黄风.《刑事没收与资产追缴》[M]. 中国民主法制出版社, 2018.

[31] 罗玉珍, 高委.《民事证明制度与理论》[M]. 法律出版社, 2003.

[32] 苏彩霞.《中国刑法国际化研究》[M]. 北京大学出版社, 2006.

[33] 肖军.《境外追逃追赃国际合作研究》[M]. 法律出版社, 2016.

[34] [意] 切萨雷. 贝卡利亚.《论犯罪与刑罚》[M]. 黄风译, 中国法制出版社, 2005.

[35] [德] 黑格尔. 法哲学原理 [M]. 商务印书馆, 1996.

[36] [匈] 卢卡奇.《历史与阶级意识》[M]. 杜章智等译, 商务印书馆, 1999.

[37] [美] 罗森.《法律与文化》[M]. 彭艳崇译, 法律出版社, 2011.

[38] 黄风等.《国际刑法学》[M]. 中国人民大学出版社, 2007.

[39] 张明楷.《外国刑法纲要》[M]. 清华大学出版社, 1999.

[40] 周振想.《公务犯罪研究综述》[M]. 法律出版社, 2005.

[41] 张桂琳.《西方政治哲学》[M]. 中国政法大学出版社, 1999.

[42] 最高人民检察院贪污贿赂检察厅．《世界各国反贪污贿赂的理论与实践》［M］．齐鲁书社，1995．

[43] 赵秉志，杨诚．《联合国反腐败公约》在中国的贯彻［M］．法律出版社，2011．

[44] 张士金．《资产追回国际法律合作问题研究》［M］．中国人民公安大学出版社，2010．

[45] 张磊等译．《澳大利亚2002年犯罪收益追缴法》［M］．中国政法大学出版社，2008．

[46] 陈雷．《国际反腐风云》［M］．福建人民出版社，2007．

[47] 杨宇冠，吴高庆．《联合国反腐败公约》解读［M］．中国人民公安大学出版社，2004．

[48] 田立晓．《第一项全球性反腐败法律文书——论〈联合国反腐败公约〉及其与中国法律衔接问题刑法评论》（第2卷）［M］．法律出版社，2004．

[49] 向党．《国际警务合作概论》［M］．中国人民公安大学出版社，2005．

[50] 陈正云，李翔，陈鹏展．《联合国反腐败公约》全球反腐败的法律基石［M］．中国民主法制出版社，2006．

[51] 黄风，赵林娜．《境外追逃追赃与国际司法合作》［M］．中国政法大学出版社，2008．

[52] 甄贞．《联合国反腐败公约》与国内法协调机制研究［M］．法律出版社，2007．

[53] 郭吴新，洪文达，池元吉，冯舜华，等．《世界经济》（第2册）［M］．高等教育出版社，1989．

[54] 黄风，赵林娜．《国际刑事司法合作：研究与文献》［M］．中国政法大学出版社，2009．

[55] 赵秉志．《欧盟刑事司法协助研究暨相关文献》［M］．中国人民公安大学出版社，2003．

[56] 卢有学．《贿赂犯罪立法的国际接轨．中国刑法学年会文集》第2卷（上）［M］．中国人民公安大学出版社，2004．

[57] 赵秉志．中国反腐败刑事法治的若干重大现实问题研究 [J]．《法学评论》，2014（3）．

[58] 李佃来．马克思政治哲学与当代中国政治哲学建构 [J]．《山东社会科学》，2017（12）．

[59] 邵景均．马克思主义反腐败思想在中国的实践与发展 [J]．《毛泽东研究》，2019（1）．

[60] 李佃来．马克思政治哲学中的"社会性"问题 [J]．《理论探索》，2019（2）．

[61] 陈梅．马克思主义利益论视阈下腐败犯罪的生成原因与预防 [J]．《云南社会科学》，2018（2）．

[62] 李佃来．读懂主要矛盾的变化才能读懂新时代 [J]．《中国纪检监察》，2018（10）．

[63] 苑博，张子龙．社会主义核心价值体系下的刑事法治建设之考量 [J]．《经济研究导刊》．2014（5）．

[64] 黄风，王君祥．非洲国家刑事司法协助立法若干问题探析——兼议对我国刑事司法协助立法的启示 [J]．《比较法研究》，2011（2）．

[65] 贾凌，张勇．论《联合国反腐败公约》与我国腐败犯罪立法的衔接 [J]．《中国人民公安大学学报（社会科学版）》，2007（2）．

[66] 卢建平．从《联合国反腐败公约》看贿赂犯罪的立法发展 [J]．《人民检察》，2005（3）．

[67] 苏彩霞．论我国惩治腐败犯罪刑事立法的完善—以《联合国反腐败公约》为参照 [J]．《法商研究》，2005（5）．

[68] 万金冬，郎俊义．《联合国反腐败公约》关于私营部门内腐败犯罪的规定及启示 [J]．《中国人民公安大学学报》，2005（1）．

[69] 张伟珂．腐败犯罪死刑立法改革的特殊性研究——以死刑民意为视角 [J]．《中国刑事法杂志》，2015（2）．

[70] 赵秉志．论我国反腐败刑事法治的完善 [J]．《当代法

学》，2013（3）.

[71] 刘志伟，魏昌东，钱小平．中国贯彻《联合国反腐败公约》的措施 [J].《南都学坛（人文社会科学学报）》，2011（1）.

[72] 赵秉志．关于我国刑事法治与《联合国反腐败公约》协调的几点初步探讨 [J].《法学杂志》，2006（1）.

[73] 匡科．国际反腐败法律制度与我国刑事司法改革—以《联合国反腐败公约》为中心的分析 [J].《南京师大学报（社会科学版）》，2006（1）.

[74] 魏昌东，赵秉志．《联合国反腐败公约》在中国刑事立法中的转化模式评析 [J].《南京大学学报（哲学社会科学版）》，2008（2）.

[75] 赵秉志．中国反腐败刑事法治国际化论纲 [J].《江海学刊》，2009（1）.

[76] 张磊．境外追逃中的量刑承诺制度研究 [J].《中国法学》，2017（1）.

[77] 高铭暄，陈冉．论社会管理创新中的刑事法治问题 [J].《中国法学》，2012（2）.

[78] 赵秉志．中国反腐败刑事法治领域中的国际合作 [J].《国家检察官学院学报》，第18卷第5）.

[79] 赵秉志．中国刑法的最新修正 [J].《法治研究》，2015（6）.

[80] 赵秉志．论中国贪污受贿犯罪死刑的立法控制及其废止——以《刑法修正案（九）》为视角 [J].《现代法学》，2016（1）.

[81] 赵秉志，彭新林．习近平反腐倡廉思想研究 [J].《北京师范大学学报（社会科学版）》，2015（5）.

[82] 黄风．我国主动引渡制度研究：经验、问题和对策 [J].《法商研究》，2006（4）.

[83] 黄风．通过民事诉讼从国外追回资产问题研究 [J].《比较法研究》，2008（1）.

[84] 何家弘. 中国腐败犯罪的现状评估 [J]. 《现代法学》, 2014 (6).

[85] 何家弘. 反腐败的战略重心与官员财产公示 [J]. 《法学》, 2014 (10).

[86] 高智华. 区域刑事司法协助中警务合作的模式与路径 [J]. 《中国人民公安大学学报（社会科学版）》, 2009 (01).

[87] 黄风. 刑诉法应增加承认与执行外国判决的制度 [J]. 《现代法学》. 2007 (02).

[88] 时延安, 刘伟. 违法所得和违法收益的界定 [J]. 《中国检察官》. 2007 (02).

[89] 索维东, 刘世天. 全球化视野下的反腐败国际合作 [J]. 《当代法学》. 2006 (06).

[90] 王瑞.《联合国反腐败公约》与我国反腐败法律机制的完善 [J]. 《中共山西省委党校学报》. 2006 (04).

[91] 何增科. 国际社会反腐败的新进展：以《联合国反腐败公约》及其实施评估为视角（下）[J]. 《北京行政学院学报》, 2012 (2).

[92] 李卫东, 徐荣生. 腐败资产间接追回机制及其立法完善 [J]. 《人民检察》, 2011 (10).

[93] 王新. 追溯美国反洗钱立法之发展 [J]. 《比较法研究》, 2009 (2).

[94] 于阜民. 国际犯罪管辖和审理的制度建构与完善 [J]. 《中国法学》, 2018 (3).

[95] 张雨燕. 美国历史上的腐败与反腐败 [J]. 《学习与实践》, 2006 (3).

[96] 庄正. 打击犯罪对策中的追赃与查扣非常所得 [J].《国家检察官学院学报,》 2010 (5).

[97] 朱立恒. 我国应对跨国腐败犯罪的问题与对策 [J]. 《比较法研究》, 2011 (3).

[98] 刘耀彬.《联合国反腐败公约》与我国反洗钱立法的完善[J].《行政与法》，2006（10）.

[99] 徐玉生，陆奕君. 反腐败国际合作的中国经验及理路[J].《青海社会科学》，2018（4）.

[100] 王存刚. 国内学界关于马克思主义国际关系理论及其中国化研究——进展与问题［J］. 载《国际政治研究》2011（3）.

[101] 刘艳红，夏伟. 法治反腐视域下国家监察体制改革的新路径［J］.《武汉大学学报（哲学社会科学版）》，2018（1）.

[102] 黄风. 建立境外追逃追赃长效机制的几个法律问题[J].《法学》2015（3）.

[103] 高巍. 新时代跨境追逃追赃的理念与机制［J］.《法学杂志》2018（6）.

[104] 黄风. 我国主动引渡制度研究：经验、问题和对策[J].《法商研究》2006（4）.

[105] 陈瑞华. 刑法学与刑事诉讼法学研究的互动［J］.《中国检察官》2018（1）.

[106] 李海滢. 海外追逃、追赃背景下反腐败立法的协调与联动［J］.《当代法学》2019（3）.

[107] 陈磊. 国家监察体制改革背景下职务犯罪境外追赃追逃长效机制构建［J］.《刑法论丛》2018（4）.

[108] 李林. 遣返成为引渡外的追逃方式研究［J］.《西南政法大学学报》2016，18（05）.

[109] 龙宗智. 监察与司法协调衔接的法规范分析［J］.《政治与法律》2018（1）.

[110] 陈卫东. 职务犯罪监察调查程序若干问题研究［J］.《政治与法律》2018（1）.

[111] 张丽华，王博文. 全球化背景下反腐败国际合作分析［J］.《学习与探索》，2018（4）.

[112] 钱小平. "积极治理主义"与匈牙利贿赂犯罪刑法立法转型［J］.《首都师范大学学报（社会科学版）》2014（6）.

[113] 钱小平. 创新中国贿赂犯罪刑法立法之选择——基于刑法预防功能的考察 [J].《南京大学学报》2017（4）.

[114] 魏昌东. 刑法修正案（九）贿赂犯罪立法修正评析 [J].《华东政法大学学报》2016（2）.

[115] 李瑛. 国际刑事司法协助与引渡问题探析 [J].《政法学刊》2007（5）.

[116] 魏昌东. 英国贿赂犯罪刑法治理：立法发展与制度创新 [J].《学习与探索》2013（2）.

[117] 鄂立志. 中俄边境警务情报信息交流与合作存在问题及对策 [J].《云南警官学院学报》2016（1）.

[118] 黄风. 关于追缴犯罪所得的国际司法合作问题研究 [J].《政治与法律》2002（5）.

[119] 何家弘，张小敏. 反腐败立法研究 [J].《中国刑事法杂志》，2015（6）.

[120] 罗星. 新时代反腐思路的新拓展——十八大以来中国反腐败国际合作研究 [J].《河北青年管理干部学院学报》，2018，30（5）.

[121] 周心欣. 新时代反腐倡廉建设的思维方法探析 [J].《学理论》，2020（5）.

[122] 梁昊晟. 新时代反腐倡廉思想研究综述 [J].《佳木斯职业学院学报》，2019（4）.

[123] 杨彩，胡军华. 习近平新时代反腐倡廉思想研究 [J].《长沙航空职业技术学院学报》，2019，19（1）.

[124] 陈雷. 深入学习习近平关于反腐败国际追逃追赃重要论述 [N].《中国纪检监察报》，2018年7月26日，第5版.

[125] 王鹏. 将反腐败国际追逃追赃进行到底 [N].《中国纪检监察报》，2019年6月27日，第4版.

[126] 代江兵. 2018年从境外追回外逃人员1335人追回赃款逾35亿 [N].《中国纪检监察报》，2019年1月28日.

[127] 郑光魁. 追逃追赃"天罗地网"越织越密 [N]. 《中国纪检监察报》, 2017 年 11 月 25 日.

[128] 任民. 中国向美国提供追逃优先名单 [N]. 《西安晚报》, 2015 年 3 月 26 日.

[129] 汪闽燕. 中加签订关于分享和返还被追缴资产的协定 [N]. 《法制日报》, 2016 年 9 月 23 日

[130] 黄风. 关于特别没收程序最新司法解释的几点解读 [N]. 《人民法院报》, 2017 年 1 月 6 日, 第 2 版.

[131] 陈雷. 境外追逃: 应当重视劝返的法治化 [N]. 《检察日报》, 2012 年 2 月 22 日, 第 3 版.

[132] 卫嫣然. 我区与东哈州签订警务合作会谈纪要 [N]. 《塔城日报》, 2014 年 10 月 18 日, 第 1 版.

[133] 吴宏亮. 用马克思主义中国化最新成果指导反腐败斗争 [N]. 《中国纪检监察报》, 2018 年 5 月 24 日, 第 5 版.

[134] 魏晓倩. 腐败犯罪所得跨境追回国际法律问题研究 [D]. 大连海事大学, 博士学位论文, 2012 年.

[135] 宋首武. 论《联合国反腐败公约》的资产追回机制 [D]. 中国政法大学, 硕士学位论文, 2006 年.

[136] 范玲莉. 论《联合国反腐败公约》资产追回与返还机制及在我国的适用 [D]. 中国人民大学, 硕士学位论文, 2005 年.

[137] 林雪标. 腐败资产跨境追回问题研究 [D]. 吉林大学, 博士学位论文, 2011 年.

[138] 许瑞. 中国特色的预防腐败机制研究 [D]. 中共中央党校, 博士学位论文, 2012.

[139] 任学强. 腐败犯罪特殊诉讼程序研究 [D]. 上海交通大学, 博士学位论文, 2010.

[140] 李秀娟.《联合国反腐败公约》与我国刑事诉讼比较研究 [D]. 中国政法大学, 博士学位论文, 2006.

[141] 孙恒山. 腐败犯罪控制论 [D]. 吉林大学, 博士学位论文, 2006.

[142] 陈雷. 反腐败国际公约视野下的我国刑法的现状与完善[D]. 华东政法学院, 博士学位论文, 2006.

[143] 王明高. 中国预防和惩治贪官外逃模型与机制研究[D]. 中南大学, 博士学位论文, 2006.

[144] 裴兆斌. 追缴腐败犯罪所得国际司法协助研究[D]. 大连海事大学, 博士学位论文, 2011 年.

[145] 屠琰华. 腐败资产追回机制研究——以《联合国反腐败公约》为视角[D], 宁波大学, 硕士论文, 2011.

[146] 陈庆和. 新时代中国共产党反腐败斗争思想研究[D]. 江西理工大学, 硕士论文, 2019.

[147] 李佳昕. 人权保护下的现代引渡制度及我国引渡制度的构建[D], 南开大学法律硕士论文, 2010 年 5 月.

外文参考文献:

[1] DanHough. Corruption, Anti-Corruption and Governance [M]. Hampshire Palgrave Macmillan, 2013.

[2] Noemi Galor, Croom Helm. International Cooperation to Suppress Terrorism [M]. Social Sciecne Electronic Publishing, 2015.

[3] Mathieu Deflen. Policing World Society: Historical Foundations of International Police Cooperation [M]. Oxford: Oxford University Press, 2002.

[4] FATF. First Mutual Evaluation Report on Anti-money Laundering and Combating the Financing of Terrorism of People's Republic of China, retrieved on June 29, 2007.

[5] J. Richard, K. Gordon. Losing the war against dirty moiney: rethinking global standards on preventing money laundering and terrorism financing [J]. Duke Journal of Comparative and International Law, 2011 (3).

［6］Toth, Mihaly. Few Remarks about Criminal Corruption in Hungary [J]. Journal of Eastern-European Criminal Law, 2014 (1).

［7］Shvedova, G. L. Criminal Law as a Structural Element of Criminal Justiceina Counteracting Corruption in Ukraine [J]. Journal of Eastern European Law, 2015 (4).

［8］Gorgenyi, Ilona. Fighting International and National Corruption by Means of Criminal Law [J]. Acta Juridica Hungarica, 43 (3-4), 2002.

［9］Kubiciel, Michael. Core Criminal Law Provisions in the United Nations Convention against Corruption [J]. International Criminal Law Review, 9 (1), 2009.

［10］Gal, IstvanLaszlo. Economic Bribery as a Part of Economic Criminal Law and a Concomitant of Political Corruption [J]. Journal of Eastern-European Criminal Law, 2014 (1).

［11］Alschuler, AlbertW. Criminal Corruption: Why Broad Definitions of Bribery Make Things Worse [J]. Fordham Law Review, 84 (2), 2015.

［12］Michael Kubiciel. Core Criminal Law Provisions in the Unitted Nations Convention against Coruption [J]. International Criminal Law Reiew 2009 (9).

［13］Margot Cleveland et al. Trends in the Internaltional Fight against Bribery and Corrruption [J]. Journal of Business Ethics, 90, 2009.

［14］Jan Wouters, Cedric Ryngaert & Ann Sofie Cloots. The Inernational Legal Framework Against Corruption: Achievements and Challenges [J]. Melbourne Journal of International Law, 2013 (14).

［15］James Thuo Gathii, Defining the Relationship between Human Rights and Corruption, University of Pennsylvania [J].

Journal of International Law, 2009 (31).

[16] Emmanuel Kingsford Owusu, Albert P. C. Chan, M. Reza Hosseini. Impacts of anti-corruption barriers on the efficacy of anti-corruption measures in infrastructure projects: Implications for sustainable development [J]. Journal of Cleaner Production, 246, 2020.

[17] The Lancet Global Health. 2020 – 30: the decade of anti-corruption [J]. The Lancet Global Health, 8 (1), 2020.

[18] Jun Xie, Yifan Zhang. Anti-corruption, government intervention, and corporate cash holdings: Evidence from China [J]. Economic Systems, 44 (1), 2020.

[19] Danilchenko, Y. B. Criminal Law Admeasurement of Anti-Corruption: Feasibility, Effectiveness, Excellence [J]. Law and Innovative Society, 2015 (4).

[20] Hauser, Christian. Fighting Against Corruption: Does Anti-corruption Training Make Any Difference [J]. Journal of Business Ethics, 159 (1), 2019.

[21] Galstyan, Inessa Shagenovna; Klyukovskaya, Irina Nikolaevna; Gabrilyan, Roman Ruslanovich. Problems of definition and consolidation of the principles of anti-corruption policy in the modern world [J]. Dilemas Contemporaneos-Educacion Politica Y Valores, 7 (1), 2019.

[22] Esoimeme, Ehi Eric. A critical analysis of the anti-corruption policy of the federal executive council of Nigeria [J]. Journal Of Money Laundering Control, 22 (2), 2019.

[23] Nam, Taewoo. Examining the anti-corruption effect of e-government and the moderating effect of national culture: A cross-country study [J]. Government Information Quarterly, 35 (2), 2018.

[24] Ankamah, Samuel Siebie; Manzoor E Khoda, S. M.

Political will and government anti-corruption efforts: What does the evidence say [J]. Public Administration And Development, 38 (1), 2018.

[25] Seib, Roland. Anti-Corruption and Its Discontents. Local, National, and International Perspectives on Corruption in Papua New Guinea [J]. Anthropos, 113 (2), 2018.

[26] Kim, Yong Woong; Truntsevsky, Yury V.; Molchanova, Marina A. Anti-Corruption Policy of The Republic of Korea: The History of Formation And Modernity [J]. Sravnitelnaya Politika-Comparative Politics, 9 (3), 2018.

[27] Kurakin, Alexly; Sukharenko, Alexander. Anti-Corruption In The Brics Countries, Brics Law Journal [J]. 5 (1), 2018.

[28] Gemperle, Sergio Marco. Improving state legitimacy. The role of anti-corruption agencies in fragile and conflict-affected states [J]. Global Crime, 19 (1), 2018.

[29] Xenakis, Sappho; Ivanov, Kalin. Does Hypocrisy Matter. National Reputational Damage and British Anti-Corruption Mentoring in the Balkans [J]. Critical Criminology, 25 (3), 2017.

[30] Christensen, Mikkel Jarle. Crafting and Promoting International Crimes: A Controversy among Professionals of Core-Crimes and Anti-Corruption [J]. Leiden Journal of International Law, 30 (2), 2017.

[31] Komakhin, B. N.; Prokoshin, M. S. The Role Of Civil Servants In Ensuring The Anti-Corruption And Financial Welfare of The State [J]. Vestnik Permskogo Universiteta-Juridicheskie Nauki, (4), 2017.

[32] Ageev, Vyacheslav Nikolaevich; Kuzmenko, Valentina Igorevna. The State Anti-Corruption Policy In The Russian Federation [J]. Turkish Online Journal Of Design Art And Communica-

tion, 2016 (6).

[33] Gephart, Malte. Contradictory conceptualisations of personal social relations: the anti-corruption discourse and the concept of social capital [J]. Journal of International Relations And Development, 19 (4), 2016.

[34] Singh, Danny. Anti-corruption Strategies in Afghanistan: An Alternative Approach [J]. Journal of Developing Societies, 32 (1), 2016.

[35] Gilbert, J. A. ; Sharman, J. C. Turning a Blind Eye to Bribery: Explaining Failures to Comply with the International Anticorruption Regime [J]. Political Studies, 64 (1), 2016.

[36] Kenneth W Abbott and Duncan Snidal, Filling in the Folk Theorem: The Role of Gradualism and Legalization in International Cooperation to Combat Corruption [C]. American Political Sience Association Meeting, Boston, 30 August, 2002.

[37] I Made Suwanda, Listyaningsih, Agus Suprijono, Anna Lutfaidah. The Optimalization of Local Character Values ?? in Learning to Build Anti-Corruption Culture [C]. Proceedings of the International Conference on Social Science, (ICSS 2019), 2019.

[38] Kubbe Ina. Europe's "democratic culture" in the fight against corruption [J]. Crime Law and Social Change. 70 (2): 217-240, 2018.

[39] David J. Dickson. Towards more effective asset recovery in Member States-the UK example [J]. ERA Form, (10): 435-451, 2009.

[40] Nadia Gerspacher. The Roles of International Police Cooperation Organizatoins: Byond Mandates, Toward Unintended Roles' [J]. European Journal of Crime, Criminal Law and Criminal Justice, 13 (3): 413-434, 2015.

[41] Emile Van der Does De Willebois, J. P. Brum. Using Civil Remedies in Corruption and Asset Recovery Cases [J]. Case Western Reserve Jounal of International Law, (45): 615-650, 2013.

[42] J. R. Spencer. Extraditoin, the European Arrest Warrant and Human Rights [J]. Cambridge Law Jounal, 72 (2): 250-253, 2013.

[43] F. C. Patricia. Improving the Recovery of Assets Resulting from Organised Crime [J]. European Journal of Crime, Criminal Law and Criminal Justice, (22): 13-32, 2014.

[44] H. W. Kim. Review on the United Nations Convention against Corruption in Japan [J]. Korean terrorism studies Review, 11 (1): 112-126, 2018.

附录 I
引渡条约缔约情况表

序号	国家	条约名称	签署日期	生效日期
1	泰国	《中华人民共和国和泰王国引渡条约》	1993年8月26日	1999年3月7日
2	白俄罗斯	《中华人民共和国和白俄罗斯共和国引渡条约》	1995年6月22日	1998年5月7日
3	俄罗斯	《中华人民共和国和俄罗斯联邦引渡条约》	1995年6月26日	1997年1月10日
4	保加利亚	《中华人民共和国和保加利亚共和国引渡条约》	1996年5月20日	1997年7月3日
5	罗马尼亚	《中华人民共和国和罗马尼亚引渡条约》	1996年7月1日	1999年1月16日

续表

序号	国家	条约名称	签署日期	生效日期
6	哈萨克斯坦	《中华人民共和国和哈萨克斯坦共和国引渡条约》	1996年7月5日	1998年2月10日
7	蒙古	《中华人民共和国和蒙古国引渡条约》	1997年8月19日	1999年1月10日
8	吉尔吉斯斯坦	《中华人民共和国和吉尔吉斯斯坦共和国引渡条约》	1998年4月27日	2004年4月27日
9	乌克兰	《中华人民共和国和乌克兰引渡条约》	1998年12月10日	2000年7月13日
10	柬埔寨	《中华人民共和国和柬埔寨王国引渡条约》	1999年2月9日	2000年12月13日
11	乌兹别克斯坦	《中华人民共和国和乌兹别克斯坦共和国引渡条约》	1999年11月8日	2000年9月29日
12	韩国	《中华人民共和国和大韩民国引渡条约》	2000年10月18日	2002年4月12日
13	菲律宾	《中华人民共和国和菲律宾共和国引渡条约》	2001年10月30日	2006年3月12日
14	秘鲁	《中华人民共和国和秘鲁共和国引渡条约》	2001年11月5日	2003年4月5日
15	突尼斯	《中华人民共和国和突尼斯共和国引渡条约》	2001年11月19日	2005年12月29日

续表

序号	国家	条约名称	签署日期	生效日期
16	南非	《中华人民共和国和南非共和国引渡条约》	2001年12月10日	2004年11月17日
17	老挝	《中华人民共和国和老挝人民民主共和国引渡条约》	2002年2月4日	2003年8月13日
18	阿联酋	《中华人民共和国和阿拉伯联合酋长国引渡条约》	2002年5月13日	2004年5月24日
19	立陶宛	《中华人民共和国立陶宛共和国引渡条约》	2002年6月17日	2003年6月21日
20	巴基斯坦	《中华人民共和国和巴基斯坦伊斯兰共和国引渡条约》	2003年11月3日	2008年1月10日
21	莱索托	《中华人民共和国和莱索托王国引渡条约》	2003年11月6日	2005年10月30日
22	巴西	《中华人民共和国和巴西联邦共和国引渡条约》	2004年11月12日	2014年8月16日
23	阿塞拜疆	《中华人民共和国和阿塞拜疆共和国引渡条约》	2005年3月17日	2010年12月1日
24	西班牙	《中华人民共和国和西班牙王国引渡条约》	2005年11月14日	2007年4月4日

续表

序号	国家	条约名称	签署日期	生效日期
25	纳米比亚	《中华人民共和国和纳米比亚共和国引渡条约》	2005年12月19日	2009年9月19日
26	安哥拉	《中华人民共和国和安哥拉共和国引渡条约》	2006年6月20日	2013年10月17日
27	阿尔及利亚	《中华人民共和国和阿尔及利亚民主人民共和国引渡条约》	2006年11月6日	2009年9月22日
28	葡萄牙	《中华人民共和国和葡萄牙共和国引渡条约》	2007年1月31日	2009年7月25日
29	法国	《中华人民共和国和法兰西共和国引渡条约》	2007年3月20日	2015年7月17日
30	澳大利亚	《中华人民共和国和澳大利亚引渡条约》	2007年9月6日	尚未生效
31	墨西哥	《中华人民共和国和墨西哥合众国引渡条约》	2008年7月11日	2012年7月7日
32	印度尼西亚	《中华人民共和国和印度尼西亚共和国引渡条约》	2009年7月1日	2018年1月19日
33	意大利	《中华人民共和国和意大利共和国引渡条约》	2010年10月7日	2015年12月13日

续表

序号	国家	条约名称	签署日期	生效日期
34	阿根廷	《中华人民共和国和阿根廷共和国引渡条约》	2013年5月10日	2017年6月27日
35	伊朗	《中华人民共和国和伊朗伊斯兰共和国引渡条约》	2012年9月10日	2017年1月14日
36	波黑	《中华人民共和国和波斯尼亚和黑塞哥维那引渡条约》	2012年12月20日	2014年10月12日
37	阿富汗	《中华人民共和国和阿富汗伊斯兰共和国引渡条约》	2013年9月27日	2017年5月23日
38	埃塞俄比亚	《中华人民共和国和埃塞俄比亚联邦民主共和国引渡条约》	2014年5月4日	2017年12月2日
39	塔吉克斯坦	《中华人民共和国和塔吉克斯坦共和国引渡条约》	2014年9月13日	2017年1月18日
40	越南	《中华人民共和国和越南社会主义共和国引渡条约》	2015年4月7日	2019年12月12日
41	智利	《中华人民共和国和智利共和国引渡条约》	2015年5月25日	2022年2月26日
42	巴巴多斯	《中华人民共和国和巴巴多斯引渡条约》	2016年3月23日	2018年11月7日

续表

序号	国家	条约名称	签署日期	生效日期
43	格林纳达	《中华人民共和国和格林纳达引渡条约》	2016年3月24日	2019年1月10日
44	斯里兰卡	《中华人民共和国和斯里兰卡民主社会主义共和国引渡条约》	2016年4月7日	尚未生效
45	摩洛哥	《中华人民共和国和摩洛哥王国引渡条约》	2016年5月11日	2021年4月16日
46	刚果（布）	《中华人民共和国和刚果共和国引渡条约》	2016年7月5日	尚未生效
47	比利时	《中华人民共和国和比利时王国引渡条约》	2016年10月31日	2020年12月26日
48	厄瓜多尔	《中华人民共和国和厄瓜多尔共和国引渡条约》	2016年11月16日	尚未生效
49	土耳其	《中华人民共和国和土耳其共和国引渡条约》	2017年5月13日	尚未生效
50	肯尼亚	《中华人民共和国和肯尼亚共和国引渡条约》	2017年5月15日	尚未生效
51	塞浦路斯	《中华人民共和国和塞浦路斯共和国引渡条约》	2018年6月29日	2020年12月26日

续表

序号	国家	条约名称	签署日期	生效日期
52	塞内加尔	《中华人民共和国和塞内加尔共和国引渡条约》	2018年7月21日	尚未生效
53	毛里求斯	《中华人民共和国和毛里求斯共和国引渡条约》	2018年9月2日	尚未生效
54	津巴布韦	《中华人民共和国和津巴布韦共和国引渡条约》	2018年9月5日	尚未生效
55	巴拿马	《中华人民共和国和巴拿马共和国引渡条约》	2018年12月3日	尚未生效
56	乌拉圭	《中华人民共和国和乌拉圭东岸共和国引渡条约》	2019年4月29日	尚未生效
57	亚美尼亚	《中华人民共和国和亚美尼亚共和国引渡条约》	2019年5月26日	尚未生效
58	希腊	《中华人民共和国和希腊共和国引渡条约》	2019年11月11日	尚未生效
59	苏里南	《中华人民共和国和苏里南共和国引渡条约》	2019年11月27日	尚未生效

数据来源：本表系根据中华人民共和国外交部公开资料整理，数据截至2023年12月。

附录 Ⅱ
刑事司法协助条约缔约情况表

序号	国家	条约名称	签署日期	生效日期
1	波兰	《中华人民共和国和波兰人民共和国关于民事和刑事司法协助的协定》	1987年6月5日	1988年2月13日
2	蒙古	《中华人民共和国和蒙古人民共和国关于民事和刑事司法协助的条约》	1989年8月31日	1990年10月29日
3	罗马尼亚	《中华人民共和国和罗马尼亚关于民事和刑事司法协助的条约》	1991年1月16日	1993年1月22日
4	俄罗斯	《中华人民共和国和俄罗斯联邦关于民事和刑事司法协助的条约》	1992年6月19日	1993年11月14日

续表

序号	国家	条约名称	签署日期	生效日期
5	土耳其	《中华人民共和国和土耳其共和国关于民事、商事和刑事司法协助的协定》	1992年9月28日	1995年10月26日
6	乌克兰	《中华人民共和国和乌克兰关于民事和刑事司法协助的条约》	1992年10月31日	1994年1月19日
7	古巴	《中华人民共和国和古巴共和国关于民事和刑事司法协助的协定》	1992年11月24日	1994年3月26日
8	白俄罗斯	《中华人民共和国和白俄罗斯共和国关于民事和刑事司法协助的条约》	1993年1月11日	1993年11月29日
9	哈萨克斯坦	《中华人民共和国和哈萨克斯坦共和国关于民事和刑事司法协助的条约》	1993年1月14日	1995年7月11日
10	埃及	《中华人民共和国和阿拉伯埃及共和国关于民事、商事和刑事司法协助的协定》	1994年4月21日	1995年5月31日
11	加拿大	《中华人民共和国和加拿大关于刑事司法协助的条约》	1994年7月29日	1995年7月1日

续表

序号	国家	条约名称	签署日期	生效日期
12	希腊	《中华人民共和国和希腊共和国关于民事和刑事司法协助的协定》	1994年10月17日	1996年6月29日
13	保加利亚	《中华人民共和国和保加利亚共和国关于刑事司法协助的条约》	1995年4月7日	1996年5月27日
14	塞浦路斯	《中华人民共和国和塞浦路斯共和国关于民事、商事和刑事司法协助的条约》	1995年4月25日	1996年1月11日
15	吉尔吉斯斯坦	《中华人民共和国和吉尔吉斯斯坦共和国关于民事和刑事司法协助的条约》	1996年7月4日	1997年9月26日
16	塔吉克斯坦	《中华人民共和国和塔吉克斯坦共和国关于民事和刑事司法协助的条约》	1996年9月16日	1998年9月2日
17	乌兹别克斯坦	《中华人民共和国和乌兹别克斯坦共和国关于民事和刑事司法协助的条约》	1997年12月11日	1998年8月29日

续表

序号	国家	条约名称	签署日期	生效日期
18	越南	《中华人民共和国和越南社会主义共和国关于民事和刑事司法协助的条约》	1998年10月19日	1999年12月25日
19	韩国	《中华人民共和国和大韩民国关于刑事司法协助的条约》	1998年11月12日	2000年3月24日
20	老挝	《中华人民共和国和老挝人民民主共和国关于民事和刑事司法协助的条约》	1999年1月25日	2001年12月15日
21	哥伦比亚	《中华人民共和国和哥伦比亚共和国关于刑事司法协助的条约》	1999年5月14日	2004年5月27日
22	突尼斯	《中华人民共和国和突尼斯共和国关于刑事司法协助的条约》	1999年11月30日	2000年12月30日
23	立陶宛	《中华人民共和国和立陶宛共和国关于民事和刑事司法协助的条约》	2000年3月20日	2002年1月19日
24	美国	《中华人民共和国政府和美利坚合众国政府关于刑事司法协助的协定》	2000年6月19日	2001年3月8日

续表

序号	国家	条约名称	签署日期	生效日期
25	印尼	《中华人民共和国和印度尼西亚共和国关于刑事司法协助的条约》	2000年7月24日	2006年7月28日
26	菲律宾	《中华人民共和国和菲律宾共和国关于刑事司法协助的条约》	2000年10月16日	2012年11月17日
27	爱沙尼亚	《中华人民共和国和爱沙尼亚共和国关于刑事司法协助的条约》	2002年6月12日	2011年3月31日
28	南非	《中华人民共和国和南非共和国关于刑事司法协助的条约》	2003年1月20日	2004年11月17日
29	泰国	《中华人民共和国和泰王国关于刑事司法协助的条约》	2003年6月21日	2005年2月20日
30	朝鲜	《中华人民共和国和朝鲜民主主义人民共和国关于民事和刑事司法协助的条约》	2003年11月19日	2006年1月21日
31	拉脱维亚	《中华人民共和国和拉脱维亚共和国关于刑事司法协助的条约》	2004年4月15日	2005年9月18日

续表

序号	国家	条约名称	签署日期	生效日期
32	巴西	《中华人民共和国和巴西联邦共和国关于刑事司法协助的条约》	2004年5月24日	2007年10月26日
33	墨西哥	《中华人民共和国和墨西哥合众国关于刑事司法协助的条约》	2005年1月24日	2006年12月30日
34	秘鲁	《中华人民共和国和秘鲁共和国关于刑事司法协助的条约》	2005年1月27日	2009年3月18日
35	法国	《中华人民共和国政府和法兰西共和国政府关于刑事司法协助的协定》	2005年4月18日	2007年9月20日
36	西班牙	《中华人民共和国和西班牙王国关于刑事司法协助的条约》	2005年7月21日	2007年4月15日
37	葡萄牙	《中华人民共和国和葡萄牙共和国关于刑事司法协助的协定》	2005年12月9日	2009年5月15日
38	澳大利亚	《中华人民共和国和澳大利亚关于刑事司法协助的条约》	2006年4月3日	2007年3月28日
39	新西兰	《中华人民共和国和新西兰关于刑事司法协助的条约》	2006年4月6日	2008年1月1日

续表

序号	国家	条约名称	签署日期	生效日期
40	纳米比亚	《中华人民共和国和纳米比亚共和国关于刑事司法协助的条约》	2006年5月26日	2009年9月19日
41	阿尔及利亚	《中华人民共和国和阿尔及利亚人民民主共和国关于刑事司法协助的条约》	2006年11月6日	2009年9月22日
42	巴基斯坦	《中华人民共和国政府和巴基斯坦伊斯兰共和国政府关于刑事司法协助的协定》	2007年4月17日	2010年8月6日
43	日本	《中华人民共和国和日本国关于刑事司法协助的条约》	2007年12月1日	2008年11月23日
44	阿联酋	《中华人民共和国和阿拉伯联合酋长国关于刑事司法协助的条约》	2008年4月3日	2011年5月14日
45	委内瑞拉	《中华人民共和国和委内瑞拉玻利瓦尔共和国关于刑事司法协助的条约》	2008年9月24日	2009年6月12日
46	马耳他	《中华人民共和国和马耳他关于刑事司法协助的条约》	2009年2月22日	2012年1月11日

续表

序号	国家	条约名称	签署日期	生效日期
47	意大利	《中华人民共和国政府和意大利共和国政府关于刑事司法协助的条约》	2010年10月7日	2015年8月16日
48	阿根廷	《中华人民共和国和阿根廷共和国关于刑事司法协助的条约》	2012年6月25日	2015年3月6日
49	波黑	《中华人民共和国和波斯尼亚和黑塞哥维那关于刑事协助的条约》	2012年12月18日	2014年10月12日
50	英国	《中华人民共和国和大不列颠及北爱尔兰联合王国关于刑事司法协助的条约》	2013年12月2日	2016年1月15日
51	比利时	《中华人民共和国和比利时王国关于刑事司法协助的条约》	2014年3月31日	2016年4月22日
52	斯里兰卡	《中华人民共和国和斯里兰卡民主社会主义共和国关于刑事司法协助的条约》	2014年9月16日	2017年11月28日
53	亚美尼亚	《中华人民共和国和亚美尼亚共和国关于刑事司法协助的条约》	2015年3月25日	2018年1月4日

续表

序号	国家	条约名称	签署日期	生效日期
54	马来西亚	《中华人民共和国政府和马来西亚政府关于刑事司法协助的条约》	2015年11月23日	2017年2月19日
55	伊朗	《中华人民共和国和伊朗伊斯兰共和国关于刑事司法协助的条约》	2016年1月23日	2021年7月13日
56	巴巴多斯	《中华人民共和国和巴巴多斯关于刑事司法协助的条约》	2016年3月23日	2019年4月23日
57	格林纳达	《中华人民共和国和格林纳达关于刑事司法协助的条约》	2016年3月24日	2019年1月10日
58	摩洛哥	《中华人民共和国和摩洛哥王国关于刑事司法协助的条约》	2016年5月11日	尚未生效
59	刚果（布）	《中华人民共和国和刚果共和国关于刑事司法协助的条约》	2016年7月5日	尚未生效
60	肯尼亚	《中华人民共和国和肯尼亚共和国关于刑事司法协助的条约》	2017年5月15日	尚未生效
61	塞内加尔	《中华人民共和国和塞内加尔共和国关于刑事司法协助的条约》	2018年7月21日	尚未生效

续表

序号	国家	条约名称	签署日期	生效日期
62	奥地利	《中华人民共和国和奥地利共和国关于刑事司法协助的条约》	2018年4月8日	尚未生效
63	毛里求斯	《中华人民共和国和毛里求斯共和国关于刑事司法协助的条约》	2018年9月2日	尚未生效
64	厄瓜多尔	《中华人民共和国和厄瓜多尔共和国关于刑事司法协助的条约》	2018年12月12日	尚未生效
65	尼泊尔	《中华人民共和国和尼泊尔联邦共和国关于刑事司法协助的条约》	2019年10月12日	尚未生效

数据来源：本表系根据中华人民共和国外交部公开资料整理，数据截至2023年12月。

附录Ⅲ

中华人民共和国政府和美利坚合众国政府关于刑事司法协助的协定

中华人民共和国政府和美利坚合众国政府,以下简称"双方",愿意在相互尊重主权和平等互利的基础上,促进两国在刑事司法协助方面的有效合作,达成协议如下:

第一条 适用范围

一、根据本协定,双方应在与刑事案件有关的侦查、起诉和诉讼方面相互提供协助。

二、协助应包括:

(一)送达文书;

(二)获取人员的证言或陈述;

(三)提供文件、记录或证据物品的原件、经证明的副本或影印件;

(四)获取并提供鉴定结论;

(五)安排人员作证或协助调查;

(六)查找或辨别人员;

(七)执行查询、搜查、冻结和扣押证据的请求;

(八)在没收程序中提供协助;

（九）移送在押人员以便作证或协助调查；以及

（十）不违背被请求方境内法律的任何其他形式的协助。

三、本协定仅适用于双方之间的相互司法协助。本协定的规定，不给予任何私人当事方以取得、隐瞒或排除任何证据或妨碍执行请求的权利。

第二条　中央机关

一、双方应各自指定一个中央机关，负责依照本协定提出和接收请求。

二、在中华人民共和国方面，中央机关为司法部；在美利坚合众国方面，中央机关为司法部长或由司法部长指定的人。

三、为本协定之目的，双方的中央机关应相互直接联系。

第三条　协助的限制

一、有下列情形之一的，被请求方中央机关可拒绝提供协助：

（一）请求涉及的行为根据被请求方境内的法律不构成犯罪；但双方可以商定，就某一特定犯罪或特定领域的犯罪提供协助，不论该行为是否根据双方境内的法律均构成犯罪；

（二）请求涉及的犯罪纯属军事犯罪；

（三）执行请求将会损害被请求方的主权、安全、公共秩序、重大公共政策或其他根本利益；

（四）请求涉及政治犯罪，或请求系出于政治动机，或有充足理由认为，请求的目的是基于某人的种族、宗教、国籍或政治见解而对该人进行侦查、起诉、处罚或其他诉讼程序；

（五）执行请求将有悖于被请求方宪法；

（六）被请求方已经对请求所涉及的同一犯罪嫌疑人或被告人就同一犯罪作出最终裁决；或

（七）请求提供的协助与案件缺乏实质联系。

二、在根据本条拒绝协助前，被请求方中央机关应与请求方中央机关协商，考虑可否在其认为必要的条件下给予协助。如果请求方接受附加条件的协助，则应遵守这些条件。

中华人民共和国政府和美利坚合众国政府关于刑事司法协助的协定

三、被请求方中央机关如果拒绝协助,应将拒绝的理由通知请求方中央机关。

第四条 请求的形式和内容

一、请求应包括以下内容:

(一)请求所涉及的侦查、起诉或诉讼的主管机关的名称;

(二)关于侦查、起诉或诉讼的事项及其性质的说明,包括有关事实的概述、有关法律规定和该事项所涉及的具体刑事犯罪,以及就每项犯罪可能给予的任何处罚;

(三)要求提供证据、资料或其他协助的目的和相关性;

(四)希望请求得以执行的时限;以及

(五)关于所要求提供的证据、资料或其他协助的说明。

二、在必要和可能的范围内,请求还应包括:

(一)关于任何被取证人员的姓名、性别、国籍、职业和所在地的资料;

(二)关于受送达人的姓名、性别、国籍、职业和所在地的资料,以及有关该人与诉讼的关系的资料;

(三)关于需搜查的地点或人员的准确说明;

(四)执行本协定第十四条所需要的资料;

(五)关于被要求前往请求方境内的人员有权得到的津贴和费用的资料;

(六)保密的需要及其理由;

(七)关于执行请求时应遵循的特定程序的说明;

(八)询问证人的问题单;

(九)关于需查找的人员的身份及其下落的资料;以及

(十)有助于执行请求的任何其他资料。

三、如果被请求方认为,请求中包括的内容不足以使其处理该请求,被请求方可要求提供补充资料。

四、协助请求应以书面形式提出,并由请求方中央机关签署或盖章,除非被请求方中央机关在紧急情况下接受其他形式的请求。在后一种情况下,该请求应在随后的十五天内以书面形式确认,但被请求方中央机关另行同意的除外。

五、协助请求及其辅助文件无需任何形式的证明或认证。

第五条　文字

根据本协定提出的请求及其辅助文件，应附有被请求方文字的译文，但双方中央机关另有约定的除外。

第六条　请求的执行和推迟执行

一、被请求方中央机关应迅速执行请求，或者安排通过适当的主管机关执行。被请求方应在其权力范围内尽最大努力执行请求。

二、被请求方中央机关应作出一切必要的安排，在被请求方境内因协助请求而产生的任何程序中为请求方提供代表并承担费用。

三、协助请求应按照被请求方境内的法律予以执行。在符合被请求方境内的法律的前提下，协助请求应按照请求方所要求的方式予以执行。

四、如果被请求方中央机关认为，请求的执行将会影响该方正在进行的刑事侦查、起诉或诉讼，可推迟执行，或在与请求方中央机关磋商后，在认定为必要的条件下予以执行。如果请求方接受附加条件的协助，则应遵守这些条件。

五、被请求方中央机关应对请求方中央机关就执行请求的进度所提出的合理要求作出回应。

六、被请求方中央机关应将执行请求的结果迅速通知请求方中央机关。如果不能提供或推迟提供所请求的协助，被请求方中央机关应将理由通知请求方中央机关。

第七条　保密和限制使用

一、如果请求方提出要求，被请求方应对请求及其内容，包括任何辅助文件，以及按照该请求所采取的任何行动予以保密。如果无法保证保密或者不违反保密要求则无法执行请求，被请求方中央机关应将此情况通知请求方中央机关。请求方中央机关应随即决定是否仍应执行该请求。

二、被请求方可以要求请求方对其所提供的资料或证据予以保密，或者仅在其指明的条件下使用。如果请求方同意在上述条件下接受资料或证据,则应遵守这些条件。为此目的,双方中央机关可就有关条件进行协商。

三、未经被请求方中央机关同意,请求方不得为了请求所述案件之外的任何其他目的使用根据本协定提供的任何资料或证据。

四、本协定的任何条款均不妨碍请求方在其宪法或法律基本原则下的义务范围内,在刑事诉讼中使用或披露资料。请求方应将任何此种披露事先通知被请求方。

五、已经根据第一、二款在一方境内公开的资料或证据,不再受保密或本条第三款的要求的限制。

第八条 送达文书

一、根据请求方的请求,被请求方应尽最大努力送达任何文书,但是对于要求某人作为被告人出庭的文书,被请求方不负有执行送达的义务。

二、要求某人在请求方的机关出庭的文书送达请求,请求方应在离预定的出庭日期至少四十五天前转交,除非被请求方同意在紧急情形下在较短期限内转交。

三、被请求方在执行送达后,应向请求方出具送达证明。送达证明应包括送达日期、地点和送达方式的说明,并应由送达文书的机关签署或盖章。如果在特定案件中需要改变上述要求,请求方应在请求中予以说明。如果不能执行送达,则应通知请求方,并说明理由。

第九条 在被请求方调取证据

一、对于根据本协定要求向其取证的被请求方境内的人,应在必要时,并在符合被请求方境内法律的情况下,强制其出庭并提供证言或出具证据,包括文件、记录或物品。

二、被请求方中央机关应根据请求,事先提供依本条取证的时间和地点方面的资料。

三、在不违背被请求方境内的法律的前提下,被请求方应允许请求中指明的人在执行请求过程中到场,并允许其按照被请求方同意的方式提出问题和进行逐字记录。

四、如果第一款提及的人主张，根据请求方境内的法律属无行为能力或享有豁免或特权，仍不妨碍取证的进行，但应将该人的主张告知请求方中央机关，由请求方的机关予以解决。

五、在不违背被请求方法律的前提下，根据本条提供的证据应按照请求方要求的形式或附加证明予以转递，以便使其可依请求方法律得以接受。

六、如果协助请求涉及转递文件或记录，被请求方可转递经证明的副本或影印件。但在请求方明确要求转递原件的情况下，被请求方应在可能的范围内满足这一要求。

第十条 政府机构记录

一、被请求方应向请求方提供被请求方境内的政府部门和机构所拥有的、已公开的记录的副本，包括任何形式的文件和资料的副本。

二、被请求方可以提供该方政府部门或机构所拥有的任何未公开的文件、记录或资料的副本。被请求方可自行酌定，全部或部分拒绝根据本款提出的请求。

三、在不违背被请求方法律的前提下，根据本条提供的证据应按照请求方要求的形式或附加证明予以转递，以便使其可依请求方法律得以接受。

第十一条 安排有关人员到请求方作证或协助调查

一、当请求方要求某人到其境内作证或协助调查时，被请求方应请该人前往请求方境内的有关机关。请求方应说明所付费用的范围。被请求方中央机关应将该人的答复迅速通知请求方中央机关。

二、被请求方可要求请求方承诺，对于根据本条被要求到请求方境内的人员，不得因该人进入请求方境内之前的任何作为或不作为或定罪而予以起诉、羁押、发出传票或以其他形式限制其人身自由，也不应强制该人在该请求所未涉及的任何其他侦查、起诉或诉讼中作证或协助调查，除非事先取得被请求方和该人的同意。如果请求方不能作出上述保证，则被要求前往的人可以拒绝接受要求。

如果请求方作出上述保证，则还应具体说明该项保证的适用期限与条件。

三、对于拒绝接受按照本条提出的作证或协助调查要求的人，不得因此种拒绝而给予任何处罚或采取任何限制其人身自由的强制措施。

第十二条　移送在押人员以便作证或协助调查

一、如果为本协定规定的协助的目的而要求羁押在被请求方境内的人前往请求方，在该人及双方中央机关同意的情况下，可为此目的将该人从被请求方移送到请求方。

二、如果为本协定规定的协助的目的而要求羁押在请求方境内的人前往被请求方，在该人及双方中央机关同意的情况下，可将该人从请求方移送到被请求方。

三、为本条的目的：

（一）接收方有义务根据本国法律继续羁押被移送人，但移送方另有授权的除外；

（二）接收方应当在被移送人作证或协助调查完毕后或在双方商定的期限内，将被移送人送回移送方；

（三）接收方不得要求移送方就被移送人的送回提出引渡程序；并且

（四）被移送人在接收方受羁押的时间，应折抵在移送方被判处的服刑期。

第十三条　查找或辨认人员或物品

被请求方应根据请求，尽力查找或辨认请求中所指的人员或物品。为此目的，请求方应提供关于该人或物品在被请求方境内的可能所在地的资料。

第十四条　查询、搜查、冻结和扣押

一、被请求方应在本国法律允许的前提下，执行查询、搜查、冻结和扣押证据材料和物品的请求。

二、被请求方应向请求方提供其所要求的有关执行上述请求的结果以及有关材料和物品随后被监管的情况。

三、如果请求方同意被请求方就移交所提出的条件，被请求方应将被扣押的材料和物品移交给请求方。

四、被请求方中央机关可要求请求方同意其为了保护第三人对于被移交物品的利益而提出的必要条件。

五、在不违背被请求方法律的前提下，有关被扣押物品的监管、特征与状态方面的情况应按照请求方要求的形式出具证明，以便使其可依请求方法律得以接受。

第十五条　向被请求方归还文件、记录和证据物品

被请求方中央机关可要求请求方中央机关尽快归还根据本协定执行请求时向其提供的任何文件、记录或证据物品。

第十六条　没收程序中的协助

一、如果一方中央机关获悉，犯罪所得或犯罪工具处于另一方境内，并可能是可没收的或可予以扣押，前一方应将此情况通知该另一方中央机关。如果该另一方对此有管辖权，则可将此情况通知其主管机关，以便确定采取行动是否适当。上述主管机关应根据其本国境内的法律作出决定，并通过其中央机关向前一方通报所采取的行动。

二、双方在各自法律许可的范围内，应在没收犯罪所得和犯罪工具的程序中相互协助。其中可包括在等候进一步程序前为临时冻结、扣押犯罪所得或犯罪工具所采取的行动。

三、收管犯罪所得或犯罪工具的一方应依其本国法律，处置这些犯罪所得或犯罪工具。在其法律允许的范围内及双方商定的条件下，一方可将上述犯罪所得或犯罪工具的全部或部分或出售有关资产的所得移交给另一方。

四、在适用本条时，被请求方和任何第三人对这些财物的合法权利应依被请求方法律受到尊重。

第十七条　通报刑事诉讼结果

一方应根据请求，向另一方通报请求方先前根据本协定提出的请求所涉及的刑事诉讼的结果。

中华人民共和国政府和美利坚合众国政府关于刑事司法协助的协定

第十八条　情报交流

双方可根据请求，利用本协定，就刑事司法事宜进行磋商，包括相互通报各自国家现行的或者过去实施的法律和司法实践情况。

第十九条　犯罪记录

如果在请求方境内受到刑事侦查或起诉的人曾在被请求方境内受过刑事起诉，则被请求方应向请求方提供有关该人的犯罪记录和对该人判刑的情况。

第二十条　费用

一、被请求方应支付执行请求的费用，但请求方应负担：

（一）根据请求方的标准和规定，支付本协定第十一条和第十二条规定的人员的津贴或旅费；

（二）有关人员按照第九条第三款的规定，前往、停留和离开被请求方的费用；

（三）鉴定人的费用和报酬；以及

（四）笔译、口译及誊写费用。

二、如果执行请求明显地需要超常性质的费用，双方应协商决定请求可予执行的条件。

第二十一条　其他合作基础

本协定规定的协助和程序不妨碍任何一方通过其他可适用的国际协议中的条款或通过本国法律的条款向另一方提供协助。双方也可根据任何其他可适用的安排、协议或惯例提供协助。

第二十二条　磋商与争议的解决

一、双方中央机关应在双方同意时进行磋商，以促进最有效地利用本协定。双方中央机关还可商定为便于实施本协定而必须采取的实际措施。

二、因本协定的解释和适用产生的争议，如果双方中央机关不能自行达成协议，应通过外交途径解决。

第二十三条　生效、修改和终止

一、双方依照各自法律完成使本协定生效的一切必要步骤后，应以外交照会相互通知。本协定自后一份照会发出之日起第三十天生效。本协定的有效期为三年,然后以五年期限连续延期,除非任何一方在上述任一期限届满日的六个月前书面通知另一方其希望就修改本协定任何条款而进行磋商。

二、任何一方可随时通过外交途径,以书面形式通知对方终止本协定。协定的终止自通知之日起的六个月后生效。

三、本协定经双方书面协议可随时进行修改。

四、本协定适用于其生效后提出的任何请求,即使有关犯罪发生于本协定生效前。

下列签署人经各自政府适当授权,签署本协定,以昭信守。

二〇〇〇年六月十九日签订于北京,一式两份,每份均用中文和英文写成,两种文本同等作准。

附录Ⅳ

中华人民共和国和加拿大关于刑事司法协助的条约

中华人民共和国和加拿大（以下简称"双方"），在相互尊重主权和平等互利的基础上，为加强两国在刑事司法协助领域的密切合作，决定缔结本条约。为此目的，双方议定下列各条：

第一章 总则

第一条 刑事司法协助

一、双方应根据本条约的规定，相互提供刑事司法协助。

二、司法协助系指被请求方为在请求方进行的刑事调查取证或诉讼所提供的任何协助，无论该协助是由法院或其他机关寻求或提供。

三、第一款所述"刑事"，在中华人民共和国方面系指全国人民代表大会及其常务委员会制定和颁布的法律所规定的与犯罪有关的调查取证或诉讼；在加拿大方面系指联邦议会法律所规定的与犯罪有关的调查取证或诉讼。

第二条 司法协助的范围

协助应包括：

（一）刑事诉讼文书的送达；

（二）调查取证和获取有关人员的陈述；

（三）搜查和扣押；

（四）获取和提供鉴定人鉴定；

（五）移交物证；

（六）提供犯罪记录和法庭记录；

（七）提供书证；

（八）准许或协助包括在押人员在内的有关人员赴请求方作证或协助调查取证；

（九）涉及赃款赃物和归还被害人财物的措施。

第三条 协助的途径

一、除本条约另有规定外，双方的法院和其他机关应通过各自的中央机关相互请求和提供司法协助。

二、前款所述"中央机关"，在中华人民共和国方面系指其司法部，在加拿大方面系指其司法部长或司法部长指定的官员。

第四条 司法协助适用的法律

一、被请求方应按照其本国法律提供协助。

二、在被请求方法律未予禁止的范围内，应按请求方要求的方式执行请求。

第五条 语言

协助请求书应用请求方的文字书写，请求书及其附件应附有被请求方官方文字的译文。

第六条 司法协助的费用

一、被请求方应支付提供司法协助的费用，但下列费用应由请求方负担：

（一）根据一项协助请求赴请求方的有关人员的旅费、膳食费和住宿费以及应向其支付的任何补助费。这些费用应按请求方的标准和规定支付；

（二）在请求方或被请求方的鉴定人的费用和酬金。

二、请求方应在请求中或所附文件中详细说明应付费用和酬金，若应当事人或鉴定人要求，请求方应预付这些费用和酬金。

三、如果执行请求明显需要一项巨大开支,双方应协商确定能够提供被请求的协助的费用和条件。

第七条 司法协助的拒绝

一、如有下列情况,被请求方可以拒绝协助:

(一)被请求方认为执行请求将损害其主权、安全、公共秩序或其他基本公共利益,或者认为案件在被请求方审理可能更为合适;

(二)按照被请求方的法律,请求书中提及的嫌疑犯、被告人或罪犯的行为在被请求方不构成犯罪;

(三)被请求方有充分的依据相信提供协助将便利对请求书所涉及的当事人基于种族、宗教、国籍或政治见解原因进行诉讼或处罚。

二、由于第一款所述原因或因为国内法律予以禁止而不能执行请求时,被请求方应迅速将请求和所附文件退回请求方,并应说明此项决定的理由。

三、在拒绝一项协助请求或暂缓提供此项协助前,被请求方应考虑是否可以根据它认为是必要的附加条件同意提供协助。如果请求方接受附加条件的协助,则应遵守这些条件。

第八条 认证

除第十六条规定的情况外,根据本条约转递的任何文件及其译文,无须任何形式的认证。

第二章 协助的请求

第九条 请求的内容

一、所有协助的请求均应包括以下内容:

(一)请求所涉及的进行调查取证或诉讼的主管机关的名称;

(二)对于调查取证或诉讼的说明,包括有关事实和法律的概述;

(三)提出请求的目的,以及所寻求协助的性质;

(四)是否有保密的需要,以及需要保密的理由;

（五）执行请求的时间限制。

二、协助的请求还应包括以下情况：

（一）如有可能，作为调查取证或诉讼对象的人员的身份、国籍和所在地；

（二）如有必要，对请求方希望予以遵守的特定程序或要求的详细说明及其理由；

（三）如果请求调查取证或者搜查和扣押，表明有根据相信在被请求方管辖范围内可能发现证据的陈述；

（四）如果请求向个人调查取证，是否需要其宣誓或不经宣誓而提供正式证词的陈述，以及对所寻求的证据或证言的说明；

（五）如遇转借证据的情况，保管证据的人员，证据将移送的地点，进行检验和归还证据的时间；

（六）如遇在押人员作证的情况，在移交期间实施拘押的人员的情况，移交在押人的地点和交还该人的时间。

三、如果被请求方认为请求中提供的材料不足以使该项请求得以执行，可以要求提供补充材料。

四、请求应以书面方式提出。在紧急情况下或在被请求方允许的其他情况下，请求也可以口头方式提出，但在此后应迅速以书面方式确认。

第十条　延期

如果执行请求将妨碍被请求方正在进行的调查取证或诉讼，被请求方可以暂缓提供协助，但应迅速将此通知请求方。

第十一条　通知执行结果

一、被请求方应通过本条约第三条规定的途径，将执行请求的结果以书面方式通知请求方。适当时，通知应附有送达证明或已获得的证据。

二、送达证明应包括日期、地点和送达方法的说明，并应由送达文件的机关和收件人签署。如果收件人拒绝签署，送达证明中应对此加以说明。

第十二条　在被请求方进行的协助

一、被请求方应当根据请求,将其执行协助请求的时间和地点通知请求方。

二、在被请求方法律不予禁止的范围内,被请求方应准许请求方与调查取证或诉讼有关的司法人员或其他人员在被请求方的主管机关根据一项请求进行调查取证或提供其他协助时到场,并按照被请求方同意的方式提问和进行逐字记录。

第十三条　在押人员作证

一、一方应根据另一方的请求将已在其境内被拘禁的人移交到请求方到场作证,但须经该人同意且有双方中央机关已就移交条件事先达成的书面协议。

二、根据被请求方的要求,请求方应对移交到其境内的上述人员继续予以拘禁,并在作证完毕或双方商定的期限内将其交还被请求方。

三、请求方接到被请求方有关无须对上述人员继续予以拘禁的通知时,应恢复该人的自由,并按照第十四条和第十五条有关提供协助或证据的人员的规定,给予其应有的待遇。

第十四条　在请求方境内作证或协助调查

一、请求方可以邀请被请求方境内的人员到请求方境内作证或协助调查。

二、被请求方应向被邀请人转交上述请求,并通知请求方该人是否同意接受此项请求。

第十五条　证人和鉴定人的保护

一、请求方对于到其境内作证的证人或进行鉴定的鉴定人,不得因其入境前的任何犯罪而追究其刑事责任、逮捕、拘留,或以任何其他方式剥夺或限制其人身自由,也不应强迫该人在与请求无关的任何诉讼中作证。

二、如果证人或鉴定人在接到请求方关于其不必继续停留的通知之日起十五天后仍未离境,或者离境后又自愿返回,则丧失第一款给予的保护。但是,证人或鉴定人因本人无法控制的原因而未离开请求方领土的时间不应包括在内。

三、双方均不应对未按照请求或传唤到请求方境内的人进行威胁或予以惩罚。

四、主管机关请求被请求方的证人前来作证时,应保证向证人充分说明其对法庭所负的责任和义务,以保证该证人避免因藐视法庭或类似的行为而被起诉。

五、本条不应妨碍第十三条第二款规定的交还已经被移交的在押人员的义务。

第十六条 文件和物品的转递

一、当协助的请求涉及转递文件和记录时,被请求方可以转递经证明无误的真实副本,除非请求方明示要求原件。

二、转递给请求方的记录或文件的原件和物品,应根据被请求方的要求尽快予以返还。

三、在被请求方法律不予禁止的范围内,转递文件、物品和记录应符合请求方要求的方式或附有其要求的证明,以使它们可根据请求方的法律得以接受。

第十七条 赃款赃物

一、一方可以根据请求,尽力确定因发生在另一方境内的犯罪而产生的赃款赃物是否在其境内,并将调查结果通知该另一方。为此,请求方应向被请求方提供据以确认赃款赃物在被请求方境内的情况和资料。

二、被请求方一旦发现前款所述赃款赃物,则应采取其法律所允许的措施对赃款赃物予以冻结、扣押或没收。

三、在法律允许的范围内,被请求方可以根据请求方的请求将上述赃款赃物移交给请求方。但此项移交不得侵害与这些财物有关的第三者的权利。

四、如果上述赃款赃物对被请求方境内其他未决刑事案件的审理是必不可少的,被请求方得暂缓移交。

五、双方应在各自法律允许的范围内,在向被害人进行补偿的有关诉讼中相互协助。

第十八条 外交和领事官员送达文书和调查取证

一方可以通过其派驻在另一方的外交或领事官员向在该另一方境内的本国国民送达文书和调查取证，但不得违反驻在国法律，并不得采取任何强制措施。

第十九条 刑事诉讼结果的通报

一方应根据请求向另一方通报其对该另一方国民作出的刑事判决和裁定，并提供判决书和裁定书的副本。

第二十条 犯罪记录的提供

一方应根据请求，向另一方提供正在该另一方境内被追究刑事责任的人在前一方的犯罪记录和法院对其进行审判的有关情况。

第二十一条 保密和使用的限制

一、被请求方在与请求方协商后，可以要求对其所提供的情报、证据或者这些情报、证据的来源予以保密，或者仅在它所确定的条件和情况下予以公开或使用。

二、被请求方应根据请求，对一项请求及其内容、辅助文件和按照请求所采取的行动予以保密，但为执行该请求所必需时则不受此限制。

三、请求方在未事先得到被请求方同意时，不应超出请求书中所说明的目的公开或使用所提供的情报或证据。

第三章 最后条款

第二十二条 争议的解决

本条约执行中产生的任何争议均应通过外交途径解决。

第二十三条 其他协助

一、本条约不应损害双方根据其他条约、协定或在其他方面承担的义务，也不妨碍双方根据其他条约、协定或在其他方面相互提供或继续提供协助。

二、本条约适用于条约生效后提出的任何请求，即使该请求所涉及的行为或不行为发生在条约生效之前。

第二十四条 生效

本条约应自双方通过外交途径相互通知已经完成各自的法律手续之日起第二个月的第一天开始生效。

第二十五条 终止

本条约自任何一方通过外交途径书面提出终止之日起六个月后失效。否则,本条约应持续有效。

下列签署人经各自政府正式授权在本条约上签字,以昭信守。

本条约于一九九四年七月二十九日在北京签订,一式两份;每份均用中文、英文和法文写成,三种文本同等作准。

附录 V
中华人民共和国和法兰西共和国引渡条约

中华人民共和国和法兰西共和国（以下简称双方），在相互尊重主权和平等互利的基础上，为促进两国在打击犯罪方面的有效合作，并且希望在尊重各自宪法原则的基础上，共同规范两国引渡关系，议定以下各条：

第一条　引渡义务

双方有义务根据本条约的规定，应对方请求，相互引渡在一方境内的被另一方通缉的人员，以便就可引渡的犯罪对其进行刑事诉讼或者执行刑罚。

第二条　可引渡的犯罪

一、根据双方法律均可判处一年以上徒刑或者其他更重刑罚的犯罪为可引渡的犯罪。确定某一行为是否根据双方法律均构成犯罪时，不应考虑双方法律是否将该行为归入同一犯罪种类或者使用同一罪名。

二、此外，为执行请求方法院判处的刑罚而请求引渡的，在提出引渡请求时，尚未执行的刑期应当至少为六个月。

三、如果引渡请求涉及根据双方法律均可被判处刑罚的多项犯罪，其中至少有一项犯罪符合第一款规定的条件，被请求方亦可以针对其他犯罪同意引渡。

四、如果引渡请求系针对违反有关赋税、关税、外汇管制或者其他税务事项的法律的犯罪，被请求方不得以其法律没有规定同类的赋税或者关税，或者没有规定与请求方法律类似的赋税、关税或者外汇管制条款为理由拒绝引渡。

第三条 应当拒绝引渡的理由

有下列情形之一的，应当拒绝引渡：

（一）被请求方认为，引渡请求所针对的犯罪是政治犯罪；

（二）被请求方有充分理由认为，请求引渡的目的是基于被请求引渡人的种族、性别、宗教、国籍、族裔或者政治见解而对该人进行刑事诉讼或者执行刑罚，或者接受这一请求会使该人的处境因为上述任何原因受到损害；

（三）被请求方已经对被请求引渡人就引渡请求所针对的犯罪作出有罪或者无罪的终审判决、大赦或者赦免；

（四）根据任何一方法律，追诉或者执行刑罚的时效已过；

（五）被请求方认为，引渡请求所针对的犯罪仅构成军事犯罪；

（六）引渡请求涉及对被请求引渡人执行缺席判决，而请求方没有保证在引渡后重新进行审理；

（七）引渡请求所针对的犯罪依照请求方的法律应当判处死刑，除非请求方作出被请求方认为足够的保证不判处死刑，或者在判处死刑的情况下不予执行。

第四条 国籍

一、如果被请求引渡人具有被请求方国籍，应当拒绝引渡。该人的国籍依引渡请求所针对的犯罪发生时确定。

二、被请求方如果仅因为国籍原因拒绝引渡被请求引渡人，则应当根据其法律和请求方提供的事实，将案件提交其主管机关，以便在必要时进行刑事诉讼。为此目的，请求方应当将一切与该犯罪有关的卷宗、文件和物证转交给被请求方。被请求方应当将处理结果告知请求方。

第五条　可以拒绝引渡的理由

一、当被请求方司法机关根据本国法律对引渡请求所针对的犯罪具有管辖权并且满足下列条件之一时，可以拒绝引渡：

（一）被请求引渡人已经由于该犯罪受到起诉；

（二）被请求方司法机关已经决定终止诉讼；

（三）被请求方承诺根据其法律和请求方提供的事实，将案件提交其主管机关，以便在必要时进行刑事诉讼。为此目的，请求方应当将一切与该犯罪有关的卷宗、文件和物证转交给被请求方。

二、有下列情形之一的，也可以拒绝引渡：

（一）第三国已经对被请求引渡人就引渡请求所针对的犯罪作出无罪或者有罪的终审判决；如果是有罪判决，被请求引渡人已经服刑完毕；

（二）出于人道主义理由，被请求方在考虑了犯罪的严重性和请求方的利益后认为，基于被请求引渡人的年龄和健康等原因，移交该人会对其带来特别严重的后果。

第六条　程序

除本条约另有规定外，被请求方应当根据本国法律规定的程序处理临时羁押、引渡和过境请求。

第七条　联系途径

为本条约的目的，除本条约另有规定外，双方应当通过外交途径进行联系。

第八条　请求和相关文件的提交

一、引渡请求应当以书面形式提出，并且包括：

（一）对于所有引渡请求：

1. 请求机关的名称；

2. 引渡请求所针对的案件事实的说明，包括说明行为发生的时间、地点、后果，该行为的定性，以及指明适用的法律条款，包括有关时效的条款；

3. 有关该项犯罪及其刑事管辖权、定罪、刑罚和时效的法律规定文本；

4. 被请求引渡人的姓名、年龄、性别、国籍、身份证件、职业、住所地或者居所地等请求方已经掌握的、可能有助于确定被请求引渡人身份和所在地点的所有资料；如有可能，有关其外表的描述、该人的照片和指纹。

（二）对于为进行刑事诉讼而提出的引渡请求：请求方主管机关签发的逮捕证的原件或者经证明的副本。如果该逮捕证不是由法院、法官或者检察院签发的，则必须附有上述机关授权逮捕的决定的经证明的副本。

（三）对于为执行刑罚而提出的引渡请求：

1. 已经发生法律效力的判决书的原件或者经证明的副本；

2. 关于所判刑期以及尚需执行的剩余刑期的说明。

二、引渡请求和所附文件应当由请求机关签字和盖章。

第九条　补充材料

如果请求方提供的材料不足以使被请求方依照本条约作出决定，被请求方应当要求提交必要的补充材料，或者通知请求方补齐所缺材料。被请求方可以要求在规定期限内收到上述补充材料。如果请求方未在该期间内提交补充材料，应当被视为自动放弃请求，但是不妨碍请求方就同一犯罪重新提出引渡请求。

第十条　语言

引渡请求和所附文件应当用请求方的官方语言撰写，并附有被请求方官方语言的译文。

第十一条　特定规则和再引渡

一、除同意引渡所针对的犯罪外，请求方不得对根据本条约被引渡的人就其在引渡前所实施的其他行为进行起诉、审判、羁押或者限制其人身自由，也不能将其引渡给第三国，但有下列情形之一的除外：

（一）被请求方已经同意。为此目的，请求方应当提出申请，并附有第八条规定的文件和载有被引渡人接受或者反对扩大引渡范围或者再引渡等陈述内容的司法笔录。

（二）被引渡人在其最终获释后三十天内可以离开请求方领土而未离开，或者在离开后又自愿返回该方领土。

二、如果引渡某人所依据的犯罪的法律定性发生变化，只有在新定性的犯罪符合以下条件时，才能对该人进行起诉或者审判：

（一）符合本条约规定的可以引渡的条件；

（二）犯罪事实与此前已经同意的引渡所针对的事实相同；

（三）对该犯罪可判处的最高刑与对此前已经同意的引渡所针对的犯罪可判处的最高刑相同或者较轻。

第十二条　临时羁押

一、在紧急情况下，请求方主管机关可以要求对被请求引渡人实施临时羁押。临时羁押请求应当以书面形式提出，并且应当包括第八条第一款第一项所列内容，说明已经备有该条第一款第二项或者第三项所列文件，并表示即将提出引渡请求。

二、临时羁押请求应当通过外交途径、国际刑警组织或者双方同意的其他途径递交给被请求方主管机关。

三、收到第一款提及的请求后，被请求方主管机关应当立即依法处理，并将处理该请求的结果通知请求方。

四、如果被请求方在羁押被请求引渡人之后的六十天内未收到引渡请求，则应当解除临时羁押。

五、如果随后收到引渡请求，第四款的规定不妨碍对被请求引渡人的再次羁押和引渡。

第十三条　引渡请求的竞合

如果一方和其他国家针对同一人就同一犯罪或者不同犯罪提出引渡请求，应当由被请求方对这些请求作出决定，并通知请求方。在作此决定时，被请求方应当考虑所有情形，尤其是是否存在相关条约或者协定、犯罪的相对严重程度、犯罪地点、各请求提出的时间、被请求引渡人的国籍以及再引渡给另一国的可能性。

第十四条　决定和移交

一、被请求方应当迅速将有关引渡的决定通知请求方。

二、全部或者部分拒绝引渡的，应当说明理由。

三、如果被请求方同意引渡被请求引渡人，双方应当商定移交的时间、地点和方式。被请求方应当将被引渡人在移交之前已经被羁押的时间告知请求方。

四、除第五款规定外，如果请求方未在商定的移交之日后二十天内接收被请求引渡人，则应将该人释放。被请求方随后可以拒绝请求方因相同犯罪提出的引渡该人的请求。

五、如果一方因不可抗力而不能移交或者接收被引渡人，应当通知另一方；双方应当另行商定移交的日期，并适用第四款的规定。

第十五条 推迟移交或者临时移交

一、如果被请求引渡人正在被请求方境内因为引渡请求所针对的犯罪之外的犯罪被提起诉讼或者服刑，被请求方可以在作出同意引渡的决定后，推迟移交该人直至诉讼终结或者服刑完毕。

二、在必要的情况下，被请求方可以向请求方临时移交其已同意引渡的人，而不推迟移交。双方应当商定临时移交的条件，并且确保继续羁押和送还该人。

三、鉴于被请求引渡人的身体状况，如果移交可能危及被请求引渡人的生命或者使其健康状况恶化，也可以推迟移交。

四、如果被请求方决定推迟移交，应当通知请求方，并且采取一切必要措施，以保证推迟移交不影响最终向请求方移交被请求引渡人。

第十六条 通报结果

应被请求方的要求，请求方应当及时向被请求方通报有关对被引渡人进行起诉、判决、执行刑罚或者将该人再引渡给第三国的情况。

第十七条 移交物品

一、应请求方的要求，被请求方应当在其法律允许的范围内，扣押以下物品和文件，并在同意引渡的情况下移交：

（一）可作为证据的物品和文件；

（二）犯罪所得或者犯罪工具。

二、在同意引渡的情况下，即使因为被请求引渡人死亡、失踪或者脱逃而无法实施引渡，第一款提到的物品仍然应当予以移交。

三、被请求方为了审理未决刑事诉讼案件，可以推迟移交上述物品，或者在这些物品将被返还的条件下予以移交。

四、被请求方或者第三人对这些物品可能已经取得的任何权利应当予以保留。在此情况下，请求方应当根据被请求方的要求，在诉讼结束之后尽快将这些物品无偿返还给被请求方。

第十八条　过境

一、一方从第三国引渡非另一方国民需经过另一方领土时，应当提出过境请求，另一方应当予以同意。该请求应当包括有关该人的身份、外表特征、国籍、案情概要和可能或者已经被判处的刑罚的说明。

二、在依据本条约可能拒绝引渡的情况下，也可以拒绝过境请求。

三、被引渡过境人在过境方领土内，应当由该方主管机关负责看管。

四、如果使用航空运输，应当遵循以下规定：

（一）如果没有在过境方降落的计划，则无需获得同意。如果在过境方领土意外降落，过境方可以要求另一方提交第一款规定的过境请求；只要在意外降落后九十六小时内收到过境请求，过境方应当羁押被引渡过境人直至过境完成；

（二）如果有飞机降落的计划，请求方应当提出正式的过境请求。

第十九条　费用

一、在被请求方境内由引渡产生的移交前的费用由被请求方承担。

二、在被请求过境的一方境内产生的过境费用由请求方承担。

三、如果在执行引渡请求过程中发现需要超常性质的费用，双方应当协商确定可以继续执行请求的条件。

第二十条 与其他协议的关系

本条约不妨碍双方根据任何其他条约、协定或者协议享有的权利和承担的义务。

第二十一条 争议的解决

由于实施或者解释本条约所产生的任何争议,应当通过外交途径协商解决。

第二十二条 时际效力

本条约适用于其生效后提出的任何引渡请求,即使有关犯罪发生于本条约生效前。

第二十三条 生效和终止

一、一方应当通过外交照会通知对方,说明已按照本国法律完成使本条约生效所需的各项程序。

本条约在后一份通知发出之日后第三十日生效。

二、任何一方可以随时通知对方终止本条约。上述终止自收到通知之日起一年后生效。但在本条约终止生效前收到的引渡请求,应当继续按照本条约的规定予以处理。

本条约于二〇〇七年三月二十日订于巴黎,一式两份,每份均用中文和法文写成,两种文本同等作准。

附录Ⅵ
中华人民共和国和西班牙王国引渡条约

中华人民共和国和西班牙王国（以下简称"双方"），在相互尊重主权和平等互利的基础上，为促进两国在打击犯罪方面的有效合作，决定缔结本条约，并达成协议如下：

第一条　引渡义务

双方有义务根据本条约的规定，应对方请求，相互引渡在一方境内发现的被另一方通缉的人员，以便就可引渡的犯罪对其进行刑事诉讼或者执行请求方法院判处的徒刑或以其他方式剥夺自由。

第二条　可引渡的犯罪

一、依双方法律均构成犯罪，并且符合下列条件之一的，为可引渡的犯罪：

（一）为对被请求引渡人进行刑事诉讼而请求引渡的，依双方法律，对于该犯罪均可判处一年以上徒刑；

（二）为执行徒刑或者以其他方式剥夺自由而请求引渡的，在请求方提出引渡请求时，被请求引渡人尚未服完的刑期至少为六个月。

二、根据本条第一款确定某行为是否依双方法律均构成犯罪时，不必考虑双方法律是否将该行为归入同一犯罪种类或者使用同一罪名。

三、如果引渡请求涉及两项以上依双方法律均构成犯罪的行为，只要其中有一项行为符合本条第一款规定的刑罚期限的条件，被请求方即可以针对上述各项行为同意引渡。

第三条　应当拒绝引渡的理由

有下列情形之一的，应当拒绝引渡：

（一）被请求方认为，引渡请求所针对的犯罪是政治犯罪，为此目的，恐怖主义犯罪和双方均为缔约国的国际公约不认为是政治犯罪的行为均不视为政治犯罪；

（二）被请求方有充分理由认为，请求引渡的目的是基于被请求引渡人的种族、性别、宗教、国籍或者政治见解而对该人进行刑事诉讼或者执行刑罚，或者该人在司法程序中的地位将会因为上述任何原因受到损害；

（三）根据被请求方法律，引渡请求所针对的犯罪仅构成军事犯罪；

（四）在被请求方收到引渡请求时，被请求引渡人是被请求方国民；

（五）根据被请求方法律，由于时效已过或者其他原因，不得就引渡请求中列明的犯罪进行追诉或者执行刑罚；

（六）被请求方法院已经对被请求引渡人就引渡请求所针对的犯罪作出终审判决或者终止司法程序；

（七）请求方根据缺席判决提出引渡请求，并且没有保证在引渡后重新进行审理；

（八）根据请求方法律，被请求引渡人可能因引渡请求所针对的犯罪被判处死刑，除非请求方作出被请求方认为足够的保证不判处死刑，或者在判处死刑的情况下不执行死刑。

第四条　可以拒绝引渡的理由

有下列情形之一的，可以拒绝引渡：

（一）被请求方根据本国法律对引渡请求所针对的犯罪具有管辖权，并且对被请求引渡人就该犯罪正在进行刑事诉讼或者准备提起刑事诉讼；

（二）被请求引渡人已经因为引渡请求所针对的犯罪在第三国受到审判并被宣告无罪或者刑罚执行完毕；

（三）被请求方在考虑犯罪的严重性和请求方利益的情况下，认为由于被请求引渡人的年龄、健康或其他原因，引渡不符合人道主义考量。

第五条 在被请求方提起刑事诉讼的义务

如果根据本条约第三条第（四）项不同意引渡，则被请求方应当根据请求方的要求，将该案提交其主管机关以便根据本国法律提起刑事诉讼。为此目的，请求方应当向被请求方提供与该案有关的文件和证据。

第六条 联系途径

为本条约的目的，除本条约另有规定外，双方应当通过各自指定的机关进行联系。在各自指定联系机关之前，双方应当通过外交途径联系。

第七条 引渡请求及所需文件

一、请求应当以书面形式提出，并且包括或者附有：

（一）请求机关的名称；

（二）被请求引渡人的姓名、出生日期、年龄、性别、国籍、身份证件、住所地以及其他有助于确定被请求引渡人的身份和可能所在地点的信息；

（三）有关案情的说明，包括犯罪行为及其后果的概述；

（四）有关该项犯罪的刑事管辖权、定罪、刑罚的法律规定；

（五）有关追诉时效或者执行判决期限的法律规定。

二、除本条第一款规定外，

（一）旨在对被请求引渡人进行刑事诉讼的引渡请求还应当附有请求方主管机关签发的逮捕证的副本；

（二）旨在对被请求引渡人执行刑罚的引渡请求还应当附有已经发生法律效力的法院判决书的副本和关于已经执行刑期的说明。

三、如果引渡请求所针对的犯罪可能被判处无期徒刑，请求方应当向被请求方提供法律中有关减刑的规定。

四、引渡请求及所需文件应当经签署或者盖章，并且应当附有被请求方文字的译文。

第八条　补充材料

如果被请求方认为，为支持引渡请求所提供的材料不充分，可以要求在四十五天内提交补充材料。如果请求方提出合理要求，这一期限可以延长十五天。如果请求方未在该期间内提交补充材料，应当被视为自动放弃请求，但是不妨碍请求方就同一犯罪重新提出引渡请求。

第九条　临时羁押

一、在紧急情况下，一方可以请求另一方在收到引渡请求前临时羁押被请求引渡人。此种请求可以通过本条约第六条规定的途径、国际刑事警察组织或者双方同意的其他途径以书面形式提出。

二、临时羁押请求应当包括本条约第七条第一款所列内容，说明已经备有该条第二款所列文件，并说明即将提出正式引渡请求。

三、被请求方应当将处理该请求的情况及时通知请求方。

四、如果被请求方在羁押被请求引渡人之后的四十天内未收到正式引渡请求，则应当解除临时羁押。应请求方合理要求，上述期限可以延长十五天。

五、如果被请求方后来收到了正式的引渡请求，则根据本条第四款解除的临时羁押不应妨碍对被请求引渡人的引渡。

第十条　对引渡请求作出决定

一、被请求方应当根据本国法律规定的程序对引渡请求作出决定，并且及时通知请求方。

二、如果被请求方全部或者部分拒绝引渡请求，应当将理由告知请求方。

第十一条　移交被引渡人

一、如果被请求方同意引渡，双方应当商定移交的时间、地点等有关事宜。同时，被请求方应当将被引渡人在移交之前已经被羁押的时间告知请求方。

二、除本条第三款规定外，如果请求方在商定的移交之日后的十五天内未接收被引渡人，被请求方应当立即释放该人，并且可以拒绝请求方就同一犯罪再次提出的引渡该人的请求。

三、如果一方因为其无法控制的原因不能在商定的期间内移交或者接收被引渡人，应当及时通知另一方。双方应当再次商定移交的有关事宜，并适用本条第二款的规定。

第十二条 推迟移交和临时移交

一、如果被请求引渡人正在被请求方因为引渡请求所针对的犯罪之外的犯罪被提起刑事诉讼或者服刑，被请求方可以在作出同意引渡的决定后，推迟移交该人直至诉讼终结或者服刑完毕。被请求方应当将推迟移交事项通知请求方。

二、如果本条第一款规定的推迟移交会造成请求方刑事追诉时效丧失或者妨碍对引渡请求所针对的犯罪进行调查，被请求方可以在本国法律允许的范围内，根据双方确定的条件，将被请求引渡人临时移交给请求方。请求方在完成有关程序后，应当立即将该人送还被请求方。

第十三条 多国提出引渡请求

如果多个国家就相同或者不同犯罪针对同一人提出引渡请求，被请求方应当自主对这些请求作出决定，并告知请求方。在作此决定时，被请求方应当考虑所有情形，尤其是犯罪的相对严重程度及犯罪地点、提出请求的日期、被请求引渡人的国籍以及再引渡给另一国的可能性。

第十四条 特定规则

除同意引渡所针对的犯罪外，请求方对于根据本条约被引渡的人，不得就该人在引渡前所实施的其他犯罪进行刑事诉讼或者执行刑罚，也不能将其引渡给第三国，但是有下列情况之一的除外：

（一）被请求方事先同意，为此目的，被请求方可以要求提供第七条所规定的文件或者资料，以及被引渡人就有关犯罪所作的陈述；

（二）该人在被释放后的三十天内未离开请求方领土，但是由于其无法控制的原因未能离开该方领土的时间不计算在此期限内；

（三）该人在已经离开请求方领土后又自愿回到该方领土。

第十五条 移交财物

一、如果请求方提出请求，被请求方应当在本国法律允许的范围内，扣押在其境内发现的犯罪所得、犯罪工具以及其他可作为证据的财物，并且在同意引渡的情况下，将这些财物移交给请求方。

二、在同意引渡的情况下，即使因为被请求引渡人死亡、失踪或者脱逃而无法实施引渡，本条第一款提到的财物仍然可以移交。

三、被请求方为审理其他未决刑事诉讼案件，可以推迟移交上述财物直至诉讼终结，或者在请求方返还的条件下临时移交这些财物。

四、移交上述财物不得损害被请求方或者任何第三方对该财物的合法权利。如果存在此种权利，请求方应当根据被请求方的要求，在诉讼结束之后尽快将被移交的财物无偿返还给被请求方。

第十六条 过境

一、一方从第三国引渡人员需经过另一方领土时，前一方应当向后一方提出同意过境的请求。如果使用航空运输并且没有在后一方境内降落的计划，则无需获得此种同意。

二、被请求方在不违反其法律的情况下，应当同意请求方提出的过境请求。

第十七条 通报结果

请求方应当及时向被请求方通报有关对被引渡人进行刑事诉讼、执行刑罚或者将该人再引渡给第三国的情况。

第十八条 费用

在被请求方的引渡程序中产生的费用应当由被请求方承担。与移交和接受被引渡人有关的交通费用和过境费用应当由请求方承担。

第十九条 与其他条约的关系

本条约不影响双方根据任何其他条约享有的权利和承担的义务。

第二十条　争议的解决

由于实施或者解释本条约所产生的任何争议，应当通过外交途径协商解决。

第二十一条　生效、修正和终止

一、本条约须经批准，批准书在北京互换。本条约自互换批准书之日后第三十天生效。

二、本条约无限期有效。

三、本条约可以经双方书面协议随时予以修正。修正的生效程序与本条第一款规定的程序相同。

四、任何一方可以随时通过外交途径，以书面形式通知终止本条约。终止自该通知发出之日后第一百八十天生效。但本条约继续适用于在其失效之日未处理完毕的引渡请求。

五、本条约适用于其生效后提出的请求，即使有关作为或者不作为发生于本条约生效前。

下列签署人经各自政府适当授权，签署本条约，以昭信守。

本条约于二〇〇五年十一月十四日订于马德里，一式两份，每份均以中文和西班牙文制成，两种文本同等作准。